Charles W. Colson

Den Frieden Gottes leben

Die Herausforderung

Hänssler-Verlag
Neuhausen-Stuttgart

CIP-Kurztitelaufnahme der Deutschen Bibliothek

Colson, Charles W.:
Den Frieden Gottes leben: d. Herausforderung /
Charles W. Colson. [Übers. von Wilfried Reuter]. –
Neuhausen-Stuttgart: Hänssler, 1985.
(Telos-Bücher; 1251: Telos-Paperback)
Einheitssacht.: Loving God ‹dt.›
ISBN 3-7751-0973-0
NE: GT

TELOS-BÜCHER
TELOS-Paperback 1251
Originally published in the USA by Zondervan Corporation under the title "Loving God"

Übersetzt von Wilfried Reuter

Umschlaggestaltung: Daniel Dolmetsch
Foto: epd-Bild – Stuttgart / Ziegler
Gesamtherstellung: Ebner Ulm

Inhalt

Denen zugeeignet, die mich auf Gottes Liebe hinwiesen, die Gottes Liebe mir gegenüber auslebten und mich herausforderten, diesem Gott meine Liebe zu schenken.

Und besonders meinen Mitarbeitern in der Gefangenenmission (Prison Fellowship), die täglich mit mir unterwegs sind, um den Frieden Gottes zu leben.

Alle Begebenheiten in diesem Buch sind wahr. Manchmal wurden die Namen geändert. Gewisse Ereignisse wurden miteinander in Verbindung gebracht, um Klarheit und Veranschaulichung zu vertiefen. In einem Falle erwies sich die Allegorie als bestes literarisches Mittel. Aber in allen Fällen haben sich die zugrunde liegenden Ereignisse zugetragen. Hintergrundinformationen wurden so sorgfältig wie möglich erforscht, wenn auch mitunter Schlüsse von begrenzt zugänglichen Fakten gezogen wurden. Wo das der Fall ist, wird das jeweils im Text deutlich.

Was will dieses Buch?

Die Geschichte der Menschheit ist voll davon, die Erfahrung des einzelnen in Familie und Beruf bestätigt es als alltägliche Wirklichkeit: Der Mensch neigt dazu, Unruhe und Unfrieden zu stiften. Viele leiden darunter, weil sie als Opfer dieser Neigung die Folgen des menschlichen Egoismus oft schmerzhaft am eigenen Leibe erfahren müssen. Wie soll man darauf reagieren?

Die wissenschaftliche Friedensforschung sucht die weltweiten Ursachen und Wirkungen der Friedlosigkeit zu erfassen und ins Bewußtsein zu rufen. Sie hat sich viele Verdienste erworben und hilfreiche Kriterien für Entscheidungen in Staat und Gesellschaft geliefert. Dennoch bleibt die Frage: Wie wirksam sind diese Bemühungen? Fehlt nicht oft die Kraft, eine gute Einsicht in einer konkreten Situation auch zum Besten der anderen in die Tat umzusetzen?

Dieses Buch macht es sich nicht leicht. Es berichtet u. a. von Menschen, die in einer bestimmten Situation nicht allein die Umstände oder die Gesellschaft für ihre Lage verantwortlich machten. Sie durchbrachen den Kreislauf von Ursache und Wirkung, indem sie die Liebe Gottes als verändernde Kraft ihres eigenen Lebens erfuhren. Sie ließen sich daraufhin als Werkzeuge dieser handelnden Liebe einsetzen. Ihre Liebe zu den Menschen um sie herum erwuchs aus ihrer Liebe zu Gott.

Menschen, die Gott lieben, haben eine Kraft zur Verfügung, die den Frieden Gottes in unsere häufig eintönigen, oft ausweglosen Alltagssituationen durchbrechen läßt. Deshalb gibt das Buch praktische Hilfestellung für ein neues, eigenes Lebenskonzept. Es lädt Leser ein, auch zu denen zu stoßen, die Gott lieben und darum den Frieden Gottes leben.

Ihr Hänssler-Verlag

Die vergnüglichste Reise führt in dein Innerstes ... die einzige Liebe, die wirklich etwas bringt, ist Selbstliebe ... Wenn du über dein Leben zurückblickst, um zu enträtseln, wo du gewesen bist und wohin du gehst, wenn du deine Arbeit betrachtest, deine Liebesaffären, deine Ehe, deine Kinder, deine Schmerzen, dein Glück – wenn du das alles aus der Nähe prüfst, wirst du wirklich feststellen, daß du immer nur mit dir selbst ins Bett gehst ... Das einzige, was du hast, ist bis zur Vollendung deiner eigenen Identität zu arbeiten. Und das habe ich mein ganzes Leben lang versucht.

SHIRLEY MACLAINE[1]

Es ist eitel, o Mensch, in dir selbst die Heilung für dein Elend zu suchen. Alle deine Einsicht führt dich zu der Erkenntnis, daß du nicht in dir selbst das Wahre und Gute entdecken wirst.

BLAISE PASCAL

Wie es begann – eine Einführung

Zwei starke Beweggründe – ein innerer und ein äußerer – beeinflußten meine Entscheidung und Entschlossenheit, dieses Buch zu schreiben. Den äußeren Beweggrund lieferten meine Beobachtungen der kulturellen Entwicklung der vergangenen Jahre. Der innere Beweggrund bezog sich auf mein eigenes geistliches Leben. Lassen Sie mich das erklären.

Seit einer Generation ist die westliche Gesellschaft besessen von der Selbstfindung. Wir haben die alte philosophische Frage nach dem Sinn des Lebens in eine moderne Wachstumsindustrie verwandelt. Wie bei Gewürzsoßen gibt es 57 und mehr verschiedene Sorten wie: Biofeedback, Yoga, kreatives Bewußtsein, EST, Bewußtseinstraining, TA – jede Moderichtung mit ihren begeisterten Gefolgsleuten, bis etwas Neues auftaucht.

Populäre Bücher nutzen diese Welle mit Bestsellertiteln, die vom Geldmachen bis zum Abspecken Erfolg garantieren. Diese gar nicht so großartige Versessenheit auf »Selbstfindung« hat eine ganze Serie von falschen Werten hervorgebracht: Wir beten Berühmtheit, Erfolg und Materialismus an. Wir sind bereit, »für den Erfolg zu leben«, richten uns nach der »Nummer eins« und denken uns nichts dabei, »durch Einschüchterung zu gewinnen«.

Aber diese »selbst«-bewußte Welt befindet sich in einer verzweifelten Klemme. Jede neue Verheißung führt lediglich zu frustrierender Widersprüchlichkeit. Die modische Selbstverwirklichung der 70er Jahre führte zu Ichbezogenheit und Isolierung, nicht zu dem versprochenen erfüllten und befreiten Leben. Die Technologie, die eine ganze Menschheit ins »Verheißene Land« führen sollte, könnte statt dessen uns alle und unseren Planeten in einem riesigen Atompilz auslöschen. Drei Jahrzehnte scheinbar unbegrenzten Überflusses haben unsere Kultur ausgelaugt, spirituell entleert und wirtschaftlich geschwächt. Unsere Erde ist bevölkert von ichbezogenen, angsterfüllten und oberflächlichen Menschen.

Mitten in diesen lähmenden Widersprüchlichkeiten des modernen Lebens suchen Männer und Frauen nach einer Spur von Sinn, nach Verständnis ihres Lebens. Aber die besessene Sucht nach sich selbst führt nur in narzißtische Zerstörung dessen, was so fieberhaft gesucht wird. Nehmen wir die junge Frau, die in *Psychology Today* zitiert wird. Ihre Nerven waren von zu vielen nächtelangen Parties und Disko-Besuchen kaputt, ihr Leben ein unaufhörliches Karussell von Marihuana, Alkohol und Sex. Als sie von ihrem Therapeuten gefragt wurde: »Warum hören Sie nicht auf?« antwortete sie ungläubig staunend: »Sie meinen, daß ich wirklich nicht das tun muß, was ich tun will?«

Und mittendrin gibt es die Gemeinde, Menschen, die Christus nachfolgen. Für die Kirche sollte dies die Stunde der großen Gelegenheit sein. Allein die Kirche kann suchenden Menschen eine moralische Perspektive geben, nur die Kirche kann das Vakuum füllen und deutlich machen, daß es einen souveränen, lebendigen Gott gibt, die Quelle der Wahrheit.

Aber die Kirche befindet sich in fast so großen Schwierigkeiten wie die Kultur, denn sie hat in das gleiche Wertsystem investiert: Ruhm, Erfolg, Materialismus. Wir erwarten von den führenden Gruppierungen und christlichen Persönlichkeiten unsere Stichworte. Wir wollen mit den bekanntesten Predigern, den größten Versammlungsräumen und den großartigsten Gebäuden wetteifern.

Die vorrangige Beschäftigung mit solchen Werten hat auch die Botschaft der Kirche verfälscht. Der Assistent eines bekannten Fernsehpfarrers antwortete ohne zu zögern auf die Frage nach dem Schlüssel zum Erfolg seines Chefs: »Wir geben den Leuten, was sie haben wollen.« Diese Irrlehre bildet die Wurzel der gefährlichsten Art der Verkündigung heute, des »Was-habe-ich-davon-Evangeliums«.

Das »sieghafte Christenleben« wurde machbar für den Menschen, war nicht länger Gottes Sache. Ein beliebtes Andachtsbuch zitiert Psalm 65,10: »Gottes Brünnlein hat Wasser die Fülle«, und führt dann aus: »Ich fülle mein Denken bis zum Überfließen mit Gedanken von Wohlstand und Erfolg. Ich bejahe, daß Gott mein Ursprung ist, und Gott ist unbegrenzt.«[2] Dies ist nicht nur die religiöse Form von »Richte dich nach der Nummer eins«, »Gewinner bekommen alles«, »Gott hilft denen, die sich selbst helfen« – es ist eine Irrlehre.

So suchen beide, Welt und Kirche, nach Antworten.

Als ich begriff, was um mich her geschah, wurde ich mir auch einer Veränderung in mir selbst bewußt. Dies kam vor ein paar Jahren an die Oberfläche, als ich eine Zeit der geistlichen Dürre durchlebte, wie wir sie alle kennen. Als ich mit einem Freund darüber sprach, empfahl er mir ein Seminar auf Videokassetten über die Heiligkeit Gottes von Dr. R. C. Sproul.

Von Sproul wußte ich lediglich, daß er Theologe war, und das dämpfte meine Begeisterung. Schließlich, so folgerte ich, war Theologie etwas für Leute, die Zeit zum Studium hatten, sich in einen Elfenbeinturm zurückzogen, weit weg vom Kampfgebiet menschlicher Sorgen und Nöte. Als mein Freund darauf bestand, sah ich mir die Kassetten dann aber doch an.

Nach dem sechsten Vortrag kniete ich nieder und betete, überwältigt von der absoluten Heiligkeit Gottes. Diese Erfahrung veränderte mein Leben. Ich gewann ein völlig neues Verständnis des heiligen Gottes, an den ich glaube, dem ich diene.

Die geistliche Dürre ging zu Ende. Dieses erste Schmecken der Majestät Gottes ließ mich noch mehr nach Gott dürsten. Darum besorgte ich mir zeitgenössische Literatur zum Thema Jüngerschaft – stapelweise. Viele Bücher waren ausgezeichnet, obwohl sie sich mehr mit Evangelisation als mit Jüngerschaft befaßten. Die meisten schienen die Frage zu bewegen, wie man mehr vom Christenleben haben könnte. Ich wollte wissen, wie ich mehr einbringen könnte.

Alle diese Bücher sprachen natürlich von Gottes Liebe zu den Menschen und wie er diese Liebe durch das Opfer seines Sohnes am Kreuz unter Beweis stellte. Je mehr ich davon erfuhr, um so mehr wollte ich darüber lernen, was ich als natürliche Folge erkannt hatte: wie ich Gott meine Liebe zeigen kann. Das schien der Schlüssel dafür zu sein, mehr in das Christenleben hineinzulegen.

Das größte Gebot – sagt Jesus – lautet: »Du sollst den Herrn, deinen Gott, lieben von ganzem Herzen, von ganzer Seele und von ganzem Gemüt.«[3] Ich kannte diese Worte zwar auswendig, wußte aber nicht, was sie ganz praktisch bedeuten, wie dieses Gebot zu erfüllen ist. Ich fragte mich, ob andere ähnlich empfanden. So erkundigte ich mich bei einigen erfahrenen Christen, wie sie denn Gott liebten.

»Nun... ich liebe ihn eben«, stammelte einer und fügte als Erklärung hinzu: »... von ganzem Herzen, von ganzer Seele und von ganzem Gemüt.«

»Indem ich ihn in meinem Herzen anbete und mich selbst als wohlgefälliges Opfer darbringe«, antwortete ein anderer schlagfertig. Als ich um Konkretisierung bat, erklärte er mir seinen

Bibelleseplan und sein Gebetsleben. Schließlich unterbrach er sich selbst und meinte: »Laß mich etwas länger darüber nachdenken.«

»Treuer Gottesdienstbesuch«, lautete eine häufige Antwort, und »den Zehnten geben« rangierte ganz oben. Einige nannten beliebte Sünden, denen sie nicht länger frönten, und viele beschrieben »Liebe zu Gott« als Herzensempfindung, ähnlich einem romantischen Erlebnis. Andere wieder sahen mich kritisch an und hielten es wohl für eine Fangfrage.

Das genügte mir. Das Ergebnis meiner Umfrage überzeugte mich, daß die meisten von uns, die sich ernsthaft Christen nennen, nicht wirklich wissen, wie sie Gott lieben sollen. Wir haben nicht nur nicht durchdacht, was das größte Gebot in unserem Alltag bedeutet, wir haben es auch nicht befolgt. Und wenn dies für einzelne Christen zutrifft, was bedeutet es dann für die Kirche? Vielleicht war die Kirche in dieser Welt so wirkungsarm geblieben, weil sie das gleiche Defizit mit sich herumtrug wie ich.

Die verzweifelte Suche in allen kulturellen Bereichen und meine Erkenntnis, daß wir als Gottes Leute Gottes Liebe erwidern und seinen Frieden leben müssen, haben mir das Thema dieses Buches aufgedrängt. Um einen vielleicht befremdenden, aber angemessenen Vergleich zu gebrauchen: Ich hielt den Versuch für geboten, für das Evangelium zu tun, was Lenin für Marx tat.

Obwohl man ihn sich meist als den gestikulierenden, feurigen Revolutionär vorstellt, war Karl Marx doch im wesentlichen ein Denker, ein Theoretiker. Zu seinen Lebzeiten gab es keine große Revolution der Arbeiterklasse, und nach seinem Tod 1883 schien es das Schicksal des Marxismus zu sein, in die anderen Philosophien hervorragender Denker des 19. Jahrhunderts eingereiht zu werden. Das wäre wohl auch geschehen, wenn es Lenin nicht gegeben hätte, diesen jungen Russen, der die Ideen von Engels und Marx förmlich aufsaugte und 1889 Marxist wurde.

Drei Jahre später veröffentlichte W. J. Lenin *Was tun?* (1892), worin er die absolute Bedeutung der Aktion durchbuchstabierte, die Notwendigkeit, Marx'sche Theorien im praktischen Leben anzuwenden. Das Buch und Lenins unermüdliche Arbeit inspirierten eine Handvoll professioneller Revolutionäre, die in nur wenigen Jahren Rußland völlig umkrempelten. Lenins leidenschaftliche Überzeugung, seine absolute Hingabe und die Anwendung Marx'scher Prinzipien verwandelten nicht nur sein eigenes Land, sondern haben nach weniger als 100 Jahren mehr als die halbe Welt versklavt.

Darum lautet meine Frage an einzelne Gläubige und damit an die Kirche: Betrachten wir unseren Glauben als eine großartige Philosophie oder als lebendige Wahrheit; als abstrakte, manchmal rein akademische Theorie oder als lebendige Person, für die wir unser Leben hingeben würden? Die zerstörerischsten und tyrannischsten Bewegungen des 20. Jahrhunderts – Kommunismus und Nazismus – gingen von Fanatikern aus, die mit Überzeugung falsche Philosophien umsetzten. Was könnte geschehen, wenn wir tatsächlich Gottes Wahrheit zur Verherrlichung seines Königreiches umsetzen, anwenden würden?

Die Welt würde völlig verändert, von der Macht Gottes revolutioniert werden – durch einzelne Christen und die Kirche als Ganzes.

Aber wir werden lediglich schwache und unsichere Gläubige und eine verstümmelte Kirche sein, wenn wir nicht wirklich Gottes Wort praktisch umsetzen – bis wir ihn wirklich lieben und seinen Frieden leben.

So haben innere und äußere Kräfte mich bewegt, dieses Buch zu schreiben. Wie bereits erwähnt, wurde das Suchen, das mich zu den hier niedergelegten Entdeckungen führte, durch die Ausführungen von Dr. R. C. Sproul ausgelöst, heute mein lieber Freund und Lehrer. Meine Entscheidung, tatsächlich mit dem Schreiben zu beginnen, fiel nach einem Besuch in einem dieser schmutzig-tristen Orte, in denen ich soviel Zeit meines Lebens verbrachte.

Staatsgefängnis Delaware, Ostermorgen 1980 ... einer der wichtigsten Tage meines Lebens ...

Gehorsam

Nur wer glaubt, ist gehorsam; nur wer gehorsam ist, glaubt.

Dietrich Bonhoeffer

1. Prolog: Paradoxon

Es war an einem wunderschönen Ostersonntag, die Frühlingssonne strahlte warm, die Luft atmete süße Frische. Ein zu schöner Tag für einen Gefängnisbesuch, aber genau dahin führte mich mein Weg.

Als ich mich dem weiten, von Stacheldraht umgebenen Backsteingebäudekomplex näherte, dachte ich an meinen ersten Besuch hier vor neun Monaten. Wie in den meisten Staaten, so sind auch die Gefängnisse in Delaware gefährlich überbelegt. Die Legislative war zwar nicht bereit, die notwendigen Mittel zur Verfügung zu stellen, kritisierte aber erbarmungslos die Vollzugsbeamten. Um die Situation besser einschätzen zu können, bat mich Gouverneur DuPont, einen Bericht über die Situation im Staatsgefängnis von Delaware anzufertigen.

An jenem dunstigen Augusttag hatte ich mir jede Ecke des Komplexes angeschaut. Ich war durch die Schlafsäle gegangen, die so mit schwitzenden Körpern vollgestopft waren, daß man kaum atmen konnte. Ich hatte die psychiatrische Abteilung gesehen, wo sich ein Mann in heftigen Zuckungen gegen die Ketten um seine blutigen Hand- und Fußgelenke warf. Immun gegen Beruhigungsmittel, hätte er sich ohne diese Maßnahme selbst umgebracht. Mein Weg führte mich weiter zum »Loch«, wo ich mit jedem der Männer in der Einzelhaft sprach.

Einer der Männer stellte sich mir als Sam Casalvera vor. Ein Lebenslänglicher. Sam war ein harter Typ, seine riesigen, muskelbepackten Arme zeugten von vielen Stunden Gewichthebetraining. Sein herausfordernder Blick zeigte mir, daß weder das Gefängnis noch die verschärfte Einzelhaft seinen Widerstand gebrochen hatten.

Sam bildete die Ausnahme. Am Ende meiner Besichtigung fühlte ich mich überwältigt vom Anblick und dem Geruch des Todes. Ich erblickte ihn in den Augen der Insassen, in ihrem gebeugten, schlurfenden Gang, in ihrem endlosen Starren durch die von Händen umklammerten Gitterstäbe. Vielleicht war der in der Psychiatrischen angekettete Suizidpatient der vernünftigste von allen, mußte ich ironisch denken; ihm ging es ja lediglich darum, Körper und Geist in Übereinstimmung zu bringen.

Ich bat den jungen Gefängnispfarrer um ein Zusammentreffen mit den gläubigen Christen im Gefängnis. Wir kamen in einem kleinen Konferenzraum neben dem Büro des Direktors zusammen. Von den acht anwesenden Gefangenen waren alle Lebenslängliche, sieben von ihnen Schwarze.* Diese starken, ernsten Männer unterschieden sich dramatisch von dem, was ich gerade gesehen hatte. Die Freude ihres Glaubens gründete in der festen Gewißheit, daß Jesus lebt und real ist, auch inmitten menschlicher Hoffnungslosigkeit im Gefängnis. Wir beteten miteinander, faßten uns um den Tisch herum bei den Händen, und dann versprach ich wiederzukommen.

Einige Monate später sandten wir eine Mannschaft unserer Gefangenenmission für ein Seminar in das Staatsgefängnis von Delaware. Mit Hilfe von zwanzig Freiwilligen aus umliegenden Gemeinden konnten unsere beiden Mitarbeiter (einer von ihnen ein Exhäftling) 32 Unterrichtsstunden durchführen. Über einhundert Männer schrieben sich für dieses erste Seminar im Gefängnis ein, und ehe die Woche vorüber war, bekannten 75 von ihnen ihren Glauben an Christus. Diese Erfahrung und ein anderes ungewöhnliches Ereignis machten die Woche erinnerungswürdig.

Eine Seminarstunde wurde unterbrochen, als zwei Beamte in den Raum gestürmt kamen, einem verängstigten, jungen Gefangenen Handschellen anlegten und ihn in ein wartendes Auto drängten. Die anderen Seminarteilnehmer wußten lediglich, daß er zum Gericht transportiert wurde, und sie beteten sehr für ihn.

Im Gerichtssaal stand der junge Häftling zitternd vor seinem strenggesichtigen Richter. »Junger Mann«, grollte der Richter mit düsterer Stimme, »ich habe Ihre Gerichtsakten noch einmal durchgesehen«; er hielt inne und sah dann auf. »Und ich habe beschlossen, Ihr Urteil auf die bis heute abgesessene Zeit zu verkürzen. Sie sind ein freier Mann.

Alles Gute«, schloß er, nickte dem sprachlosen Gefangenen zu und betrachtete die Sache als abgeschlossen.

»Vielen Dank, Herr Richter«, schluckte der Gefangene mühsam. Dann, etwas lauter: »Aber, Sir, wenn es Ihnen nichts ausmacht, könnte ich vielleicht noch diese Woche im Gefängnis

* Es war keine Überraschung, daß sich von den 800 Gefangenen nur acht als Christen bekannten. So ist oft die Ausgangslage, wenn wir mit unserem Dienst in einem Gefängnis beginnen.

bleiben? Ich würde gerne das Seminar der Gefangenenmission abschließen.«

Der geschockte Richter murmelte etwas von »Wir werden sehen«. Der Mann wurde zu der wartenden Gruppe gläubiger Christen zurückgebracht, wo die Nachricht eine fröhliche Feier auslöste.

In den folgenden Monaten erreichten mich frohmachende Berichte über die wachsende Christengemeinschaft in Delaware. Und als es Frühling wurde, wußte ich, daß ich Ostern mit diesen Brüdern erleben wollte.

Als ich nun am Ostermorgen das Haupttor erreichte, wurde ich von einem leitenden Strafvollzugsbeamten, über fünfundsiebzig freiwilligen Mitarbeitern unserer Gefangenenmission, verschiedenen Richtern, darunter einem Richter des Obersten Gerichtshofes von Delaware, und einer Schar weiterer Staatsbeamten erwartet. Rasch wurden wir durch die Sicherheitszonen geschleust – keine der üblichen Durchsuchungen an diesem Morgen.

Den gläubigen Häftlingen – jetzt über einhundert – war die Genehmigung erteilt worden, ein Frühstück für uns zu geben. Als wir in der Kantine bedient wurden, bereitete es mir großes Vergnügen, einen Richter zu beobachten, der sich angewidert von dem pappigen Haferschleim und den Würsten von zweifelhafter Herkunft abwandte.

Einer unserer begeisterten Gastgeber klopfte mit seinem Löffel an eine Tasse, und als es still geworden war, sagte er seinen Mithäftling Sam Casalvera an, der nun ein Gedicht vortragen würde, eigens für diese Gelegenheit geschrieben – und Chuck Colson gewidmet.

Sam erhob sich und strahlte über sein ganzes Gesicht. Ganz offensichtlich war das nicht mehr der rebellierende Häftling, den ich vor neun Monaten in der Einzelhaft kennengelernt hatte. Ich mußte nicht fragen, was geschehen war.

Sam atmete tief durch und fing an zu lesen:

> Ich hörte, sie würden zum Gottesdienst kommen,
> gemeinsam mit Menschen, die früher beklommen . . .

Er zögerte, holte wieder tief Luft und fuhr fort:

> Wir suchten schon lange, doch fehlte der Start.

Sie kamen und gaben Versprechen und Rat.

Sam hielt inne, holte ein zerknittertes Tuch aus der Tasche und wischte über seine Augen.

Ihr Wort wurd' gehalten – die Freunde kamen,
kein Wort kann beschreiben wie froh wir da waren.
Für manchen führte Ihr Ratschlag zum Ziel.
Sie glauben jetzt an Jesus, genauso wie Sie.

Die Männer und Frauen in den Gefängnissen weinen nicht, das ist ein Zeichen von Schwachheit, und Schwachheit kann im Gefängnis gefährlich sein. Aber Sam konnte seine Gefühle nicht unter Kontrolle bringen. Tränen flossen über seine Wangen, und seine breiten Schultern bebten. Ich stand auf, ging nach vorne, legte meinen Arm um seine Schultern und ließ mir das Blatt Papier geben. Für einen Augenblick glaubte ich, meine Gefühle würden mich überwältigen, wie es bei Sam geschehen war, konnte dann aber doch die verbleibenden Zeilen des Gedichtes lesen. Mein ganzes Leben lang habe ich Dichtung geliebt, und manch klassische Lyrik ist mir kostbar geworden. Aber nichts hat mich so sehr berührt wie Sam Casalveras tiefempfundene Reime.

Nach dem Frühstück begleiteten uns unsere Gefangenen-Gastgeber aus der Kantine, und wir zogen in einer langen Prozession zur Kapelle am anderen Ende der Strafanstalt. Als wir den Gefängnishof überquerten, blinzelte ich erstaunt im hellen Sonnenlicht und betrachtete die Szene vor unseren Augen. Eine große Schar Häftlinge umgab die Kapelle, einige trugen Plakate. Bei zweihundert Gefängnisbesuchen hatte ich nie ähnliches beobachtet. Instinktiv überdachte ich die Möglichkeiten: ein beginnender Aufstand; eine Demonstration gegen die Gefängniszustände; moslemischer Protest gegen unsere Anwesenheit?

Einige Schritte weiter konnte ich zu meinem Erstaunen und zu meiner Erleichterung die unbeholfenen Buchstaben entziffern: KOMM ZUM GOTTESDIENST, hieß es da. JESUS BEFREIT GEFANGENE! lautete ein anderes Plakat.

Die Menschen in den Gefängnissen vermeiden nicht nur das Weinen, sie lenken auch keine Aufmerksamkeit auf ihren Glauben. Das würde Hohn, Spott und Schlimmeres bedeuten. Aber diese Schar von Christen marschierte über den Innenhof, um für den Gottesdienst zu werben!

Ihr Mut hatte den Bann gebrochen. Die Männer kamen von überall her zusammen. Die Kapelle konnte sie nicht fassen. Und weil sich dreihundert Gefangene in Einzelhaft befanden, hatten die Christenbrüder Lautsprecher auf dem Dach angebracht, damit der Gottesdienst überall im Gefängnis gehört werden konnte. (Von den Ausmaßen der Lautsprecher zu urteilen, würde er auch kilometerweit von den Nachbarn zu hören sein.)

Der Gefangenenchor eröffnete den Gottesdienst. Sie wollten die vielen Zuhörer einstimmen und verbuchten einen durchschlagenden Erfolg. Selbst der zwischen zwei muskulösen Insassen eingeklemmte Richter des Obersten Gerichtshofes in der ersten Reihe entspannte sich. Zunächst kämpfte er um seine Würde, bewegte dann seine Füße im Rhythmus, um bald auch lachend mit den anderen in die Hände zu klatschen.

Ich saß auf dem Podium, und meine Gedanken gingen zurück in die Vergangenheit ... ich dachte an Stipendien und Auszeichnungen, an erfolgreiche Verteidigungsfälle, an große Entscheidungen in bedeutenden Regierungsämtern. Mein Leben war wie eine klassische Erfolgsgeschichte abgelaufen, die Erfüllung des typischen amerikanischen Traumes. Aber auf einmal erkannte ich, daß Gott *nicht* meinen Erfolg benutzt hatte, um den Menschen in diesem oder Hunderten von anderen ähnlichen Gefängnissen zu helfen. Mein Lebenserfolg hatte mit der Schönheit dieses Morgens nichts zu tun – alle meine Leistungen bedeuteten nichts in Gottes Plan. Nein, das eigentliche Vermächtnis meines Lebens hing mit meinem größten Versagen zusammen – ich war ein Exsträfling. Meine größte Demütigung, nämlich ins Gefängnis geschickt zu werden, bildete den Anfang von Gottes Wirken in meinem Leben. Er benutzte die eine Erfahrung meines Lebens, deren ich mich nicht rühmen konnte, zu seinem eigenen Ruhm.

Angesichts dieser erschütternden Wahrheit entdeckte ich in den wenigen Augenblicken in der Gefängniskapelle, daß meine Welt völlig umgekehrt worden war. Ich erkannte plötzlich, daß ich das Leben von rückwärts betrachtet hatte. Jetzt aber verstand ich: Nur wenn ich alles verlor, von dem ich annahm, daß es Chuck Colson zu einem großartigen Kerl machte, hatte ich das in mir gefunden, was Gott in meinem Leben und durch mein Leben schaffen wollte.

Es kommt nicht darauf an, was wir tun wollen, *sondern was ein souveräner Gott durch uns tun will.* Gott will nicht unseren Erfolg, er will uns. Er fordert keine Leistungen, er sucht unseren Gehorsam. Das Reich Gottes ist ein Reich des Widerspruchs, in dem ein heiliger Gott durch die häßliche Niederlage eines Kreuzes aufs höchste verherrlicht wird. Sieg kommt durch Niederlage; Heilung durch Zerbrochenheit; Selbstfindung durch Selbstverleugnung.

Diese entscheidende Wahrheit kann natürlich nicht von unserer erfolgsgeilen egozentrischen Kultur begriffen werden. Es wird nur dann verständlich, wenn die falschen Werte, die uns besessen haben, wegfallen. Manchmal mitten in unserem schlimmsten Versagen. Das ereignete sich in meinem Leben, und es traf auch zu im Leben eines Mannes namens Boris Kornfeld.

Kornfeld war ein russischer Arzt. Was wir über ihn wissen, kann lediglich aus mageren Informationen und dem Bericht eines Menschen, der ihn kannte, zusammengefügt werden. Dabei entsteht eine klassische Illustration dessen, was Reich des Widerspruchs bedeutet, ein Beispiel, das immer wieder eine Quelle der Inspiration für mich gewesen ist. Lassen Sie mich Ihnen diese bemerkenswerte Geschichte erzählen.

2. Ein russischer Arzt

Kein Reporter hat die Straflager Sowjetrußlands je besucht – es sei denn als Gefangener. Darum haben wir bis heute wenig Informationen über die Millionen, die dort gelebt und gelitten haben, die dort, besonders unter Stalins Terrorregime, gestorben sind. Die meisten werden namenlos bleiben und lediglich in der Erinnerung derer fortleben, die sie kannten und liebten. Von Zeit zu Zeit jedoch sind Bruchteile von Informationen über wenige Menschen nach draußen gelangt. Einer dieser wenigen hieß Boris Nikolajewitsch Kornfeld.

Kornfeld war Arzt. Davon können wir etwas über seine Herkunft rekonstruieren, denn im nachrevolutionären Rußland blieb eine solche Bildung unmöglich für Familien, die irgendwie mit dem zaristischen Rußland zusammenhingen. Wahrscheinlich gehörten seine Eltern zu den Sozialisten, die ihre Hoffnung auf die Revolution gesetzt hatten. Sie waren auch Juden, aber sehr wahrscheinlich keine Juden, die auf den Messias hofften, denn der Name Boris und der Patenname Nikolajewitsch weisen auf Generationen russischer Namen. Wahrscheinlich gehörten Kornfelds Vorfahren zu den *Haskalah,* den sogenannten »aufgeklärten Juden«, die sich der Philosophie des Rationalismus geöffnet hatten, naturwissenschaftliches Denken kultivierten und der Kunst dienten. In Sprache, Kleidung und gesellschaftlichen Formen paßten sie sich soweit wie möglich ihren russischen Mitmenschen an.

Für diese Juden schien es ganz natürlich, Lenins Revolution zu unterstützen, denn der bösartige Antisemitismus der Zaren hatte das Leben in den vergangenen zweihundert Jahren fast unerträglich werden lassen. Der Sozialismus versprach ihnen Besseres als das »christliche« Rußland. Das »christliche« Rußland hatte Juden grausam umgebracht; vielleicht würde das atheistische Rußland sie retten.

Offensichtlich folgte Kornfeld den Spuren seiner Eltern und glaubte an den Kommunismus als eine geschichtliche Notwendigkeit, denn politische Gefangene waren damals keine Gegner des Kommunismus oder Befürworter eines erneuten Zarregimes. Solche Leute wurden einfach erschossen. Politische Gefangene glaubten damals zwar an die Revolution, waren aber Sozialisten oder Kommunisten, deren Linientreue im Blick auf das Stalinregime irgendwo einen Makel aufwies.

Wir wissen nicht, welches Verbrechen Dr. Kornfeld beging. Lediglich, daß es sich um ein politisches Verbrechen handelte. Vielleicht deutete er einem Freund eines Tages an, Stalin könne möglicherweise doch fehlbar sein. Vielleicht wurde er lediglich beschuldigt, solche Gedanken zu hegen. Das genügte bereits, um im Rußland der frühen 1950er Jahre ins Gefängnis zu wandern. Viele starben aus nichtigerem Anlaß. Jedenfalls wurde Kornfeld in einem Konzentrationslager für politisch Subversive in Ekibastuz gefangengehalten.

Ironischerweise kurierten ihn ein paar Jahre hinter Stacheldraht vom Kommunismus. Die sinnlose Brutalität, die vergeudeten Leben, die Verbrechen genannten Trivialitäten ließen Männern wie Kornfeld Zweifel an der Herrlichkeit des Systems aufkommen. Ohne Beziehung zur Vergangenheit und den Dingen, die sie beschäftigt und ausgefüllt hatten, konnten die Gefangenen hinter Stacheldraht nachdenken. An einem solchen Ort konnten nachdenkliche Männer wie Boris Kornfeld ihre seit Kindesbeinen gepflegten Überzeugungen überprüfen.

Und so verwarf dieser russische Arzt alle seine sozialistischen Ideale. Er ging noch weiter. Er tat etwas, das seine Vorfahren entsetzt haben würde.

Boris Kornfeld wurde Christ.

Für keinen Juden auf der Welt ist es leicht, Jesus Christus als wahren Messias anzunehmen. Für einen russischen Juden ist es noch schwerer. Zwei Jahrhunderte sahen sich diese Juden dem unversöhnlichen Haß der Leute ausgesetzt, die, wie man ihnen sagte, als die christlichsten von allen galten. Jede Bemühung der Juden zur Versöhnung oder Anpassung an die Russen wurde durch neuen Haß und Verfolgungen zunichte gemacht. So äußerte der Präsident der russisch-orthodoxen Kirchenleitung, er hoffe, daß als Ergebnis der russischen Pogrome »ein Drittel der Juden konvertiert, ein Drittel stirbt und ein Drittel aus dem Lande flieht«.

Aber nach der Revolution geschah eine eigentümliche Abgrenzung. Josef Stalin forderte ungeteilte, nicht hinterfragte Loyalität. Aber Juden und Christen wissen um ihre eigentliche Loyalität Gott gegenüber. Darum litten Menschen aus beiden Religionen um ihres Glaubens willen, und oft in denselben Lagern.

So kam Boris Kornfeld in Kontakt mit einem frommen Christen, einem gebildeten und freundlichen Mitgefangenen, der von einem jüdischen Messias sprach, der gekommen war, um die Verheißungen des Herrn an Israel zu erfüllen. Dieser Christ – seinen Namen kennen wir nicht – wies darauf hin, wie Jesus fast ausnahmslos zu Juden gesprochen und ihnen erklärt hatte, daß er zuerst zu den Juden gekommen sei. Dies stand im Einklang mit Gottes besonderer Hinwendung zu den Juden, dem erwählten Volk. Die Bibel, so erklärte dieser Christ, verhieß ein neues Königreich des Friedens. Er sprach oft laut das Vaterunser, und Kornfeld hörte in diesen einfachen Worten den Klang der Wahrheit.

Das Straflager hatte Kornfeld alles genommen – seinen Glauben an Erlösung durch den Sozialismus eingeschlossen. Jetzt bot dieser Mann Hoffnung an – aber auf welche Weise!

Jesus Christus anzuerkennen – einer von denen zu werden, die seine Leute verfolgt hatten –, schien ein Verrat an seiner Familie, an allen seinen Vorfahren. Kornfeld wußte um das unschuldige Leiden der Juden. Juden trugen keine Schuld zur Zeit der Kosaken! Unschuldig waren sie zur Zeit der Zaren! Er selbst war des Betrugs an Stalin nicht schuldig, er saß unschuldig ein.

Aber Kornfeld dachte über die Worte des gläubigen Mitgefangenen nach. Über eines verfügte der Arzt reichlich: Zeit.

Ganz unerwartet sah er dann starke Parallelen zwischen den Juden und diesem Jesus. Es war ja schon immer ein Skandal gewesen, daß Gott sich auf solch einzigartige Weise einem Volk, nämlich den Juden, zuwandte. Trotz jahrhundertelanger Verfolgungen blieb ihre Existenz unter denen, die sie vernichten wollten, ein Zeichen von Kraft, die die Unterdrücker überwand. So war es auch mit Jesus – Gottes Selbstoffenbarung durch die Menschwerdung hatte schon immer die Weisheit dieser Welt herausgefordert. Den Stolzen und Mächtigen zeigte Jesus ihre Begrenzungen und Sünde. So mußten sie ihn umbringen, wie die Mächtigen auch die Juden umbrachten, um ihren Allmachtswahn aufrechtzuerhalten. So mußte auch Stalin, die neue Gottheit der tapferen, neuen Welt der Revolution, Juden und Christen verfolgen. Beide bedeuteten eine lebendige Anklage seiner Selbstanmaßung.

Erst im Gulag erkannte Boris Kornfeld diese Wahrheit. Und je länger er darüber nachdachte, um so tiefer griff eine innere Veränderung.

Trotz allem hatte Kornfeld bessere Lebensbedingungen als die meisten Menschen hinter Stacheldraht. Andere Gefangene galten als überflüssig, aber Ärzte gab es zu wenig in den abgelegenen isolierten Lagern. Die Behörden konnten es sich nicht leisten, einen Arzt zu verlieren, denn Aufseher und Gefangene brauchten medizinische Betreuung. Gleichzeitig wollte kein Lageraufseher den Händen eines Arztes ausgeliefert sein, den er grausam mißhandelt hatte.

Vielleicht fing Kornfelds Widerstand dem Christenglauben gegenüber an schwächer zu werden während einer Operation an einem der verhaßten Wärter. Bei einer Messerstecherei war diesem Mann eine Arterie durchtrennt worden. Beim Abbinden der Blutgefäße erwog der Arzt, seine Arbeit so auszuführen, daß die Blutungen bald nach der Operation wieder beginnen mußten. Der Wärter würde schnell sterben, und niemand konnte Verdacht schöpfen.

Der Gedanke an diese Möglichkeit der Rache ließ den brennenden Haß gegen diese Aufseher und seinesgleichen noch stärker hochsteigen. Wie er seine Verfolger verachtete! Er würde sie am liebsten alle umbringen!

Plötzlich schrak Boris Kornfeld vor dem Haß und der Grausamkeit in seinem eigenen Herzen zurück. Ja, er war ein Opfer des Hasses, wie seine Vorfahren. Aber dieser Haß hatte in ihm selbst einen unstillbaren Haß gesät. Welch eine tödliche Sackgasse! Das Böse, das er so verachtete, hielt ihn selbst gefangen. Welcher Freiheit konnte er sich überhaupt noch erfreuen mit diesem mörderischen Haß im Herzen? Die ganze Welt wurde so zu einem Konzentrationslager.

Als Kornfeld die Naht nun erneut und richtig legte, bemerkte er plötzlich, wie er fast unbewußt die Worte vor sich hinsprach, die er von seinem Mitgefangenen gelernt hatte: »Vergib uns unsere Schuld, wie wir vergeben unseren Schuldigern.« Seltsame Worte aus dem Munde eines Juden. Aber er mußte einfach so beten. Nachdem er sein eigenes böses Herz erkannt hatte, mußte er um Reinigung bitten. Und er wollte zu einem Gott beten, der gelitten hatte wie er selbst: Jesus.

In der kommenden Zeit betete Boris Kornfeld bei der ermüdenden und hoffnungslosen Arbeit des Lagerarztes schlicht das Vaterunser. Ermüdend, weil es immer zu viele Patienten gab. Hoffnungslos, weil das Lager dazu bestimmt war, Menschen zu töten. Er stemmte sich wirkungslos gegen die Flut des Todes, die mit Krankheit, Kälte, Überarbeitung, Schlägen und Unterernährung immer höher schwappte.

Die Ärzte im Krankenrevier des Lagers wurden auch herangezogen, um die Einweisungen in die Strafbaracke zu unterschreiben. Jeder Gefangene, den die Behörden aus dem Weg haben wollte, wurde zu dieser Baracke geschickt – einer Einzelhaft in einer winzigen, dunklen, alten Folterkammer von Zelle. Die Unterschrift eines Arztes auf dem Formular bestätigte, daß ein Gefangener stark und gesund genug für eine solche Strafmaßnahme war. Das war natürlich eine Lüge. Nur wenige überlebten.

Wie alle anderen Ärzte, hatte auch Kornfeld solche Formulare unterzeichnet. Was sollte es schließlich? Die Behörden brauchten die Unterschrift letztlich ja nicht. Sie hatten andere Möglichkeiten, diese Strafe zu »legalisieren«. Und ein Arzt, der hier Zusammenarbeit verweigerte, würde sich nicht lange halten können, auch wenn Ärzte gebraucht wurden. Aber bald nachdem Dr. Kornfeld um Vergebung zu beten begann, verweigerte er diese Form der Zuarbeit, unterschrieb keine weiteren Formulare. Obwohl er Hunderte davon unterschrieben hatte, konnte er es jetzt nicht mehr. Was war nur in ihm geschehen, das es ihm jetzt unmöglich machte?

Diese Rebellion war schlimm genug, aber Kornfeld ließ es nicht dabei bewenden. Er zeigte einen Krankenwärter an.

Diese Wärter wurden aus einer Gruppe Gefangener ausgewählt, die mit den Behörden zusammenarbeiteten. Als Belohnung für ihre Hilfswilligkeit bekamen sie Aufgaben im Lager zugewiesen, die das Todesurteil in etwas weitere Ferne rückten. Sie wurden Köche, Bäcker, Schreibhilfen und Krankenwärter. Die anderen Gefangenen haßten diese Leute fast noch mehr als die eigentlichen Aufseher, denn diese Gefangenen galten als Verräter, man konnte ihnen niemals vertrauen. Sie stahlen Lebensmittel von anderen Gefangenen und töteten bedenkenlos jeden, der ihnen Schwierigkeiten bereitete. Die offiziellen Aufseher übersahen geflissentlich diesen Machtmißbrauch. Schließlich starben jeden Tag Menschen in den Lagern, und die Behörden brauchten diese Quislinge, damit das System glatt funktionierte.

Auf seinem Rundgang kam Kornfeld eines Tages zu einem seiner vielen Patienten, der an einer Art Aussatz litt, einer ganz alltäglichen Krankheit im Lager. Durch Unterernährung ausgelöst, behinderte die Krankheit ironischerweise die Verdauung. Die Opfer verhungerten buchstäblich.

Der Körper dieses Mannes zeigte tiefe Spuren dieser Krankheit. Sein Gesicht glich einem einzigen dunklen Flecken. Von den Händen schälte sich die Haut; sie mußten bandagiert werden, um die Blutungen einzudämmen. Kornfeld hatte dem Patienten Kalk zugeführt, gutes weißes Brot und Hering, um den Durchfall aufzuhalten und dem Blut Nährstoffe zuzuführen, aber die Krankheit war zu weit fortgeschritten. Als der Arzt den Sterbenden nach seinem Namen fragte, konnte sich der Mann nicht einmal daran erinnern.

Da entdeckte Kornfeld einen großgewachsenen Krankenwärter, der gerade die Reste eines Laibes Weißbrot verzehrte, der für diesen Patienten bestimmt gewesen war. Der Mann sah ihn unverschämt an, den Mund voller Brot. Kornfeld kannte das Problem der Diebstähle, wußte, daß sich aus diesem Grund seine Patienten nicht erholten. Aber die Erinnerung an den sterbenden Mann versetzte ihm nun einen Stich. Er konnte nicht einfach darüber hinweggehen.

Natürlich ließen sich die Todesfälle nicht einfach dem Diebstahl von Lebensmitteln zuschreiben. Es gab zahllose andere Gründe, warum die Patienten sich nicht erholten. Der Gestank von Exkrementen lag über dem Krankenrevier. Es mangelte an Ausrüstung und Medikamenten. Er mußte unter derart primitiven Bedingungen arbeiten, daß die Operationen manchmal nur auf Sterbehilfe aus Barmherzigkeit hinausliefen. Es blieb schlicht eine Ungeheuerlichkeit, in dieser Situation auf Prinzipien zu bestehen, besonders darum, weil er ja wußte, was der Krankenwärter ihm antun konnte. Aber der Arzt mußte seinem neuen Glauben gehorchen. Wieder einmal beeinflußte seine Lebensänderung sein Verhalten.

Als Kornfeld den Krankenwärter beim Kommandanten meldete, fand der diese Beschwerde außerordentlich seltsam. Es hatte in letzter Zeit eine Reihe von Morden im Lager gegeben. Ausnahmslos alle Opfer hatten Beschwerde geführt. Es war töricht, ja lebensgefährlich, sich über irgend jemanden zu beschweren. Aber der Kommandant steckte den Krankenwärter für drei Tage in die Strafbaracke und empfand offenbar eine perverse Freude an der Beschwerde. Kornfelds Weigerung, die Strafformulare zu unterschreiben, wurde schließlich langsam lästig. Diese Sache würde dem Kommandanten einige Mühe ersparen. Der Arzt hatte seine eigene Hinrichtung vorbereitet.

Boris Kornfeld zählte nicht zu den besonders Tapferen. Er

wußte, daß sein Leben in Gefahr war, sobald der Krankenwärter aus der Strafzelle kam. In den Baracken zu schlafen, die nachts von den kollaborierenden Gefangenen bewacht wurden, würde den sicheren Tod bedeuten. So blieb der Arzt im Krankenrevier und versuchte, hier und da etwas zu schlafen, lebte in einem eigenartigen Zustand, wo jeder Augenblick sein letzter sein konnte.

Paradoxerweise erfüllte ihn trotz aller Anspannung das Gefühl einer ungeheuren Freiheit. Nachdem er die Möglichkeit des Todes akzeptiert hatte, konnte Boris Kornfeld nun frei leben. Er unterschrieb keine Formulare mehr, die Männer in den Tod schicken würden. Er wandte sich nicht mehr ab, wenn er Grausamkeit und Ungerechtigkeit beobachtete, er sagte, was er wollte, und tat, was er konnte. Bald schon erkannte er, daß Zorn, Haß und Gewalt aus seinem eigenen Herzen verschwunden waren. Er fragte sich, ob es wohl noch einen weiteren Menschen in Rußland gebe, der solche Freiheit kannte!

Jetzt wollte Boris Kornfeld jemandem von seiner neuen Entdeckung erzählen, von seinem neuen Leben in Gehorsam und Freiheit. Der Christ, der ihm von Jesus erzählt hatte, war in ein anderes Lager verlegt worden. So wartete der Arzt auf die richtige Person und den richtigen Augenblick.

An einem grau verhangenen Nachmittag untersuchte er einen Patienten, der gerade an Darmkrebs operiert worden war. Dieser junge Mann, mit einem melonenförmigen Kopf und einem verletzlichen, jungenhaften Ausdruck im Gesicht, berührte den Arzt. Die Augen dieses Mannes blickten besorgt und mißtrauisch. Sein Gesicht trug die tiefen Spuren der Jahre in Lagern, reflektierte eine Tiefe spirituellen Elends und eine Leere, wie sie Kornfeld kaum je gesehen hatte.

Der Arzt fing an, mit dem Patienten zu reden, und beschrieb, was ihm widerfahren war. Als er einmal damit begonnen hatte, konnte Kornfeld nicht wieder aufhören.

Den ersten Teil der Geschichte bekam der Patient nicht mit, denn immer wieder überflutete ihn die Bewußtlosigkeit. Aber der Eifer des Arztes fesselte schließlich seine Aufmerksamkeit, obwohl er vom Fieber geschüttelt wurde. Den ganzen Nachmittag und bis spät in die Nacht hinein redete der Arzt, beschrieb seine Bekehrung zu Christus und seinen neugewonnenen Frieden.

Sehr spät, als das helle Licht der Kontrollturmlampen schmerzhaft durch die Fensterscheibe stach, bekannte Kornfeld dem

Patienten: »Wissen Sie, im großen und ganzen bin ich zu der Überzeugung gekommen, daß es für uns in diesem Leben auf der Erde keine wirklich unverdiente Strafe gibt. Oberflächlich gesehen mag das nichts zu tun haben mit unserer tatsächlichen Schuld, aber wenn Sie Ihr Leben fein durchkämmen und tief darüber nachdenken, werden Sie immer die Übertretung entdecken können, der dieser Schicksalsschlag gilt.«

Und das von einem Mann wie Kornfeld! Von einem verfolgten Juden, bisher von seiner völligen Unschuld überzeugt! Nun bekannte er, daß jeder Mensch sein Leiden verdient.

Der Patient empfand, daß er einem ungeheuerlichen Bekenntnis lauschte. Trotz der schweren nachoperativen Schmerzen, die wie geschmolzenes Blei über ihm lagen, hing er an den Lippen des Arztes, bis er einschlief.

Der junge Patient wurde am nächsten Morgen von dem Geräusch aufgeregter Unruhe im Bereich des Operationsraumes geweckt. Sein erster Gedanke galt dem Arzt, aber sein neuer Freund kam nicht. Die geflüsterten Worte eines Mitpatienten enthüllten ihm dann Kornfelds Schicksal.

In der Nacht, als der Arzt schlief, hatte sich jemand zu ihm herangeschlichen und ihm mit einem Maurerhammer acht Schläge auf den Kopf versetzt. Obwohl sich die anderen Ärzte leidenschaftlich um ihn bemühten, wurde er am Morgen von den Krankenwärtern hinausgetragen. Ein stiller, zerbrochener Körper.

Aber Kornfelds Bekenntnis starb nicht.

Der Patient dachte über die letzten, leidenschaftlichen Worte des Arztes nach. Sie führten dazu, daß auch er schließlich Christ wurde. Er überlebte das Gefangenenlager, um der Welt zu berichten, was er dort erfahren hatte.

Der Name des Patienten: Alexander Solschenizyn.

3. Glaube und Gehorsam

Boris Kornfeld ist das große, personifizierte Paradoxon. Ein Jude, der den Glauben seiner Väter verriet. Ein Arzt, dessen jahrelange Ausbildung sinnlos vergeudet wurde. Ein politischer Idealist, dessen utopische Vision ihn in ein ödes, sibirisches Gefangenenlager führte. Ein Gefangener, der sein Leben für ein gestohlenes Weißbrot einsetzte. In allen diesen Bezügen blieb Boris Kornfeld ein Versager – zumindest nach dem Wertsystem dieser Welt. Aber Gott benutzte das Versagen dieses Mannes und seinen entschiedenen Gehorsam, um einen anderen zu Christus zu führen, der seinerseits zu einer prophetischen Stimme und einem der einflußreichsten Schriftsteller der Welt werden sollte.

Denn Kornfelds Worte überzeugten, überführten, berührten das, was Solschenizyn später »eine empfindsame Saite« nannte. Das war sein Augenblick geistiger Erweckung. »Gott des Universums, ich glaube wieder an dich! Obwohl ich dich verleugnete, wirst du bei mir sein«, rief er aus.[1] Es handelte sich um eine geistliche Transfusion – das Leben des einen Mannes wurde dem anderen zugeleitet zur Erfüllung von Gottes souveränen Zielen.

Bei seiner Bekehrung erkannte Solschenizyn klar den Widerspruch des Reiches Gottes. Denn in der Leere des russischen Gulag erfaßte er, was vergnügungssüchtige Millionen im Überfluß des Westens nicht begreifen. Er schrieb später: »Die Bedeutung unserer irdischen Existenz liegt nicht, wie wir uns zu denken angewöhnt haben, im Erfolg, sondern in der Entwicklung der Seele.«[2]

Kornfelds kurzes Christenleben spielte sich in einer eng umrissenen Welt, fast in der Isolation ab. Es könnte der Eindruck entstehen, daß seine Entscheidung, die medizinischen Formulare nicht zu unterschreiben, den korrupten Krankenwärter anzuzeigen, sogar die wenigen Stunden der zeugnishaften Rede an einen vielleicht sterbenskranken Patienten seien umsonst, würden ihm nichts einbringen als das, was er dann wirklich erntete, einen brutalen Tod von Mörderhand. Doch Kornfelds Glaube war stark, gewiß und aufrichtig. Sein Mitchrist und der Heilige Geist hatten ihm eine Tatsache verdeutlicht: Gott erwartete seinen Gehorsam um jeden Preis. Zielbewußter Gehorsam im Glauben.

Und diese Lektion des russischen Arztes wurde damals in Delaware zu meiner eigenen Lektion: Gott erwartet von seinen Leuten Gehorsam, ohne Rücksicht auf die Umstände, ungeachtet der Konsequenzen.

So ist es immer gewesen. Gott ruft seine Leute zum Gehorsam und gibt ihnen dabei bestenfalls eine Ahnung der möglichen Folgen.

Die meisten großen Gestalten des Alten Testamentes starben, ehe sie die Erfüllung der Verheißungen erlebten, auf die sie sich verlassen hatten.[3]

Paulus verzehrte sich in seinen Bemühungen um die Urgemeinde. Als sein Leben zu Ende ging, sah er lediglich eine Kette kleiner Außenposten im Mittelmeerraum, viele davon geschwächt durch fleischliche Begierden oder gespalten durch Lehrauseinandersetzungen.

Der große Prediger der Kolonien, Cotton Mather, betete zwanzig Jahre lang jeden Tag mehrere Stunden um Erweckung; die große Erweckung begann in dem Jahr, als er starb. Das britische Weltreich schaffte schließlich die Sklaverei ab, als der Christ, Parlamentarier und leidenschaftliche Gegner der Sklaverei, William Wilberforce, auf seinem Totenbett lag, erschöpft von einem fast fünfzigjährigen Kampf gegen menschliche Ausbeutung. Hudson Taylor sah selbst nur wenige Bekehrte in seiner lebenslangen Missionsarbeit im Orient; heute bekennen sich Millionen von Chinesen zu dem Glauben, den er so geduldig pflanzte und pflegte.

Manche mögen dieses göttliche Handeln als grausam empfinden, aber nach meiner Überzeugung offenbart es souveräne Weisheit. Weil er weiß, wie empfänglich wir für den Sirenengesang des Erfolges sind, läßt Gott uns oft nicht sehen, was er durch uns tut. Die Art Gehorsam, die er fordert, reflektiert nicht auf die Umstände oder Ergebnisse.

Ein biblisches Beispiel dieses nicht hinterfragten Gehorsams, den Gott erwartet, ist Jesu Heilung des Dieners eines Hauptmanns.[4] Matthäus und Lukas berichten, wie der Offizier zu Christus kam, um Hilfe für seinen gelähmten Diener zu erbitten. Als Jesus anbot, mit ihm nach Hause zu gehen, antwortete der Hauptmann ohne zu zögern, er wisse recht gut, Christus brauche lediglich einen Befehl zu geben, und der Mann würde geheilt werden. Für den Hauptmann war das klar, denn wenn er seinen Leuten einen Marschbefehl gab, gingen sie. Für ihn besaß Jesus die Autorität eines militärischen Befehlshabers, dem man sich bedingungslos unterordnet. Jesus freute sich, als er diesen Glauben entdeckte, und heilte nicht nur den Diener, sondern benutzte die Haltung dieses Hauptmannes auch als Beispiel für wahren Glauben der Menschenmenge gegenüber.

Die Bibel zeigt auf, und Erfahrungen wie die des Boris Kornfeld bestätigen es, daß bedingungslose Anerkennung der Autorität Jesu und ebensolcher Gehorsam die Grundlage des Christenlebens bilden. Darauf ruht alles andere. Darin liegt auch der Schlüssel zum Verstehen dessen, was so vielen als großes Geheimnis des Christentums erscheint: Glauben.

Rettender Glaube – durch den wir gerechtfertigt und versöhnt werden mit Gott – ist ein Geschenk Gottes, und, ja, er hat es auch mit einem Verstehensprozeß zu tun, denn er kommt aus dem Hören auf das Wort Gottes (mehr darüber in späteren Kapiteln). »Nun gut«, sagt vielleicht der sich abmühende Christ, »wie aber wird mein Glaube praktisch erfahrbar? Wie finde ich zu diesem lebendigen, starken Glauben eines reifen Christenmenschen?«

Hier hat der Gehorsam seinen Ort. Denn reifer Glaube – ein Glaube, der tiefer wird und auf dem Weg der Christusnachfolge wächst – bedeutet nicht lediglich Erkenntnis, sondern ins Leben umgesetzte Erkenntnis. Es geht nicht nur um den Glauben, sondern um ausgelebten, praktizierten Glauben. Jakobus sagt, daß wir Täter des Wortes werden müssen, nicht allein Hörer. Dietrich Bonhoeffer hat diesen wesentlichen Zusammenhang treffend formuliert: »Nur wer glaubt, ist gehorsam; nur wer gehorsam ist, glaubt.«

Dies klingt vielleicht wie ein Zirkelschluß, aber vieles verhält sich so – in Wahrheit und in Praxis. Denken wir an den Schwimmunterricht. Man sagt uns, was zu tun ist. Wir steigen entschlossen ins Wasser, stoßen ab – und vergessen prompt alles, was uns gesagt wurde. Wir schlagen verzweifelt um uns, schnappen nach Luft und sinken. Auf dem Höhepunkt der Verzweiflung haben wir plötzlich das Gefühl, tatsächlich zu schwimmen. Wir begreifen, daß es funktionieren könnte, erinnern uns an die Instruktionen und setzen sie langsam um. Sie funktionieren. Wie beim Fahrradfahren oder dem Erlernen einer fremden Sprache, ist auch der Glaube eine Form des Bewußtseins, die aus unserem Tun wächst, wie es auch unser Tun regiert.

Also ist Gehorsam der Schlüssel zum wahren Glauben, der unerschütterlichen Qualität von Glauben, wie er in Hiobs Leben deutlich wurde. Hiob verlor sein Zuhause, seine Familie (mit Ausnahme seiner nörgelnden Frau), seine Gesundheit, sogar seine Hoffnung. Die Ratschläge der Freunde erwiesen sich gar nicht als Hilfe. Wo er sich auch hinwandte, konnte er keine Antwort für seine Not finden. Schließlich war er ganz allein. Aber wenn es auch so aussah, als habe Gott ihn verlassen, klammerte sich Hiob doch an die Gewißheit, daß *Gott ist, der er ist.* Hiob bekräftigte seinen Gehorsam mit den klassischen Worten des Glaubens: »Wird er mich auch umbringen, will ich ihm doch vertrauen.«[5]

Das ist wirklicher Glaube: Vertrauen und gehorsames Tun, ungeachtet der Umstände oder gegenteiliger Beweise. Schließlich wäre ein Glaube, der sich auf sichtbare Beweise gründet, kein wirklicher Glaube. »Wir wandeln im Glauben, nicht im Schauen«, schrieb der Apostel Paulus.

Es ist absurd, wenn Christen ständig neue Demonstrationen der Macht Gottes suchen, wunderbare Antworten auf alle Probleme erwarten, von eingewachsenen Fußnägeln bis zur Parkplatzsuche. Dies führt allenfalls zu einem Wunderglauben, nicht zum Glauben an den wunderbaren Herrn.

Wirklicher Glaube ist nicht abhängig von geheimnisvollen Zeichen, einem himmlischen Feuerwerk, grandiosen Fügungen eines Gottes, der als reicher, wohltätiger Onkel gesehen wird. Hiob verstand, daß wahrer Glaube aus der Gewißheit wächst, daß *Gott ist, der er ist.* Darauf müssen wir in der Tat unser Leben setzen.

Elf Männer haben einmal genau das getan. Sie setzten ihr Leben auf den Gehorsam zu ihrem Meister, wenn das auch menschlicher Weisheit völlig zuwiderlief. Dieser Gehorsam brachte einen Glauben hervor, der ihnen den Mut gab, sich gegen die ganze Welt zu stellen – und diese Welt noch zu ihren Lebzeiten für immer zu verändern.

Vierzig Tage nach seiner Auferstehung rief Jesus seine Jünger auf dem Ölberg zusammen. Stellen wir uns ihre aufgeregte Erwartung vor. Offenbar glaubten sie, ihr Meister würde noch an diesem Tag sein Königreich auf Erden begründen und die großen Verheißungen erfüllen, an die sich die Juden durch Jahrhunderte des Leids und der Verbannung geklammert hatten. Christus würde König sein, nicht nur über Israel, sondern über die ganze Welt. Und sie würden an seiner Seite die Nationen richten, Bilanz ziehen, die Gerechten belohnen. Die Ungerechtigkeit von Jahrhunderten würde beendet sein. Diese elf Männer, die meisten von ihnen ungebildete Fischer, hatten ihr Leben auf Jesus gesetzt und mit der Kreuzigung alles verloren. Die Auferstehung erweckte ihre Hoffnung neu. Und von diesem Tag an würde Jesus, dem sie geglaubt hatten, die Erde regieren. Wie müssen ihre Herzen vor Erwartung höher geschlagen haben, als sie durch die Gassen von Jerusalem und dann den sanften Hügel hinaufliefen!

Dann kam der majestätische Augenblick; ihr geliebter Jesus erwartete sie, sah jedem von ihnen forschend in die Augen. Schon seine Gegenwart ließ sie einen nach dem anderen auf die Knie fallen. Dies war die Krönung.

Schließlich platzte einer von ihnen mit der Frage heraus, die alle stellen wollten: »Herr, wirst du in dieser Zeit wieder aufrichten das Reich für Israel?«[6]

Jesu Antwort klingt nach herber Zurechtweisung: »Es gebührt euch nicht, Zeit oder Stunde zu wissen, die der Vater in seiner Macht bestimmt hat.« Er hatte ihnen bereits befohlen, in Jerusalem zu warten. Jetzt versprach er eine Kraft, die sie dort empfangen sollten. »Ihr werdet meine Zeugen sein in Jerusalem und in ganz Judäa und Samarien und bis an das Ende der Erde.«[7]

Dann war es wie das tiefe Atemholen des Universums. Unendliche Distanz zwischen ihm und ihnen. Ehe sie protestieren konnten, war er von ihnen gegangen, aufgenommen in einer Wolke.

Es ist schwierig, sich die Empfindungen dieser Männer in jenem Augenblick vorzustellen. Heilige Ehrfurcht? Entsetzliche Angst? Und welche Enttäuschung zunächst! Sie waren alleine gelassen, ausgestoßen in ihrem eigenen Land. Worauf sollten sie zurückgreifen? Dazu war ihnen empfohlen worden, zurückzugehen und zu warten – die schwerste Aufgabe für willensstarke Menschen überhaupt.

Wir wissen um ihre Menschlichkeit und ihren Werdegang und können uns deshalb vorstellen, welche Alternativen sie erwogen: Der schüchterne Philippus hätte sich am liebsten hinter den Hügeln verborgen; Jakobus und Johannes wollten so schnell wie möglich die Botschaft verbreiten; Simon, dem Zeloten, hätte es nahe gelegen, eine Guerillaorganisation zu gründen; andere dachten vielleicht, sie müßten die Regierungskontrolle an sich reißen – Optionen, die viele Christen heute so anziehend finden.

Aber Jesus hatte ihnen befohlen, in Jerusalem zu *warten.* Worauf warten? Wenn es auch ihren Vorstellungen völlig widersprach, warteten sie doch. Sie gehorchten und taten dies – auch wenn es schwer zu verstehen ist – mit »großer Freude«.

Sie warteten zehn Tage lang. Einhundertzwanzig Menschen insgesamt, einmütig und beständig im Gebet. Sie warteten. Und dann war es soweit.

Mit der Kraft von tausend Tornados kam die verheißene Kraft auf sie, und der Heilige Geist bevollmächtigte diese ganz gewöhnlichen Männer, Gottes Werk zu treiben. Jeder dieser Elf wurde ein Riese des Glaubens. Daraus ergab sich, daß innerhalb eines Jahrhunderts die Hälfte der damals bekannten Welt an Christus gläubig wurde.

Die Entscheidung der Jünger, Jesus nach der Himmelfahrt zu gehorchen, erwies sich als Angelpunkt der Geschichte. Die Welt war nie mehr dieselbe.

Die Erkenntnis der Jünger, daß Christus ist, der er zu sein beansprucht, motivierte sie zum Gehorsam. Darin liegt die historische Realität des Christentums.

Dies zu verstehen, ist ganz entscheidend, denn es unterscheidet den Christenglauben von allen anderen Religionen. Der christliche Glaube ruht nicht nur auf großen Lehraussagen oder Philosophien, nicht auf dem Charisma einer Führerpersönlichkeit, nicht auf erfolgreich angehobenen moralischen Werten, nicht auf den Fähigkeiten oder Geschicklichkeiten oder den guten Werken seiner Anhänger. Täte er das, dürfte er nicht mehr Autorität beanspruchen als die Worte eines Konfuzius, Mao, Buddha, Mohammed oder irgendeiner von tausend anderen Kulten. Das Christentum gründet auf historischer Wahrheit. Jesus lebte, starb und stand als Herr über alles von den Toten auf – nicht nur theoretisch oder legendenhaft, sondern tatsächlich.

Wenn das verstanden ist, muß der Christenglaube bei den einzelnen Gläubigen die gleiche Reaktion hervorbringen wie bei den ersten Jüngern: den leidenschaftlichen Wunsch, Gott zu gehorchen und zu gefallen. Eine freiwillig eingegangene Nachfolge. Das ist der Anfang wahrer Jüngerschaft. *So fangen wir an, Gott zu lieben und seinen Frieden zu leben.*

Für die Jünger gab es Klarheit. Jesus wies sie hörbar an, in Jerusalem zu warten. Aber wie können wir wissen, was wir tun sollen? Nach unserer Bekehrung gibt es gewöhnlich keine so klaren Anweisungen; keine himmlische Stimme erteilt Marschbefehle. Wohin können wir uns wenden?

Ein Rechtsgelehrter, ein Pharisäer, der Jesus eine Falle stellen wollte, sprach den Meister vor Jahrhunderten mit dieser Frage an. »Meister«, sagte er, »welches ist das höchste Gebot im Gesetz?«[8] Jesu Antwort hat sich den Gläubigen seither fest eingeprägt: »Du sollst den Herrn, deinen Gott, lieben von ganzem Herzen, von ganzer Seele und von ganzem Gemüt. Dies ist das höchste und größte Gebot.«

»Aber wie können wir den Herrn lieben?« Jesus antwortete darauf in einem Gespräch mit seinen Jüngern: »Liebt ihr mich, so werdet ihr meine Gebote halten.«[9] Und der Apostel Johannes schrieb später: »Denn das ist die Liebe zu Gott, daß wir seine Gebote halten.«[10]

Das führt uns an die alleinige Quelle: Die Heilige Schrift. Um Christi Geboten zu gehorchen, müssen wir sie kennen. Das bedeutet, wir müssen die Heilige Schrift kennen und ihr gehorchen, denn darin liegt der Schlüssel zur Liebe Gottes und der Anfang der spannendsten Reise des Lebens.

Warnung: Wer nicht bereit ist, seine bequemen Vorstellungen entwurzeln zu lassen, sollte vielleicht jetzt aufhören zu lesen.

Vor einigen Jahren hieß es in einer Zeitschrift in einem Artikel über unsere Gefangenenmission: »Das Gefängnis radikalisierte das Leben von Chuck Colson.« Die Folgerung des Reporters ist zwar verständlich, trifft aber einfach nicht zu. Ich hätte das Gefängnis verlassen und einfach vergessen können. Das wollte ich auch am liebsten. Alle menschlichen Regungen sagten mir: »Streiche diese Zeit für immer aus deinem Gedächtnis.« Aber beim Studium der Bibel offenbarte mir Gott sein Mitleiden für die Verletzten, die Leidenden und die Unterdrückten. Durch sein Wort bestand er darauf, daß ich seinem Beispiel folgte.

Mich »radikalisierte« nicht das Gefängnis, sondern die in der Schrift offenbarten und ernst genommenen Wahrheiten. Denn die Bibel konfrontierte mich mit einem neuen Bewußtsein meiner Sünde und der notwendigen Buße. Die Bibel gab mir einen Hunger für Gerechtigkeit und nach Heiligkeit. Und es war die Bibel, die mich in die Gemeinschaft mit den Leidenden rief. Es ist auch die Bibel, die mein Leben heute immer wieder neu herausfordert.

Das ist wirklich radikal. Es wirkt unwiderstehlich überführend. Es ist die Kraft des Wortes Gottes, das aus sich heraus Leben verändert. So verhielt es sich auch im Leben eines jungen Mannes, dessen Erfahrungen mich so vieles lehrten – vielleicht auch deshalb, weil ich mich leicht mit ihm identifizieren kann.

Weltgewandt, mächtig, dem guten Leben zugetan, war er offenbar erfolgreich und mit sich selbst und seinem Leben zufrieden – mit einunddreißig ein junger Mann auf dem Weg nach ganz oben. Aber auch sein Leben wurde radikal verändert – durch das Wort Gottes.

Das Wort Gottes

Wir schulden der Schrift die gleiche Ehrfurcht, die wir Gott schulden.

JOHANNES CALVIN

Göttliche Inspiration ist nicht nur wesensmäßig unvereinbar mit Irrtum, sondern schließt ihn absolut und notwendig aus, denn es ist unmöglich, daß Gott selbst, die höchste Wahrheit, das sagen könnte, was nicht wahr ist.

PAPST LEO XIII.

4. Nimm und lies

Der Mittelmeerhimmel wölbte sich heiß und klar über der Terrasse des Hauses von Aurelius Augustinus außerhalb von Mailand. Jenseits der Gartenmauern bedeckten Obstbäume das weite Tal bis dorthin, wo die Weinberge sich an die sanften Hügel schmiegten. Innerhalb der Mauern saß Augustin und sein bester Freund und Schüler Alypius mit einem Besucher namens Ponticianus. Trotz Schmerzen in der Brust, trotz dringlicher Geschäfte und einer tiefen inneren Unruhe, nahm sich Augustin Zeit, um mit dem wichtigen Regierungsbeamten zu sprechen.

Der hochbegabte, gelehrte und gutaussehende Augustin hatte eine der begehrtesten Professuren der Stadt inne. Die Rede des Rhetorikprofessors glich dem Rollen des Donners. Seine Argumente waren von überwältigender Überzeugungskraft. Nur wenige fühlten sich ihm ebenbürtig.

Während die drei Männer höflich Konversation machten, erschien Augustins Mutter immer wieder, um Erfrischungen und andere Aufmerksamkeiten darzureichen. In Wirklichkeit aber beobachtete sie sorgenvoll ihren Sohn.

Monika verfügte über einen ausgeprägten Beschützerinstinkt, einen starken Willen, war praktisch veranlagt und fest entschlossen, daß ihr Sohn Christ werden sollte. Seit seiner frühen Kindheit betete sie täglich für ihn. Augustin liebte seine Mutter, ließ sich aber in keiner Weise beeinflussen.

Monika hatte ihren Sohn, seit er ein Teenager war und sie selbst in Nordafrika Witwe wurde, kaum aus den Augen gelassen. Augustin mußte einen Trick anwenden, um mit seiner Geliebten und ihrem Kind alleine nach Italien zu reisen. Er nannte ihr die falsche Abreisezeit, das Schiff segelte ohne Mutter Monika. Aber bald schon kam sie nach Mailand nachgereist. Und dann bemühte sie sich erfolgreich, Augustin mit einem guten Christenmädchen zu verloben und die Geliebte der vergangenen fünfzehn Jahre wegzuschicken. Aber die Verlobte war sehr jung, und die Hochzeit sollte in zwei Jahren stattfinden. So hatte sich Augustin wieder eine Konkubine genommen. Sexualität sei wichtig für ihn, erklärte er, und er könne nicht seinen natürlichen Regungen widerstehen.

Monika konnte die eigentümlichen Vorstellungen ihres Sohnes über Gut und Böse nicht verstehen. Er frönte seinen Ausschweifungen offenbar ohne die geringsten Gewissensbisse. Gleichzeitig klagte er sich an, weil er einmal mit einer Gruppe junger Rowdies Birnen aus dem nachbarlichen Garten gestohlen hatte. Augustin geißelte diesen kindlichen Übermut, als sei er das große Übel seines Lebens, pflegte gleichzeitig aber einen Lebensstil, der in den Augen seiner Mutter ungleich sündhafter war.

Und doch wollte sie die Hoffnung auf seine Bekehrung nicht aufgeben, ja, diese Hoffnung nahm in letzter Zeit zu. Erst kürzlich hatte Augustin seiner Religion abgesagt, einem fremdartigen Kult, der den Lehren eines Persers namens Mani folgte, die besagten, jedes Lebewesen werde von den Mächten der Finsternis kontrolliert. Auch der Astrologie sagte Augustin ab, um in letzter Zeit häufiger zur Kirche zu gehen. Vielleicht behielt der Bischof doch recht, dachte Monika.

Vor vielen Jahren hatte sie einen afrikanischen Bischof besucht und ihn angefleht, doch mit ihrem Sohn zu reden. Aber der Kirchenmann lehnte mit dem Hinweis ab, ihr Sohn sei noch nicht für ein solches Gespräch bereit.

»Laß ihn in Ruhe«, riet der Bischof. »Aber bete für ihn zum Herrn.« Selbst ein Kenner des Manichäismus, war der Bischof davon überzeugt, daß ein intelligenter Mensch wie Augustin ihn bald als unmöglich durchschauen müsse.

Aber Monika ließ sich nicht leicht überzeugen. Sie hatte heftig geweint und den Bischof angefleht, mit ihrem Sohn zu sprechen. Schließlich ließ seine Geduld nach, und er bat sie zu gehen. Seine letzten Worte: »Es ist unmöglich, daß ein Sohn so vieler Tränen verlorengeht«, nahm sie als eine himmlische Verheißung und erinnerte ihren Sohn Augustin oft triumphierend daran.

Aber Augustin konnte nicht Christ werden, nur um seiner Mutter einen Gefallen zu tun.

Im Garten saß Augustins Besucher, gedachte sich nun bald zu verabschieden und griff wie zufällig nach einem Buch, das auf einem kleinen Tisch lag. Ein verwirrtes Lächeln glitt über sein Gesicht.

»Der Apostel Paulus«, sagte er. »Liest du dies, Augustin?«

Sein Gastgeber nickte. »Ich lese es nicht nur. Ich habe es förmlich verschlungen. Und ich gebe mir alle erdenkliche Mühe, die Bedeutung des christlichen Glaubens zu begreifen.« Er sah sich um, ob seine Mutter auch nicht mithörte.

»Wußtest du, daß ich Christ bin?« Ponticianus lächelte zögernd. Augustin und Alypius nickten. Sie hatten das Gerücht gehört.

»Ich dachte, dies wäre eins deiner philosophischen Bücher«, meinte Ponticianus. »Ich hätte mir nicht träumen lassen, daß *du* die Bibel liest.«

»Die Philosophen haben mir geholfen, die Bibel zu verstehen«, gab Augustin zu. Bis vor kurzem, so erklärte er, habe er nur das geglaubt, was er sehen, messen und systematisch als wirklich vorhanden beweisen könne. Der Gedanke an einen unsichtbaren, spirituellen Gott schien nur Gerede zu sein. Aber das Studium Platos und seiner Jünger habe ihn überzeugt, daß die wirklichen Dinge unsichtbar, spirituell sind.

»Das hat mir sehr weitergeholfen.« Augustin gab dies aufrichtig zu. Gleichzeitig beobachtete er Ponticianus vorsichtig und angespannt. »Aber es gibt einen Hauptunterschied. Um Plato zu folgen, muß man lediglich denken wie er. Christus zu folgen heißt aber mehr. Man muß sein ganzes Leben hineinlegen und alles hinter sich lassen, was an der Nachfolge Christi hindert. Ich weiß nicht genau, was einen Menschen eigentlich befähigt, sich Gott hinzugeben – sich einem Leben des Opfers und des Glaubens zu verschreiben. Das ist doch mehr als nur die Bejahung einer Lehrmeinung, nicht wahr?«

Ponticianus und auch Alypius nickten. Der jüngere Alypius betete praktisch seinen gelehrten Meister an.

Gedankenversunken sprach Augustin weiter, als müßte er mit sich selbst ins reine kommen. »Plato führt dich auf einen hohen Gipfel, von dem du das Land des Friedens sehen kannst. Aber du weißt nicht, wie man in dieses Land gelangt. Es muß einen direkten Weg geben, aber du kannst ihn nicht finden.« Bekümmert schüttelte er den Kopf.

Augustin hatte nur wenige Illusionen über sich selbst. Er wußte, wie leicht er in Gewohnheiten verfiel und von ihnen beherrscht wurde. Seine Frauen. Sein Stolz. *Ich bin völlig verdorben,* dachte er, *und der Verstand alleine kann der Verführung zum bösen Vergnügen nicht widerstehen.*[1]

Ponticianus hatte mit steigender Erregung zugehört. Jetzt sprang er auf, lief einige Male vor seinem Gastgeber hin und her, um dann mit dem Finger auf ihn zu zeigen.

»Hast du von Antonius gehört?«

»Nun«, Augustin schreckte vor der Heftigkeit seines Besuchers etwas zurück, »ich kenne mehr als einen Antonius, aber keiner verdient, in diesem Zusammenhang erwähnt zu werden.«

»Nein, nein, Antonius, der Mönch, über den Athanasius eine Biographie geschrieben hat. Viele Christen sind dadurch tief beeinflußt worden.« Zu Ponticianus' Erstaunen kannte keiner seiner Zuhörer diesen Antonius.

»Dann muß ich euch erzählen... Antonius war ein reicher, junger Mann, in eine christliche Familie in Ägypten hineingeboren. Seine Eltern starben, als er gerade ein Teenager wurde, und ihr großes Vermögen fiel ihm zu. Unter der Last dieser Verantwortung wurde er schnell erwachsen. Er besaß nun alles Geld der Welt und kannte auch die entsprechenden Belastungen.

Eines Sonntags wurde im Gottesdienst die Antwort Christi an den reichen Jüngling verlesen: ›Wenn du vollkommen sein willst, dann gehe hin, verkaufe alles, was du hast, und gib es den Armen, und du wirst einen Schatz im Himmel haben. Dann komm und folge mir nach.‹

Etwas in dieser bekannten Geschichte traf Antonius. Es war, als rede Jesus mit diesen Worten direkt zu ihm, ganz persönlich, in diesem Augenblick. Antonius wartete nicht einmal das Ende des Gottesdienstes ab. Er eilte aus dem Gottesdienst und bereitete alles vor, damit sein Vermögen verkauft und der Gewinn unter die Armen verteilt werden konnte.

Von dem Tage an widmete Antonius sein Leben dem Gebet. Er lebte in einer Hütte am Stadtrand, pflanzte und erntete, was er zum Leben brauchte. Nach 15 Jahren zog er in die Wüste. Er wollte beweisen, daß die Kraft Gottes lebendiges Wasser in der Trockenheit hervorbringen, daß Gott aus wenig oder nichts die Früchte des Geistes schaffen würde.«

Auf dramatische Weise beschrieb Ponticianus dann die Wunder im Leben des Antonius, erzählte, wie er trotz aller Abgeschiedenheit und Verborgenheit in der Wüste doch berühmt wurde. Menschen kamen von weit her angereist, um ihm zu begegnen. Sein Beispiel bewog kleine Gruppen von Männern und Frauen, Kommunitäten zu bilden und dem Gebet zu leben.

»Für mich ist Antonius ein Zeichen dafür, daß Gott uns immer da begegnet, wo wir sind«, schloß Ponticianus und sah Augustin direkt in die Augen, »sogar in der Wüste unseres Lebens.«

Augustin war aufgesprungen, stand nun neben seinem Gast

und legte seine Hand auf dessen Arm. Tief bewegt sagte er: »Ich kann kaum glauben, daß ich nie von ihm oder von einem seiner Nachfolger gehört habe. Gibt es in Italien auch welche?«

»In Italien?« rief Ponticianus erstaunt. »Direkt hier in Mailand gibt es eine kleine Gruppe dieser Männer. Sie leben außerhalb der Stadtmauern. Ambrosius hat die Leitung.«

»Ambrosius!« Das war der Geistliche, dessen Predigten Augustin ursprünglich aus lauter Neugierde gehört hatte, denn er zeigte ein professionelles Interesse an jedem guten Redner. Aber die Gedanken des Ambrosius hatten ihn tiefer beeindruckt als der Stil seiner Rede. *Er ist es,* sinnierte Augustin, *der mein Interesse an der Heiligen Schrift wieder erweckt hat.*

Erstmals hatte Augustin als Teenager die Bibel gelesen, ohne sonderlich beeindruckt zu sein. Damals liebte er besonders sprachliche Schönheit, und die Sprache der Heiligen Schrift schien ihm flach und einfach zu sein, der großen römischen Literatur nicht ebenbürtig. Seither waren Jahre vergangen. Rhetorische Eleganz hatte ihre einstige Bedeutung eingebüßt. *Unter dem Einfluß des Ambrosius klang die Einfachheit der Schrift wie die Einfachheit tiefer Wahrheit.*

Augustin war zu diesem Zeitpunkt bereit, die Heiligen Schriften als wahr anzuerkennen. Aber er konnte nicht auf halbem Wege stehenbleiben. Er wußte, die Schrift forderte Hingabe an Christus. Und Hingabe an Christus bedeutete totale Veränderung. Den Mißbrauch der Sexualität würde er aufgeben müssen. Auch seine Träume von Erfolg und Ruhm wären ausgeträumt. Er mußte Gott gefallen, nicht der Welt um ihn her. *Ein Teil von mir will das,* sagte er zu sich selbst, *der andere Teil vermag es nicht.*

Ponticianus unterbrach Augustins Gedanken. »Wenn ich an Antonius denke, an seinen sofortigen Gehorsam gegenüber dem Worte Gottes an jenem Morgen, an das, was er aufgab, ohne zurückzublicken, dann kommen mir Tränen der Bewegung.« Er faßte seinen Gastgeber an beiden Schultern. »Wenn Gott jemanden ruft, Augustin, kann nichts ihn aufhalten.«

Äußerlich blieb Augustin ganz höflich, dankte Ponticianus für seinen Besuch und verabschiedete sich. Aber seine aufgeschreckten Gedanken gingen in eine andere Richtung. Nachdem sein Gast gegangen war, schritt er auf der Terrasse hin und her und quälte sich selbst in Gedanken.

Als Ponticianus sprach, hast du mich auf mich selbst zurückgeworfen, o Herr. Du hast mich hinter mir selbst hervorgeholt, wo ich mich verborgen hielt, um mich nicht selbst ansehen zu müssen. Du hast dich mir gegenübergestellt, damit ich sehe, wie schlecht ich bin, wie verbogen und verdorben, mit Flecken und Wunden übersät. Was ich sah, erfüllte mich mit Entsetzen, aber es gab keinen Ort, wohin ich vor mir selbst fliehen konnte.

Voller Bitterkeit dachte er an den Tag vor zwölf Jahren, als er sich nach der Lektüre von Cicero entschlossen hatte, sein Leben der Suche nach Weisheit zu weihen, die Erkenntnis der Wahrheit über alle anderen Vergnügungen des Lebens zu stellen. Aber er hatte nur davon gesprochen, es nie ausgeführt. Statt dessen ließ er sich treiben, lebte für den Erfolg und alles, was ihn einige Stunden lang glücklich machte.

Du weißt, o Herr, in welch brodelndem Kessel der Begierden ich mich damals im Studium an der Universität Karthago befand. Ich war verliebt in die Idee der Liebe. Obwohl ich eigentlich dich brauchte, setzte ich meine Hoffnung auf das Menschliche und allzuoft auch auf das Bestialische.

Dabei betrachtete ich mich als einen ganz ordentlichen Kerl. Du weißt, o Herr, wie der Stolz in meinem Herzen wuchs...

Als ich mich an meine christliche Erziehung erinnerte und entschied, wieder einmal die Schrift zu lesen, da urteilte ich in meiner überschäumenden Selbstherrlichkeit, daß ich es ja doch nur mit einer Sammlung von unzeitgemäßem jüdischem Aberglauben und historischen Ungenauigkeiten zu tun habe.

Augustin war schon früher an sich selbst verzweifelt, aber nie in diesem Ausmaß.

Ich erinnere mich, wie du mich eines Tages meine völlige Verderbtheit erkennen ließest. Ich bereitete gerade eine Lobrede auf den Kaiser vor, die eine große Anzahl Lügen enthalten würde, die trotz offenkundiger Unwahrheiten mit großem Beifall vom Publikum aufgenommen werden würde. Von dieser Aufgabe war ich ganz in Anspruch genommen. Als ich eine Straße in Mailand entlang ging, bemerkte ich einen Bettler, der offensichtlich genügend Speise und Trank bekommen hatte, denn er lachte und scherzte. Traurig wandte ich mich an meine Begleiter und sprach zu ihnen über die Schmerzen und das Elend, das wir durch unsere eigene Torheit verursachen. Mein Ehrgeiz hatte mich mit erdrückendem Elend belastet, und je weiter ich es trug, um so schwerer wurde es, aber der einzige Zweck all dieser Bemühungen bestand nur darin, das Ziel sinnerfüllten Glücks zu erreichen. Dies hatte der Bettler vor uns erlangt.

Vielleicht werde ich es nie erreichen.

Alypius blickte erstaunt zu seinem Freund auf. Er hatte Augustin schon früher über sein Elend klagen hören, aber diesmal schien die Bedrückung echt zu sein. Das hochrote Gesicht und der gequälte Blick wiesen darauf hin.

»Was ist nur los mit uns?« fragte Augustin mit erstickter Stimme. »Was ist das? Was hast *du* gehört? Die Ungebildeten erheben sich und nehmen den Himmel im Sturm ein, und wir, mit all unserer Gelehrsamkeit, aber leerem Herzen, stehen uns selbst im Wege. Schämen wir uns, ihnen zu folgen? Ist es nicht beschämender, ihnen nicht zu folgen?« Seine Stimme versagte, und er lief in den Garten hinter der Mauer.

Der äußerst beunruhigte Alypius folgte seinem Mentor in der Sorge, er könnte sich etwas antun. Auch wollte er wissen, wie dieser innere Kampf ausging, denn er wollte seinem Lehrer auf jeden Fall in seiner Entscheidung folgen.

Am äußersten Ende des kleinen Gartens ließ Augustin sich schwer auf eine Bank fallen. Sein Körper zeigte Spuren des inneren Kampfes. Ohne sich dessen bewußt zu sein, raufte er sein Haar, schlug sich gegen die Stirn und umkrampfte mit den gefalteten Händen seine Knie.

Ich weiß, ich habe einen Willen, so gewiß, wie Leben in mir ist. Wenn ich mich entscheide, etwas zu tun oder nicht zu tun, dann bin ich es gewiß selbst, der diesen Willensakt beschließt. Jetzt aber erkenne ich, daß das Böse von der Perversion des Willens ausgeht, wenn sich dieser von dir abwendet, o Gott. Mit deinem Apostel kann ich sagen: Das Gute, das ich will, tue ich nicht.

Du hast mich emporgehoben, damit ich jetzt erkennen kann, daß du dasein mußt, um erkannt zu werden, aber ich bekenne, daß meine Augen noch zu schwach sind. Der Gedanke an dich füllt mich mit Liebe, ja, aber auch mit Furcht. Ich erkenne, wie weit ich von dir entfernt bin.

Augustin dachte weiter über sein Leben nach, seine Hoffnungen auf eine gute Position, ein bequemes Heim, Bewunderung und Ruhm als Denker und Schriftsteller. Er dachte an die Frauen in seinem Leben, und etwas flüsterte: »Von dem Augenblick deiner Entscheidung an wird dieses und jenes für dich nie mehr erlaubt sein, nimmermehr.« Seine Gewohnheiten meldeten sich zu Wort: »Glaubst du wirklich, ohne uns leben zu können?«

So saß er im Garten, der Freund nahebei, völlig lautlos in der Stille der Sommerhitze. Aber im Innern tobte der Sturm. Das ganze Elend türmte sich auf, bis er es fast nicht mehr ertragen konnte. Er warf sich unter einem Feigenbaum auf die Erde und konnte sein Schluchzen nicht unterdrücken.

O Herr, wie lange noch? Werde ich niemals aufhören, mein Herz an Schatten zu hängen und Lügen nachzufolgen? Wie lange noch, o Herr? Wirst du ewig zürnen? Wie lange noch? Wie lange noch? Morgen und dann wieder morgen? Warum nicht jetzt? Warum kann dies nicht die Stunde sein, meine Unreinheit zu beenden?

Dann ... eine Stimme.

Er hörte eine Stimme ...

Eine kindliche, dünne Stimme, so hoch, daß er nicht sagen konnte, ob sie einem Jungen oder Mädchen gehörte.

Die Stimme schien aus einem nahegelegenen Hause zu kommen.

Sie sang, ohne bestimmte Melodie, immer wieder ... »Nimm und lies. Nimm und lies. Nimm und lies.«

Was hatten diese Worte zu bedeuten? Gehörten sie zu einem Kinderspiel?

Nimm und lies. Nimm und lies.

Waren diese Worte für ihn bestimmt?

»Alypius, hörst du das?« rief er. Sein Freund starrte ihn stumm an.

»Was denn lesen?« rief Augustin in den blauen Himmel.

Die Briefe des Apostels Paulus lagen in der Nähe. Sie hatten ja das Gespräch über Antonius in Gang gebracht. Hörte er jetzt, wie Antonius damals, Gottes Worte an ihn? Sollte er die Schrift aufnehmen und lesen?

Augustin rannte und griff hastig nach dem Buch, das Ponticianus aufgefallen war, und las da, wo das Buch aufgeschlagen war: Römer 13,13–14. Die Worte brannten sich bei ihm ein: »Nicht in Fressen und Saufen, nicht in Unzucht und Ausschweifung, nicht in Hader und Eifersucht; sondern zieht an den Herrn Jesus Christus und sorgt für den Leib nicht so, daß ihr den Begierden verfallt.«

Sofort war es ihm, als stünde er vor einem friedvoll-warmen Licht, das in sein Herz einströmte. Dunkle Schatten des Zweifels flohen. Der Mann mit dem unbesiegbaren Willen wurde besiegt von Worten aus einem Buch, das er einmal als Fabel abgetan hatte, dem es an Klarheit und Ausdruckskraft mangelte. Jene Worte offenbarten plötzlich, was er solange vergeblich gesucht hatte. Er wußte mit letzter Gewißheit, daß ihm die Wahrheit gegenübergetreten war. Die Worte: »Zieht an den Herrn Jesus Christus« markierten den Wendepunkt. Er würde sein Leben Christus übereignen, was immer es kostete.

Augustin legte einen Finger auf die Buchseite und erzählte Alypius, was in seinem Inneren vorgegangen war. Begeistert über die Freude seines Freundes gelobte Alypius Gefolgschaft. Auch er würde Christ werden. Dann riefen die beiden Augustins Mutter herbei.

Monikas Freude war möglicherweise noch größer. »Gott sei Lob und Dank«, rief sie, »der tun kann über Bitten und Verstehen.« Bald danach erfreuten sich Mutter und Sohn einer tiefen mystischen Vision. Neun Tage später, nachdem Monikas lebenslanges Gebet erhört worden war, nahm sie friedvoll Abschied von dieser Welt.

»Nimm und lies.« In den folgenden vierundvierzig Jahren nahm Augustin diese Worte ernst. Er las die Heilige Schrift, um das Geheimnis seiner eigenen Erlösung zu ergründen. Er las sie immer wieder und kommentierte sie, um schwierige theologische Auseinandersetzungen in der frühen Gemeinde beilegen zu helfen. Seine klassische Verteidigung der Autorität der Heiligen Schrift wurde zur Grundlage für Christen durch die Jahrhunderte. Kein ernsthafter Theologe hat je Augustins monumentalen Beitrag zum Verständnis des Alten und Neuen Testamentes übergehen können. Sein Leben und Denken gründete sich auf »die ehrwürdige Schreibfeder des Geistes Gottes«.

Vor seiner Bekehrung hatte Augustin die Heilige Schrift als eine Sammlung von Texten betrachtet, die interpretiert und revidiert werden müssen im Einklang mit dem »fortgeschrittenen Wissen« der Philosophen. Aber damals im Garten erkannte er, daß die Schrift nicht aus Worten bestand, die interpretiert werden mußten, sondern aus Worten, die den Leser selbst deuten. Durch die Schrift sprach Gott persönlich und unfehlbar zu ihm. Und als Gottes Stimme wußte die Schrift unendlich viel mehr über Augustin, als Augustin über die Schrift wußte.

Sofort nach seiner Bekehrung schrieb Augustin in großer Freiheit und brachte verschiedene Bücher zum Abschluß. Seine autobiographischen *Bekenntnisse,* mit vielen Zitaten und Paraphrasen aus der Heiligen Schrift, haben durch die Jahrhunderte Christen intellektuell herausgefordert und geistlich erleuchtet.

Später wurde Augustin Bischof von Hippo, einer der einflußreichsten Männer seiner Zeit, während das scheinbar ewige Römische Reich langsam zerfiel. Aus dieser Beobachtung entstand sein Meisterwerk *Die Stadt Gottes,* das den Christen neue Hoffnung und Richtung mitten in Chaos und Verzweiflung gab. Manchmal heißt es gar, daß Augustin fast allein das Evangelium aus den Ruinen des Römischen Reiches rettete.

Dies alles nahm seinen Anfang, als Gott durch die Stimme eines Kindes zu ihm sagte: »Nimm und lies.« Als er gehorchte, fand Augustin Worte, die sein Dilemma bloßlegten und in helles Licht tauchten, die ihm klar sagten, was er zu tun hatte.

5. Ein Buch wie jedes andere?

Die Geschichte Augustins fesselt meine Vorstellungskraft. Hier war ein großer Gelehrter, der die griechischen Philosophen studiert und verstanden hatte, der die Klassiker kannte und als genialer Lehrer einer führenden Universität angehörte; doch dieser große Intellekt, diese überzeugende Persönlichkeit wurde durch das Wort Gottes völlig umgewandelt. Welche Kraft liegt in dieser Heiligen Schrift!

Die Bibel – verbannt, verbrannt, geliebt. Weiterverbreitet und heftiger bekämpft als jedes andere Buch in der Geschichte. Generationen von Intellektuellen haben versucht, ihre Glaubwürdigkeit zu untergraben; Diktatoren aller Zeiten haben sie verboten und diejenigen hingerichtet, die sie lasen. Und doch nehmen Soldaten sie mit in den Kampf, trauen ihr mehr zu als ihren eigenen Waffen. Bibelteile, die in einsame Gefängniszellen geschmuggelt wurden, haben grausame Mörder in stille Heilige verwandelt.[1] Zusammengeklebte Fragmente der Heiligen Schrift haben ganze heidnische Indianerdörfer bekehrt.[2]

Jedes Jahr überflügelt die Bibel alle Bestseller. Allein im vergangenen Jahr wurden fünfhundert Millionen Bibeln gedruckt.[3] In über 1800 Sprachen wurde die Bibel oder Bibelteile übersetzt, sie wurde sogar mit auf den Mond genommen.

Die Klassiker der Literatur überdauern Jahrhunderte. Philosophen formen das Denken noch ungeborener Generationen. Moderne Massenmedien beeinflussen die Kultur heute. Aber nichts hat Aufstieg und Niedergang der Zivilisation, das Wesen der Kultur, die Struktur von Regierungen und das Leben der Bewohner dieser Erde so tiefgreifend beeinflußt wie die Worte der Bibel.

»Das Wort, das aus meinem Munde geht . . . wird nicht wieder leer zu mir zurückkommen, sondern wird tun, was mir gefällt, und ihm wird gelingen, wozu ich es sende«, sagt der Herr durch den Propheten Jesaja. Sogar die Feinde dieses Wortes empfinden seine innewohnende Kraft, wie ich bei einer faszinierenden Begegnung mit einem der heute führenden Atheisten entdeckte.

Im Jahre 1978 lud mich der britische Journalist David Frost gemeinsam mit Madelyn Murray O'Hair zu einer Fernsehdiskussion ein. Die Diskussion sollte vor einem New Yorker Publikum stattfinden, dort gefilmt und später im ganzen Land über NBC gesendet werden.

Vor der Aufzeichnung studierte ich Niederschriften von bisherigen Auseinandersetzungen, die Frau O'Hair mit gläubigen Christen geführt hatte, um mich mit ihren Methoden und ihrem Material vertraut zu machen. Es stellte sich heraus, daß sie in ihre Debatten lange Bibelzitate einführte, um ihre militant antichristlichen Ansichten zu untermauern. Tatsächlich jedoch riß sie Texte geschickt aus dem Zusammenhang und tauschte Worte aus, um ihre Bedeutung zu verändern. Aus diesem Grund nahm ich meine Bibel mit zu der Debatte, obwohl ich dadurch ihren Zorn nur noch steigern würde.

In der ersten Runde verhielt sich Frau O'Hair ganz wie gehabt: Sie ließ wüste Schmähungen gegen die Christen im allgemeinen und mich im besonderen los. Wenn ich sprach und sie nicht im Bild erschien, schnitt sie Grimassen und gestikulierte herum, um mich aus dem Konzept zu bringen. Mit aggressiven Unterbrechungen und geschickten Falschzitaten gewann sie zum Vergnügen der Masse ihre ersten Punkte.

Ich hielt meine Bibel neben mir versteckt, aber als sie dann schrie: »Die Bibel fordert euch auf zu töten«, beugte ich mich an dem erschrockenen David Frost vorbei und hielt ihr die Bibel hin. »Einen Augenblick, bitte«, forderte ich. »Sie kennen dieses Buch, Frau O'Hair. Zeigen Sie mir die Stelle, und lesen Sie es mir vor.«

Sie wurde blaß und suchte einige Augenblicke vergeblich nach Worten. Dann lehnte sie sich in ihrem Stuhl zurück und schüttelte wütend mit dem Kopf. Noch einmal hielt ich ihr das ledergebundene Buch hin. Sie zuckte wieder zurück. Selbst in der Hitze des Gefechts erschrak ich über ihre absolute Weigerung, die Bibel auch nur zu berühren.

Damit hatte sich das Blatt in dieser Konfrontation gewendet. Im weiteren Verlauf der Diskussion erschien sie eher still und defensiv.*

Nach der Aufzeichnung bat ich Frau O'Hair noch einmal, mir die Stelle zu zeigen, auf die sie sich bezogen hatte. Sie lehnte es aber erneut ab, die Bibel in ihre Hände zu nehmen. Natürlich war es konsequent für Frau O'Hair, sich nicht zu nahe an dieses Buch zu wagen, falls sie entschlossen war, Atheistin zu bleiben,

* Aus mir unbekannten Gründen wurde diese Diskussion jedoch nie gesendet.

denn das heilige Schwert hätte auch ihr Herz durchbohren können.

Ein Buch wie alle anderen? Kaum. Die Kraft der Bibel beruht auf der Tatsache, daß es das verläßliche, fehlerlose und unfehlbare Wort Gottes ist. Und wenn das wahr ist – wie die Heilige Schrift von sich selbst bezeugt –, dann besitzt sie Autorität über das Leben jedes Gläubigen. Mit dieser Behauptung steht oder fällt der Christenglaube, denn wenn die Bibel fehlerhaft ist, dann auch unser Glaube.

Ich bekenne, daß ich lange Zeit mit dieser Zentralglaubensaussage zu kämpfen hatte, daß nämlich die Bibel das unfehlbare Wort Gottes ist, einfach darum, weil sie es sagt. Mein Juristenverstand forderte Beweise, forderte mehr als lediglich diese kühne Selbstbehauptung, die bestenfalls an eine Tautologie erinnerte.

Wenn also der Christenglaube – mein Glaube – von der Richtigkeit oder Unrichtigkeit dieses Argumentes abhing, dann mußte ich das unbedingt näher untersuchen.

Zunächst erkannte ich, daß der Anspruch der Bibel im Blick auf sich selbst nur die richtigen Fragen provoziert. Ohne diese Herausforderung würde uns niemals der Gedanke kommen, daß ein vor Tausenden von Jahren geschriebenes Buch absolut autoritativ für unser Leben sein könnte. Wir würden die Bibel wie jedes andere Buch der Philosophien oder Religionen behandeln. Man könnte sie akzeptieren oder auch nicht. Oder einen Teil davon nehmen, anderes auf die Seite tun. Aber ein Buch, das sich selbst als irrtumloses Wort Gottes vorstellt? Dieser kühne Anspruch erzwingt die Frage: Ist es das oder nicht?

Als nächstes mußte ich einen Sachverständigen finden, der diese Frage beantworten konnte. Als gläubiger Christ mußte ich mich an den wenden, an den ich glaube, Jesus selbst. Jesus hat die Autorität und Unfehlbarkeit der Schrift klar gelehrt. Hier nur einige wenige Beispiele:

Am Anfang seines Dienstes kündigte Christus seinen Auftrag mit einem Schriftzitat an. »Der Geist des Herrn ist auf mir, weil er mich gesalbt hat, zu verkündigen das Evangelium den Armen; er hat mich gesandt, zu predigen den Gefangenen, daß sie frei sein sollen, und den Blinden, daß sie sehen sollen, und den Zerschlagenen, daß sie frei und ledig sein sollen, zu verkündigen das Gnadenjahr des Herrn«, las er von der Jesaja-Rolle.[4] Immer wieder zitierte er alttestamentliche Schriftstellen als Grundlage für sein Werk und zur Identifikation seiner Person.[5] Das Wort bildete seine einzige Verteidigung gegen Satan, und er bat den Vater, seine Jünger in der Wahrheit zu heiligen (»dein Wort ist Wahrheit«).[6]

Jesus gründete seinen ganzen Dienst und seine Autorität auf die Sendung von Gott und die Offenbarung Gottes in der Schrift: »Mir ist gegeben alle Gewalt im Himmel und auf Erden.«[7] Wenn wir uns also zum Glauben an Jesus bekennen, müssen wir seine Aussagen über die Autorität der Schrift akzeptieren; sie bildet die Autorität für seine Autorität.

Als ich diesen Sachverhalt betrachtete, erkannte ich, daß ein Problem zwar gelöst, aber ein anderes aufgeworfen wurde. Wir verlassen uns auf die Schrift, weil Jesus dies gesagt hat; woher aber wissen wir, daß er es wirklich sagte? Wie können wir wissen, daß seine Worte und die Ereignisse seines Lebens zuverlässig in der Bibel aufgezeichnet sind?

Weil hier letzte Entscheidungen fallen, wurde durch die Jahrhunderte keine Frage gründlicher und kritischer geprüft. Mein eigenes Studium brachte mich zu diesen Folgerungen:

Die Männer, die das Neue Testament niederschrieben, waren Hebräer, und die Gelehrten stimmen überein, daß die Hebräer als außerordentlich sorgfältig in der genauen und wörtlichen Niederschrift gelten. Was gesagt oder getan wurde, mußte gewissenhaft und mit Detailtreue aufgezeichnet werden; gab es Zweifel im Blick auf ein bestimmtes Ereignis oder eine Einzelheit, fand dies keine Aufnahme.

Mehr noch, die Berichte der Evangelien wurden von Zeitgenossen Jesu aufgeschrieben, die aus erster Hand sein Leben und die Ereignisse in der frühen Gemeinde kannten (anders zum Beispiel bei der buddhistischen Literatur, die zwei Jahrhunderte nach Buddhas Tod entwickelt wurde). »Wir verkündigen euch, *was wir gesehen und gehört haben*«, sagt der Apostel.[8]

Immer mehr externe Beweise liefern historische Bestätigung. Neue archäologische Entdeckungen auf dem Gebiet der biblischen Studien haben den Nachweis erhärtet, daß die Evangelien von Zeitgenossen Jesu geschrieben wurden. So verlegten zum Beispiel frühere Kritiker die Entstehung des Johannes-Evangeliums in das späte zweite Jahrhundert und betrachteten es als eine romantisch ausgeschmückte Fabel über einen einfachen Galiläer, der lange nach seinem Tode »vergottet« wurde. Jetzt wurde ein früher Papyrus mit Johannes 18 entdeckt, dessen Datierung auf *nicht später als 125 A. D.* festgelegt wurde.*

Kritische, historische Fragen können natürlich nicht alle elegant beantwortet werden, vielleicht werden sie es nie. Trotzdem findet es viel zuwenig Beachtung, daß die zunehmenden Entdekkungen auf diesem Gebiet immer mehr Gelehrte darin übereinstimmen lassen (auch solche, die nicht von der Gottessohnschaft Jesu ausgehen), daß das Neue Testament zuverlässig darüber berichtet, was die Schreiber sahen und hörten.

Dies führte mich zu der eigentlichen Herausforderung dieses Gedankenganges: *Zugegeben,* Jesus benutzte die Schrift als Grundlage für seine Autorität und bezeichnete sie als die unsere; *zugegeben,* was er sagte, wurde zuverlässig aufgezeichnet; wie können wir aber wissen, daß er recht hatte? Kurzum, wie können wir sicher sein, daß Christi Sicht der Heiligen Schrift wahr ist?

Wenn Jesus Gott und vollkommener Mensch ist, wie er beansprucht, kann er sich in seiner Lehre nicht irren, und er kann nicht lügen. Ein unfehlbarer Gott kann nicht irren; ein heiliger Gott kann nicht täuschen; einem vollkommenen Lehrer können keine Fehler unterlaufen. Somit sagt er entweder die Wahrheit, oder er ist nicht derjenige, der zu sein er beansprucht.

Wenn wir also von der Gottheit Christi und von seinem vollkommenen Menschsein ausgehen können, dann muß auch seine Einschätzung der Heiligen Schrift als unfehlbar und autoritativ, als wahr gelten. Die Frage nach der Authentizität der Heiligen Schrift wird damit zu der Frage nach der Authentizität Christi. Der Nachweis der Authentizität Christi wird somit zum Schlüssel, um den Zirkelschluß aufzubrechen, daß nämlich die Bibel von Jesus behauptet, er sei der Sohn Gottes, und Jesus behauptet, die Bibel sei wahr. Was belegt die Authentizität Christi?

Es ist die Tatsache, daß er leiblich aus dem Grabe auferstand. Die historische Wahrheit seines Sieges über den Tod und seine daraus folgende ewige Königsherrschaft über die Welt bestätigen den Anspruch Jesu, Gottes Sohn zu sein. Die Auferstehung begründet die Autorität Christi, macht somit auch seine Lehren über die Bibel und über sich selbst rechtsgültig. Paulus geht dem

* Weil es sich bei diesem Fragment um eine Kopie handelt, muß das Original noch früher datiert werden und aus den Anfängen der frühen Gemeinde stammen.

Konflikt nicht aus dem Wege: »Ist Christus aber nicht auferstanden, so ist euer Glaube nichtig.«[9]

Vielleicht erscheint manchem Paulus voreilig, wenn er die Sache des Christenglaubens von der leiblichen Auferstehung abhängig macht, aber der Apostel hatte zwei Gründe für seine kühne Aussage.

Zunächst war Paulus absolut sicher im Blick auf die Auferstehung Christi. Er hatte Jesus auf der Straße nach Damaskus von Angesicht zu Angesicht gegenübergestanden, er hatte mit den Aposteln Jesu und vielen der fünfhundert Augenzeugen, die den Auferstandenen gesehen hatten, gesprochen.

Zweitens war Paulus einfach ehrlich. Denn war Christus nicht leiblich auferstanden von den Toten – war und blieb er tot –, dann war er nicht Gott und durfte sich keine Autorität zusprechen. In diesem Falle wäre das Christentum eine grausame Täuschung.

Letzten Endes lautet die Frage: Wenn wir glauben, daß die Heilige Schrift in treuer Genauigkeit aufgezeichnet wurde, *wie können wir wissen, daß die Schreiber die Wahrheit sagten, wenn sie behaupteten, Jesus sei von den Toten auferstanden?*

Meine Antwort kam aus einer unerwarteten Quelle: der Watergate-Affäre.

6. Watergate und die Auferstehung

Der 17. Juni 1972 war ein heißer und drückend schwüler Samstag, ein typischer Sommertag für Washington, D. C. Als Sonderberater des Präsidenten der Vereinigten Staaten stand ich Tag und Nacht zur Verfügung, was mir und meiner Familie wenig Zeit ließ. Aber an diesem Samstag genossen wir einen seltenen, nicht von Dienstpflichten unterbrochenen Familientag in unserem Vorstadthaus in McLean. Der Präsident war gerade von einem der höchsten Triumphe seiner Präsidentschaft, dem Gipfeltreffen in Moskau, zurückgekehrt und hielt sich zum Urlaub in seinem Ferienhaus in Florida auf.

Patty und die Kinder sonnten sich im Swimmingpool, und ich bereitete den Grill vor, als das Telefon mit direkter Leitung zum Weißen Haus klingelte. Es meldete sich John Ehrlichman, einer der leitenden Assistenten des Präsidenten. Ohne weitere Erklärung stellte er eine scheinbar törichte Frage: »Wo ist Ihr Freund Howard Hunt?«

Hunt, einen etwas dubiosen Ex-CIA-Agenten, kannte ich beiläufig und hatte ihn für eine kleinere Aufgabe im Weißen Haus empfohlen, als es um die Aufklärung von undichten Stellen in der Regierung ging. Aber seit Monaten hatte ich ihn nicht mehr gesehen oder von ihm gehört. Wieso eigentlich war der Aufenthaltsort von Howard Hunt so wichtig, daß man meinen stillen Samstagnachmittag störte, wollte ich von Ehrlichman wissen.

Jetzt vernahm ich zum ersten Mal, daß eine Gruppe ehemaliger kubanischer Freiheitskämpfer bei einem Einbruch in das Hauptquartier der Demokratischen Partei festgenommen worden war. Bei einem der Männer wurde ein Stück Papier mit Hunts Namen gefunden. Ich kann mich heute noch erinnern, was mir damals durch den Kopf schoß, als ich den Hörer auflegte. *Hunt ist kein Amateur. Er würde sich nicht auf einen gewöhnlichen Einbruch einlassen. Wenn er aber doch... ich kenne ihn... mein Name könnte mit hineingezogen werden.* Damit schüttelte ich aber die bedrückenden Gedanken ab, ging in den sonnigen Garten zurück und grillte einige Hamburger.

So begann Watergate für mich.

In den folgenden Wochen tröstete mich meine Überzeugung,

daß niemand im Weißen Haus oder in Nixons Wahlkampfmannschaft so töricht sein könnte, etwas von einem Einbruch in das Hauptquartier einer bankrotten Partei zu erwarten, die selbst von ihren eigenen Kandidaten nicht ernst genommen wurde. Darin lag kein moralisches Urteil; das war praktische Politik. Auch als die Verbindung der Einbrecher zu Howard Hunt und seinem Genossen G. Gordon Liddy nachgewiesen wurde, schüttelte ich das ab. Beide Männer hatten zeitweilig für das Weiße Haus gearbeitet, waren aber seit Monaten von der Gehaltsliste gestrichen.

Nach den für die Hauptstadt gültigen Gesetzen handelte es sich zwar um einen Einbruch, in Wirklichkeit ging es aber lediglich um Wahlkampfspionage, dachte ich. Gewiß nicht viel mehr, als was ich getan oder was andere mir angetan hatten in meinen zwanzig Jahren politischer Auseinandersetzung. (Erst zwei Jahre später, im Sommer 1974, als das berüchtigte »smoking gun«-Tonband veröffentlicht wurde, erfuhren die Weltöffentlichkeit und auch einige von uns Insidern, daß der Präsident in den Tagen nach dem Einbruch den Versuch unternommen hatte, die Untersuchungen des FBI zu beeinflussen; das wurde später zum *eigentlichen* Vertuschungsmanöver.)

Im Licht der späteren Entwicklungen scheint es naiv, aber damals glaubte ich, es ginge lediglich darum, die übliche Dreckschleuderei bis nach den Novemberwahlen durchzustehen. Die ganze Affäre würde unter dem Erdrutsch-Erfolg begraben werden, und wir konnten uns den wichtigen Aufgaben der Regierung zuwenden. Dies nahm ich an.

In der Hochstimmung nach den Wahlen in jenem November dachte niemand weiter an Watergate. Ich erinnere mich nur an gelegentliche Erörterungen des Themas mit dem Präsidenten, der aufgezehrt wurde von den frustrierenden Verhandlungen über die Beendigung des Vietnamkrieges. Henry Kissinger flog in kurzen Abständen zu den Friedensgesprächen nach Paris. Bob Haldeman, Stabschef des Weißen Hauses, und John Ehrlichman reorganisierten emsig die Bürokratie für die zweite Amtszeit. John Mitchell, ehemaliger Generalstaatsanwalt und Manager des Wahlkampfes, war zu seiner lukrativen Anwaltskanzlei in New York zurückgekehrt. Auch ich packte mein Büro zusammen, um wieder die Arbeit in meiner Anwaltskanzlei in Washington aufzunehmen.

Aber im Januar 1973 nahm dann Watergate, zumindest aus meiner Sicht, eine neue Dimension an. Aus Angst vor Gefängnisstrafe schickte Howard Hunt seinen Anwalt zu mir. Der Anwalt forderte Straffreiheit für Hunt, die ich ablehnte. Da erfuhr ich, daß den Einbrechern in das Watergate-Gebäude Geldmittel zu ihrer Unterstützung und Verteidigung zur Verfügung gestellt worden waren. Das war eine gefährliche Sache, wie ich Haldeman später klarmachte.

»Nun mal langsam, Chuck«, lachte er und schaute im Wintersonnenlicht, das durch die hohen Bürofenster hinter ihm hereinfiel, ungewöhnlich milde aus. »Gegen einen Verteidigungsfonds ist doch nichts einzuwenden. Angela Davis* hat das gemacht. Warum wir nicht?«

Ich starrte Bob an und fragte mich, ob er mir etwas vorspielte oder wirklich glaubte, was er sagte. Er meinte es wohl ernst, und wenn ich heute zurückschaue, dann ist mir klar, daß Haldeman als Anhänger der »christlichen Wissenschaft« sich selbst keinerlei negative Gedanken gestatten konnte. Auch Ehrlichman, ebenfalls überzeugter Anhänger der »christlichen Wissenschaft«, schien die Probleme im Zusammenhang mit Watergate zu ignorieren oder zu leugnen.

Das traf allerdings nicht nur für Haldeman und Ehrlichman zu. Von den Memoiren der anderen zu urteilen, die in den folgenden zehn Jahren geschrieben wurden, hatte lediglich John Dean, der junge Berater des Präsidenten, ein Unrechtsbewußtsein vor Januar 1973 zugegeben. Seine Befürchtungen teilte er jedoch niemandem mit.

Wie konnten so viele Juristen – Ehrlichman, Mitchell, Krogh, Dean, Nixon und Colson, um nur einige zu nennen – so blind sein gegenüber dem später so Offensichtlichen? Es sollte sich als tödliche Blindheit herausstellen.

Nach dem Besuch von Hunts Anwalt beriet ich mich mit meinem Partner Dave Shapiro, einem hartgesottenen und erfahrenen Strafverteidiger, der seinen Weg von den Straßen Brooklyns nach oben gemacht hatte. Gemeinsam durchforsteten wir die Gesetzestexte. Erst als wir uns damals, Ende Januar 1973, mit dem Kleingedruckten des Strafrechts befaßten, begriff ich etwas von den möglichen kriminellen Verwicklungen des Weißen Hauses.

Als Mitte Februar der Vietnamkrieg schließlich hinter uns lag, faßte ich Mut zu einem Gespräch mit dem Präsidenten. Während

* Eine gefeierte, kommunistische Aktivistin, des Mordes angeklagt.

unseres letzten Zusammenseins im *Oval Office* vor meiner Rückkehr in meine private Anwaltskanzlei gab ich in einem passenden Augenblick Präsident Nixon den schmerzlichen Rat: »Wer Watergate auch befohlen hat, lassen Sie die Sache raus ... wir müssen das jetzt hinter uns bringen, wenn auch mit Verlust.«*

Der Präsident hatte sich in seinem Sessel zurückgelegt, die Beine übereinander geschlagen, Füße auf dem massiven Mahagonischreibtisch. Die Worte waren kaum gesprochen, als er die Füße auf den Boden stellte und sich aufrichtete. »Nun, was glauben Sie, wer das getan hat ...? Mitchell? Magruder?«** Er zürnte, mit Recht, wie ich dachte, weil ich vorschlug, einen loyalen Mitarbeiter bloßzustellen. Noch heute bin ich davon überzeugt, daß auch er damals die möglichen kriminellen Verwicklungen nicht erkannte, während sich das Netz doch immer enger um uns alle zusammenzog.

Trotz aller Dokumente, Anhörungen im Kongreß und Zeugenaussagen gab es erst am Vormittag des 21. März eine erste ernsthafte Diskussion im *Oval Office* über mögliche kriminelle Handlungsweisen. Es war die tragische Konferenz, in der John Dean den Präsidenten vor dem »Krebs an seiner Präsidentschaft« warnte.

Später an jenem Tag (die genauen Daten sind wichtig) rief Haldeman Mitchell in New York an, und Mitchell wiederum versicherte Jeb Magruder, seinem Assistenten im Wahlkampf, er würde ihm »beistehen«, wenn er ins Gefängnis müsse. Am gleichen Tag wurden weitere 75000 Dollar für »Anwaltskosten« an Hunt geleitet. Noch einmal konferierte der Präsident mit Haldeman, Ehrlichman und Dean. Und am selben Abend rief mich der Präsident zu Hause an, sprach einunddreißig Minuten lang mit mir, ohne mich jedoch von den Ereignissen des Tages irgend etwas wissen zu lassen.

Obwohl offiziell nicht mehr sein Mitarbeiter, war es doch nicht so ungewöhnlich, einen Anruf vom Präsidenten zu bekommen. Er würde mich auch in Zukunft um Rat angehen, hatte er mich wissen lassen. Erstaunlich blieb allerdings die ungeduldige und beinahe unkonzentrierte Stimme des Präsidenten. Ungezählte Stunden hatte ich ihm gegenüber am Schreibtisch gesessen oder mit ihm telefoniert, und ich konnte immer seine Stimmung einordnen.

* Aus den offiziellen Transskripten des Weißen Hauses vom 13. Februar 1973, veröffentlicht vom Watergate-Sonderstaatsanwalt.

** Gleiche Quelle.

Wenn ihn entscheidende Fragen beschäftigten, etwa Bombenangriffe in Vietnam oder das Verhältnis mit China, blieb der Präsident bemerkenswert gelassen. Am meisten schienen ihn Kleinigkeiten zu nerven, wie unsachliche Attacken in der Presse.

Am Abend des 21. März kam er schnell zur Sache: Watergate.

»Wie beurteilen Sie das ... was sollten wir jetzt tun ... sollten wir ähh ... da müßte doch, ähh ... ein Bericht oder etwas gemacht werden, oder sollen wir uns einfach hinhocken und die Sache aussitzen, oder was?«

Die offiziellen Protokolle enthalten meine Antwort: »Das Problem liegt aus meiner Sicht nicht in dem, was bereits geschehen ist, also dem Geheimnis von Watergate. Ich weiß auch nicht, ob jemand ganz oben im Wiederwahlkomitee dafür seinen Kopf hinhalten muß, aber falls es geschieht, ist es für unser Land nicht so tragisch. Mich beunruhigt vielmehr die Möglichkeit, daß irgend jemand den Vorwurf der Verdunklung und Behinderung der Justiz erhebt – in anderen Worten, was sich in Zukunft daraus entwickelt, würde mich mehr beunruhigen als alles andere.«

Dann schlug ich dem Präsidenten vor, Dean zu entlassen und einen unabhängigen Sonderberater für die Watergate-Angelegenheit zu ernennen. Obwohl ich in dem Augenblick nichts von den bisherigen Zusammentreffen mit Dean und anderen wußte, konnte es, rückblickend, als guter Rat gelten. Aber die schrecklichen Worte »Behinderung der Justiz« müssen den Präsidenten getroffen haben. Was wunder, daß er mich zwei Wochen lang nicht mehr ansprach.*

Nach dem 21. März änderte sich alles – es ging abwärts, und zwar schnell. Die Auseinandersetzungen der folgenden Woche wurden zähflüssig und gewichtig. Von Meineid war die Rede, von »Verdunklung«, Behinderung der Justiz, alles Dinge, die auch einem erwachsenen Mann die Knie zittern lassen können.

Am 23. März veröffentlichte Richter Sirica einen Brief eines Watergate-Einbrechers, der einen Handel abgeschlossen hatte; für ein nachsichtiges Urteil wollte er auspacken. An dem Nachmittag stellte mir Haldeman am Telefon eine Reihe von Fragen: Hatte ich Howard Hunt Begnadigung versprochen? Hatte ich Wahlkampfhelfer bedrängt, die Demokratische Partei auszuspionieren? Bobs Stimme klang wie immer gelassen, aber von der Art,

* Protokoll eines aufgezeichneten Gespräches, das in der Watergate-Verhandlung keine Rolle spielte und erst 1981 veröffentlicht wurde.

wie er meine Antwort wiederholte, konnte ich schließen, daß noch jemand bei ihm war – der Präsident. Auch seine Fragen offenbarten mir, was hinter den massiven, eisernen Toren von Pennsylvania Avenue 1600 vorging. Die Bewohner bereiteten den Bunker auf eine blutige Belagerung vor. Mit zunehmendem Mißtrauen und Unbehagen diktierte ich nach unserem Gespräch ein Memorandum.

Nur schlecht verschleierte Panik machte sich in den luxuriösen Büros dieses stattlichen alten Gebäudes breit, in dem die einflußreichsten und mächtigsten Männer der Welt arbeiten. Die Ereignisse eskalierten schneller, als sie registriert werden konnten. Als die ersten Schlagzeilen unterstellten, Wahlkampfleiter hätten den Einbruch befohlen, eilte Dean zum Camp David und schrieb einen »Bericht«.

Am 26. März trat das Geschworenengericht wieder zusammen, um sich neue Anklagen gegen einen der Einbrecher anzuhören. Am selben Tag rief Dean Magruder an und zeichnete das Gespräch auf Band auf.

Am 27. März diskutierten Haldeman und Ehrlichman die Krise zweieinhalb Stunden mit dem Präsidenten. Mitchell diskutierte mit Magruder eine Begnadigung, während Mitchells Frau Martha einen ihrer legendären Anrufe an die *New York Times* tätigte und sich beklagte, jemand wolle ihren Mann zum Sündenbock machen.

Von Camp David aus bat John Dean am 25. März einen ehemaligen Studienkollegen heimlich um Rat, wer der beste Strafverteidiger des Landes sei. Fünf Tage später verpflichtete er einen hartgesottenen Staatsanwalt der Kennedy Administration, Charles Schaeffer. Dann, am 8. April 1973, traf sich Dean mit den Anklagevertretern der Watergate-Affäre, um seine Zeugenaussage gegen Immunität einzuhandeln und damit seine eigene Haut zu retten, wie er mit erfrischender Offenheit in seinen Memoiren zugab.[1]

Innerhalb weniger Stunden brach das Täuschungsmanöver in sich zusammen. Magruder, der bereits mit der Staatsanwaltschaft in Verbindung stand, verhandelte nun ernsthaft. Dave Shapiro begriff, daß sich nun jeder selbst der Nächste war, und überredete mich zu einem Lügendetektortest, um meine Unschuld zu belegen. Die Ergebnisse gab er an die *New York Times* weiter. Die Staatsanwaltschaft lud mich vor; ich bot meine Zeugenaussage an.

Das Weiße Haus glich einem Unterstand in vorderster Linie bei heftigem Beschuß. Obwohl Männer wie Ehrlichman und Haldeman sich tapfer gaben, vertrauten sie doch niemanden und zeichneten jedes Gespräch auf Band auf.

Tägliche Schlagzeilen gaben der Öffentlichkeit neue Einzelheiten bekannt, die zumeist bei Mitarbeitern oder ihren Anwälten durchsickerten in der Absicht, die eigene Weste zu reinigen oder Vorteile auszuhandeln. Die Staatsanwälte hatten mit den Mitarbeitern des Weißen Hauses, die ihre Aussagen anboten, alle Hände voll zu tun. Watergate glich plötzlich einem Zirkus mit drei Arenen.

Ein historischer Rückblick macht deutlich, daß nach Aufnahme der strafrechtlichen Untersuchungen im Weißen Haus – sie begannen am 8. April, als Dean den Staatsanwalt aufsuchte – das Ende von Nixons Präsidentschaft nur noch eine Frage der Zeit war. Die Verschleierung wurde entschleiert und verurteilt. Darum sind auch die Daten so wichtig. Wenn auch technisch gesehen der Einbruch im Juni 1972 den Anfang bildete, so begann die ernsthafte Täuschung – deren kriminelle Dimension jeder kannte oder hätte kennen müssen, eigentlich am 21. März 1973. Und sie endete am 8. April 1973.

Als das mächtigste Amt der Welt auf dem Spiel stand, konnte unsere kleine Gruppe von Hand verlesener Loyalisten, nicht mehr als zehn Leute, eine Verschwörung nicht länger als zwei Wochen durchhalten.

Man bedenke, um was es ging: Jeder von uns – Ehrlichman, Haldeman, Mitchell und alle anderen – glaubte leidenschaftlich an Präsident Nixon. Um ihm in seinem Regierungsamt zu dienen, hatten wir lukrative private Anwaltskanzleien und andere Unternehmungen aufgegeben; wir hatten unser Familienleben und Privatleben geopfert; wir hatten unser ganzes Leben in die Arbeit investiert, wenn nötig vierundzwanzig Stunden am Tag. Erst vor wenigen Monaten war der Präsident in einem historischen Erdrutschsieg wiedergewählt worden; der häßliche Krieg in Asien lag endlich hinter uns; wir befanden uns in jeder Hinsicht auf dem Gipfel des Erfolgs.

Man stelle sich die Möglichkeiten der Macht vor: Ein einziger Befehl von einem von uns konnte Generale und Kabinettsmitglieder mobilisieren, sogar Armeen; wir konnten Mitarbeiter anstellen und entlassen und Milliardenbudgets beeinflussen.

Man denke an die Privilegien: Ein Anruf genügte, um einen Dienstwagen oder ein Düsenflugzeug zur Verfügung zu haben; die

National Galerie stellte klassische Gemälde für den Schmuck unserer Büros zur Verfügung; Stewards in roten Uniformjacken standen vierundzwanzig Stunden mit Getränken und Speisen zur Verfügung; private Telefone überall, wo wir reisten; Männer des Geheimdienstes immer in Sicht – so viele wir wollten.

Und doch: Nicht einmal die Gefährdung des Präsidenten, für dessen Wiederwahl wir uns derartig eingesetzt hatten, der Verlust von Prestige, Macht und dem persönlichen Luxus unserer Büros konnte diese Gruppe von Männern dazu bringen, eine Lüge für sich zu behalten. Wenn ich heute zurückblende, war der Druck gar nicht einmal so stark. Es hatte schon vorher moralische Verfehlungen gegeben, Konflikte mit dem Strafrecht, bei einigen sogar Meineid. Natürlich würde es eine schreckliche Bloßstellung geben; schlimmstenfalls mußten einige mit Gefängnis rechnen, obwohl dies keineswegs als sicher galt. Aber niemand befand sich in wirklicher Gefahr – *niemandes Leben stand auf dem Spiel.*

Aber bereits nach wenigen Wochen setzte sich der menschliche Selbsterhaltungstrieb so stark durch, daß die Verschwörer einer nach dem anderen ihren Führer verließen, ihre Aufgaben im Stich ließen und der Macht, dem Prestige und den Privilegien den Rücken kehrten.

Und was hat dies jetzt alles mit der Auferstehung Jesu Christi zu tun? Einfach folgendes:

Die moderne Kritik an der historischen Wahrheit des Christentums läßt sich auf drei Thesen reduzieren. Erstens, die Jünger irrten sich; zweitens, die Jünger konstruierten bewußt Mythen mit symbolhafter Bedeutung; drittens, die Elf, die Jünger, schmiedeten ein »Passah-Komplott« – schmuggelten den Leichnam Christi aus dem Grab und ließen ihn verschwinden – und bewahrten dieses Geheimnis bis zu ihrem letzten Atemzug.

Wir wollen die drei Möglichkeiten betrachten.

Die erste ist am unwahrscheinlichsten. Schließlich ist eine Auferstehung von den Toten ein derart einschneidendes Ereignis, daß es darüber keine Unsicherheit oder Täuschung geben kann. Die Schrift spricht ehrlich von dem Entsetzen der Jünger bei Jesu Erscheinen nach der Auferstehung, und mindestens einer von ihnen wollte die Wunden in den Händen und der Seite Jesu betasten. Jesus kannte die menschliche Natur und wußte, daß sie einen prüfbaren Nachweis brauchten. Lukas schreibt: »Ihnen zeigte er sich nach seinem Leiden durch viele Beweise als der Lebendige und ließ sich sehen unter ihnen vierzig Tage lang . . .«[2]

Die Urkunden über das Ereignis von verschiedenen Augenzeugen, unabhängig voneinander aufgeschrieben, scheidet die Möglichkeit einer Täuschung der Jünger aus.

Konnte es sich um einen Mythos handeln? Diese zweite Theorie scheint zunächst einleuchtend, weil es im ersten Jahrhundert durchaus geläufig war, religiöse Wahrheiten durch Symbole zu verdeutlichen. Dies aber setzt voraus, daß alle Jünger ganz bewußt eine Symbolsprache benutzten. Selbst eine oberflächliche Betrachtung der Evangelien läßt aber nicht das Stilmittel der Allegorie oder Fabel erkennen, sondern direkte Tatsachenberichterstattung. Paulus, ein enger Vertrauter der ursprünglichen Jünger, erschüttert die Mythentheorie endgültig, wenn er argumentiert, das Christentum sei ohne die *tatsächliche* Auferstehung eine Täuschung, ein Betrug.[3] Absolut nichts in den Briefen des Paulus läßt auf Mythologien schließen.

Damit ist die Mythentheorie noch unhaltbarer als die Irrtumstheorie. Wer also die historische Tatsächlichkeit der Auferstehung und damit die Gottheit Christi angreifen will, muß von einer Verschwörung ausgehen – einem Täuschungsmanöver sozusagen –, die von elf Männern in Komplizenschaft mit bis zu fünftausend anderen inszeniert wurde. Wer dies zu seinem Argument macht, muß auch daran glauben, daß jeder der Jünger bereit war, von seinen Freunden und seiner Familie ausgestoßen zu werden, in täglicher Todesangst zu leben, Gefängnis zu erdulden, mittellos und hungrig zu sein, seine Familie zu opfern, erbarmungslos gefoltert zu werden, um schließlich zu sterben – ohne je zu widerrufen, daß Jesus von den Toten auferstanden war!

Aus diesem Grund ist die Erfahrung der Watergate-Affäre so lehrreich für mich. Wenn schon John Dean und die anderen von uns in Panik ausbrachen, nicht etwa angesichts einer möglichen Folterung oder Hinrichtung, sondern im Blick auf einen politischen Abstieg und eine mögliche Gefängnisstrafe, dann kann man über die Gefühle der Jünger nur Vermutungen anstellen. Anders als die Männer im Weißen Haus verfügten die Jünger über keinerlei Macht, hatten ihren Meister verloren, lebten heimatlos in einem besetzten Land. Und doch hielten sie unbeirrt an dieser ungeheuerlichen Geschichte fest, daß ihr Meister aus seinem schmachvollen Tode auferstanden war und lebte – daß er *der* Herr ist.

Die versuchte Täuschung in Sachen Watergate offenbart, glaube ich, die wahre menschliche Natur. Wie man in den Berichten nachlesen kann, suchte keiner den Staatsanwalt auf, weil er in nobler Gesinnung die Verfassung über den Präsidenten stellte oder Halunken der Gerechtigkeit überantworten wollte, es ging auch nicht um moralische Abscheu. Die Memoiren der Betroffenen sprechen vielmehr von der Schwachheit des Menschen. Selbst politische Eiferer werden auf dem Höhepunkt der Macht ihren eigenen Hals aus der Schlinge ziehen, auch wenn es auf Kosten desjenigen geschieht, dem ihr ganzer Eifer gilt.

Ist es darum wahrscheinlich, daß eine geplante Täuschung, eine Verschwörung, die Lüge von der Auferstehung zu verbreiten, die grausame Verfolgung der Jünger überlebt haben könnte? Wäre das nicht alles aufgedeckt worden durch die gründlichen Konzilien der Urgemeinde, den schrecklichen Aderlaß der Gläubigen im ersten Jahrhundert, die zu Tausenden den Löwen vorgeworfen wurden, weil sie es ablehnten, Christus als ihren Herrn zu verleugnen? Ist es nicht vielmehr wahrscheinlich, daß zumindest einer der Apostel vor seiner Enthauptung oder Steinigung widerrufen hätte? Wäre nicht wahrscheinlich irgendwo ein Dokument aufgetaucht, das die ganze »Passah-Verschwörung« hätte auffliegen lassen? Gewiß hätte einer der Verschwörer versucht, sich mit der Obrigkeit zu arrangieren (Regierung und Sanhedrin hätten einen solchen Zeitgenossen sicher mit offenen Armen und Brieftaschen empfangen!).

Blaise Pascal, dieser außergewöhnliche Mathematiker, Wissenschaftler, Erfinder und Logiker des 17. Jahrhunderts, wurde durch die Prüfung der historischen Berichte von der Wahrheit des Christus überzeugt. In seinem klassischen *Pensées* schrieb Pascal: »Die Hypothese, die Apostel seien Schurken gewesen, ist ganz absurd. Denke dies zu Ende und stelle dir diese zwölf (sic!) Männer vor, die sich nach dem Tod Jesu treffen und sich verschwören, seine Auferstehung von den Toten zu behaupten. Dies bedeutet einen Angriff auf alle vorhandenen Mächte. *Das menschliche Herz ist in einzigartiger Weise empfänglich für Wankelmut, Wechsel, für Versprechungen und Bestechung*. Nur einer von ihnen mußte unter diesen Gegebenheiten seine Geschichte leugnen, oder eher noch angesichts von Gefangennahme, Folter und Tod, und sie wären alle verloren gewesen.«[4]

Pascal beobachtete ganz richtig, daß der Mensch schon unter normalen Umständen seinen Glauben so leicht leugnet, wie Petrus Jesus *vor* der Auferstehung verleugnete. Aber nach der Auferstehung entdeckte dieser selbe Petrus eine Kraft außerhalb des Menschen, die ihn veranlaßte, alles hinter sich zu lassen. Es ist die Kraft Gottes, die sich in der Person Jesu Christi offenbarte.

Glauben Sie es einem, der im Spinnennetz von Watergate gefangen war, der die Anfälligkeit einer Täuschung erlebt hat. Nichts weniger als eine ehrfurchtgebietende Begegnung mit dem auferstandenen Christus hätte diese Männer bewegen können, bis zu ihrem letzten Atemzug zu bekennen, daß Jesus lebt und Herr ist.

Diese schwerwiegenden Argumente überzeugen mich von der Wahrhaftigkeit der Jünger. Jesus erstand leibhaftig aus dem Grabe; er ist, der er zu sein beansprucht. Darum spricht er mit der absoluten Autorität des allmächtigen Gottes. Und dieses Argument bricht auch einen ansonsten gefährlichen Zirkelschluß auf. Somit kämen wir zu einigen wesentlichen Schlußfolgerungen über die Heilige Schrift.

1. Die Bibel ist das Wort Gottes. Denn der Sohn Gottes, der mit absoluter Autorität spricht, hat die Heilige Schrift nicht als fromme Spruchweisheit oder als Leitfaden zur Erfüllung des Christenlebens zitiert. Er betrachtete die Schrift als die *göttliche Selbstoffenbarung*.

2. Jesus vertraute sein eigenes Leben der Heiligen Schrift an. Er stellte sich unter die *Autorität* der Schrift.

3. Wenn wir Jesu Haltung zur Schrift während seines ganzen Dienstes prüfen, wird klar, daß er von der Unfehlbarkeit und Fehlerlosigkeit des Wortes überzeugt war.[5]

Wie können wir, die wir ihm nachfolgen wollen, anders entscheiden und handeln?

7. Gott glauben

Als Rechtsanwalt weiß ich etwas über die Bedeutung der Präzedenzfälle; Prozesse werden auf der Grundlage bisheriger Gerichtsentscheidungen entschieden, die Rechtsprechung entwickelte sich durch sorgfältige Auslegung. Darum sah ich mir die Beweislage vergangener Jahrhunderte an, als ich die Autorität der Schrift prüfte. Ich entdeckte eine durchgehende Bejahung der Autorität und Unfehlbarkeit des Wortes, angefangen bei Jesus selbst, durch die Zeit der ersten Gemeinde und in der ganzen Kirchengeschichte.

Paulus, der erste Theologe der Kirche, unterstrich nachdrücklich die Wahrheit der Schrift.[1] Irenäus, der brillante Apologet des zweiten Jahrhunderts, dessen Schriften sich gegen frühe Wogen der Irrlehre stemmten, argumentierte, die Schriften seien »vollkommen, weil durch den Mund Gottes geredet«.[2] Augustin schrieb: »Ich habe gelernt, allein die Heilige Schrift als unfehlbar anzusehen.«[3]

In bewegenden Worten sprach Luther im 16. Jahrhundert vom Wort Gottes, »größer als Himmel und Erde, ja, größer als Tod und Hölle, denn es bildet einen Teil der Macht Gottes und bleibt in Ewigkeit«.[4] Sein Mitreformator Johannes Calvin verdeutlichte die Besonderheit des Christentums an der Tatsache, daß Gott zu uns geredet hat, und darum »schulden wir der Schrift dieselbe Ehrfurcht, die wir Gott schulden«.[5]

Jonathan Edwards, der zweite Präsident der Universität Princeton, verteidigte leidenschaftlich diese Grundlage. Dasselbe kann auch von John Wesley, Thomas von Aquin, Charles Haddon Spurgeon und den anderen großen Männern der Kirche gesagt werden. Die römisch-katholische Position blieb unverändert; eine Enzyklika im Jahre 1943 faßt die klassische Position zusammen: »Göttliche Inspiration ist nicht nur wesensmäßig unvereinbar mit Irrtum, sondern schließt ihn absolut und notwendig aus, denn es ist unmöglich, daß Gott selbst, die höchste Wahrheit, das sagen könnte, was nicht wahr ist. Dies ist der überkommene und bleibende Glaube der Kirche.«[6] In seiner Enzyklika über die Befürwortung des Bibelstudiums nennt Papst Pius XII. gleich am Anfang die Schrift einen »vom Himmel geschickten Schatz«.[7]

Wenn nun Jesus, das Haupt der Gemeinde, und das ganze Gewicht der Präzedenzfälle so klar auf eine entschiedene Annahme und Bejahung der Schrift hinweisen, wie erklärt sich dann der offen zutage liegende ständige Verfall des biblischen Glaubens im 20. Jahrhundert? Laut Gallup-Umfrage glaubten 1963 65 Prozent aller Amerikaner an die Unfehlbarkeit der Bibel; 1982 verzeichnete einen Rückgang auf 37 Prozent.[8] Warum?

Nach meiner Überzeugung hat die vorherrschende kulturelle Geisteshaltung auch den Glauben nachhaltig beeinflußt. Der Relativismus des modernen Denkens verabscheut die absolute Autorität von irgend etwas, und diese Haltung ist in *unsere* Perspektive eingeflossen, hat ein Sperrfeuer von Fragen und Angriffen hervorgebracht und schreibt die Schrift um.

Obwohl sich also die Evangelikalen zu ihrer Orthodoxie bekennen, erliegen sie doch in Wahrheit dem Relativismus und modernen Zynismus. Das sollte uns eigentlich nicht erstaunen, denn Millionen sitzen Sonntag für Sonntag in ihren Kirchenbänken und denken überhaupt nicht darüber nach, was und warum sie glauben; sie werden leichte Opfer für die Klischees des Zeitgeistes und ordnen die Schrift als »Legenden« *unaufgeklärter* Leute ein. (Wie sehr beeinflußt doch die Sprache unsere Werte! Wörter wie »progressiv« können die Regel der Logik umkehren. Je größer also die historische Beweislast ist, um so weniger verläßlich wird sie; je neuer die Folgerung, je weniger historisch belegt, um so »progressiver« und wohl auch attraktiver ist sie.)

In einem solchen Klima schleichen sich allgemein geäußerte Einwände als Tatsachen ein, die dann niemand mehr vor die Schranken fordert. Und viele müßten bei ernsthafter Überlegung zugeben, daß diese Einwände auch eine bequeme Rationalisierung dafür liefern, die Bibel nicht in die Hand zu nehmen und sich mit ihren klaren und überführenden Wahrheiten auseinanderzusetzen.

Wie lauten einige dieser Einwände?

Oft können wir hören: »Die Bibel kann doch nicht wahr sein.« Die Teilung des Roten Meeres, die Auferweckung des Lazarus, die Erscheinung von Engeln und anderes mehr widerstrebt unseren natürlichen Sinnen und unserem Verstand. Das stimmt natürlich. Es sind *übernatürliche* Ereignisse. Aber das berührt Gott in seinem Wesen – er *ist* übernatürlich. Jenseits natürlicher Sinneswahrnehmung.

Gibt es das Übernatürliche nicht, dann gibt es Gott nicht.

Zweitens: »Die Schrift ist nicht wirklich wichtig.« Viele Kirchenbesucher sind der Meinung, der Gottesdienstbesuch, ein gutes Familienleben und ethisches Handeln genüge als »christliche« Norm. Schließlich wisse Gott, daß wir unser Bestes tun.

Hier wird eine landläufige Einstellung laut, eine Art bürgerliche Religion, die besagt, daß es nicht so sehr darauf ankomme, was man glaubt, solange man überhaupt etwas glaubt. Diese Denkart ignoriert eine zentrale Wahrheit der jüdisch-christlichen Grundlage, indem sie persönliche Verantwortung ausklammert.

Drittens: »Sie ist altmodisch.« Die Ereignisse in der Heiligen Schrift trugen sich vor Tausenden von Jahren zu, als Hirten sich um Schafherden kümmerten und einfache Stammessitten vorherrschten. Die Zeiten ändern sich, sagen diese modernen Relativisten; altertümliche Riten sind für die heutige Moral irrelevant.

Ja, die biblischen Berichte befassen sich mit vergangenen Zeiten, denn das alte Israel wurde von Gott als besonderes Bundesvolk erwählt, in das etwa 1200 Jahre später Jesus Christus in Zeit und Raum hineingeboren wurde. Aber Gottes Wahrheit ist ewig.

Zeit vergeht. Gebräuche ändern sich, Wahrheiten bleiben. Die absolute, objektive Wahrheit kann nie von Gebräuchen, von allgemeinen Vorstellungen oder Trendänderungen abhängig sein. Sie bleibt wahr, ob ihr geglaubt wird oder nicht.

Wenn es auch mitunter schwer fällt, den kulturellen Hintergrund des biblischen Dramas zu verstehen, so bleibt das Stück doch unverändert.

Viertens: »Wir leben unter dem Neuen Bund und brauchen uns deshalb nicht um die altertümlichen und veralteten Gesetze des Alten Testamentes zu kümmern.«

Es ist unmöglich, Jesus losgelöst von seinem eigenen historischen Kontext wirklich zu begreifen. Ohne die Bundesschließungen zwischen Gott und seinem erwählten Volk im Alten Testament zu verstehen, ohne die durchgängige Unfähigkeit der Menschen zu sehen, diese Bündnisse einzuhalten, verlieren Gottes Gnade und die einzigartige Versöhnung durch das Kreuz ihre Bedeutung. Auch im Blick auf die Erkenntnis des Wesens Gottes und die in Christus erfüllten Verheißungen ist das Alte Testament unverzichtbar.

Fünftens: »Es kommt nur auf die Worte Jesu an.« Erstaunlich viele Christen akzeptieren die Lehre Jesu als Wort Gottes, lehnen aber die Schriften des Paulus und aller anderen als menschliche Ansichten ab.

Aber wo finden wir Worte Christi? Er selbst schrieb nichts auf. Seine Worte wurden von den Schreibern der Evangelien aufgezeichnet. Ist also Lukas glaubwürdiger als Paulus? Wir besitzen keinen Hinweis darauf, daß Lukas Jesus von Angesicht kannte, was aber bei Paulus der Fall war. Vor einem Gericht würden also die Worte des Lukas als »Hörensagen«, die Schriften des Paulus jedoch als Beweis betrachtet werden.

Wenn wir glauben, daß die ganze Heilige Schrift von Gott eingegeben ist,[9] besitzen letztlich alle Teile gleiches Gewicht.

Sechstens: »Es gibt so viele Widersprüche und unterschiedliche Interpretationen, daß ich die Bibel nicht als wörtlich wahr annehmen kann.«

Verwirrung darüber, wie die Bibel zu lesen, zu interpretieren und verstehen ist, bildet den Hauptgrund für die Unkenntnis der Bibel und Skeptizismus.

Obwohl die Bibel einzigartig ist, muß sie im Grunde wie jedes andere Buch gelesen werden: Metaphern sind Metaphern, Poesie ist Poesie, Gleichnisse sind Gleichnisse. Die Schrift muß im Zusammenhang und unter Berücksichtigung der jeweiligen literarischen Gattung gelesen werden (die Form der Kommunikation, die der Autor wählte).

Wir müssen bedenken, daß jeder Autor so schreibt, daß er von seinen Lesern verstanden wird. Wenn Kritiker die buchstäbliche Wahrheit der Heiligen Schrift angreifen, indem sie Bilder wie »die Sonne ging auf« belächeln, mißachten sie Grundregeln des literarischen Handwerks. Natürlich geht die Sonne nicht auf; der Autor benutzt aber eine Ausdrucksweise, die seine Zeitgenossen verstehen. (Selbst in unserem aufgeklärten Zeitalter wird uns täglich in den Massenmedien der Sonnenaufgang und Sonnenuntergang mitgeteilt.)

Wenn wir die Grundregeln der logischen Interpretation anwenden, Berichte im Lichte der didaktischen Absichten prüfen, das Explizite dem Impliziten überordnen, können wir bereits viele sogenannte Widersprüche in der Bibel ausräumen.

Und siebtens: »Die Bibel gibt mir einfach nichts.«

Diese Kritiker betrachten die Bibel als ein Handbuch zur schnellen Selbsthilfe, um alle unsere Wünsche und Bedürfnisse zu erfüllen. Natürlich finden wir geistliche Erfüllung, wenn wir die Heilige Schrift lesen, aber das heilige Wort Gottes soll viel mehr bewirken: Es will das tiefste Verlangen des Gläubigen nach einem sinnvollen Leben und Dienst für seinen souveränen König erfüllen.

Einwände wie die genannten machen deutlich, warum die Familienbibel oft nur zur Zierde oder zum Blumenpressen Verwendung findet, nicht aber die Seelen erbaut und Leben ausrichtet. Sie offenbaren auch, warum Christen kaum wissen, wie sie Gott lieben sollen. Denn wir sollten Gottes Wort nicht lesen, um etwas davon zu haben, sondern um zu lernen, was wir für Gott tun können.

»Dein Wort ist Wahrheit«, sagt Jesus.[10] Nichts weniger als die Kenntnis dieser Wahrheit wird von den Jüngern Christi erwartet. Diese Kenntnis wächst allein aus dem fleißigen Studium der Wahrheit, also dem Umgang mit seinem Wort. Das ist unverzichtbar für wahre Jüngerschaft. *Es ist unverzichtbar, wenn wir Gott lieben wollen.*

Aber vielleicht liegt der Mangel an dieser radikalen Jüngerschaft, die im Worte Gottes verwurzelt ist, darin begründet, daß wir unsere beiden Möglichkeiten nicht klar erkennen. Vielleicht glauben wir *an* Gott – wie 96 Prozent aller Amerikaner von sich behaupten –, aber *glauben Gott* nicht, d. h. gehorchen seinem Wort nicht. Diese Unterscheidung wird durch zwei biblische Berichte verdeutlicht: Einmal handelt es sich um Eva im Garten Eden und dann um Christus in der Wüste von Juda. Betrachten wir die unterschiedlichen Reaktionen, nachdem Satan das Wort Gottes in Frage gestellt hatte.

Satan kam als Schlange zu Eva und fragte mit betörender Unschuld: »Ja, sollte Gott gesagt haben: Ihr sollt nicht essen von allen Bäumen im Garten?«

Antwortete Eva mit ja, würde sie lügen; Gott hatte nicht alle Bäume verboten. Aber ein glattes Nein wäre auch nicht die Wahrheit. Ohne etwas von der Falle zu bemerken, antwortete Eva: »Wir essen von den Früchten der Bäume im Garten; aber von den Früchten des Baumes mitten im Garten hat Gott gesagt: Esset nicht davon, rühret sie auch nicht an, daß ihr nicht sterbet!«[11] (Evas Antwort zeigt, daß sie wohl Gottes Wort kannte, ihnen aber auch die Worte »rühret sie auch nicht an« hinzufügte. Der Schrift etwas hinzuzufügen ist ebenso gefährlich wie etwas wegzulassen – hier lag vielleicht der Grund für Evas Verderben.)

»Ihr werdet keineswegs des Todes sterben«, versicherte die Schlange. Wie könnte ein liebevoller Gott so etwas ernst meinen?

Nein, fuhr der Verführer fort, »Gott weiß: An dem Tage, da ihr davon esset, werden eure Augen aufgetan, und ihr werdet sein wie Gott und wissen, was gut und böse ist.«

Welch ein unwiderstehliches Angebot – damals wie heute. Schließlich wurde Eva nach Gottes Ebenbild geschaffen; sollte sie da nicht auch in ihrem Wissen wie Gott sein? Die Schlange half ihr ja lediglich das zu verstehen, was Gott gesagt hatte.

So gab Eva in der Überzeugung nach, das Richtige zu tun. Adam folgte ihr auf dem Fuße. Und diese Versuchung hat seither die Menschheit geplagt: zu sein wie Gott. Einfach ausgedrückt ist das der Humanismus, die Überheblichkeit des Menschen, sein Anspruch, sein eigener Herr zu sein. Und es begann damals im Paradies.

Wie die Ereignisse des Alten Testamentes aufzeigen, hat Satan seither die Menschheit mit der gleichen Versuchung umgarnt. Und fünfundsiebzig Generationen später trat der Versucher mit dem gleichen Ansinnen Jesus Christus gegenüber.

Die erste Herausforderung Satans war einfach: »Bist du Gottes Sohn, so sprich, daß diese Steine Brot werden.« (Keine große Sache für den, der später mit wenigen Broten und Fischen fünftausend speisen würde.) Aber Jesus erkannte, daß hier nicht allein seine Autorität herausgefordert wurde, sondern daß er das Materielle über das Geistliche stellen sollte. Er bezog sich in seiner Antwort ganz auf Gottes Wort: »Es steht geschrieben: ›Der Mensch lebt nicht allein vom Brot.‹«[12]

Nach einer Pause kam der zweite Angriff. Der Versucher bot Christus die Königreiche dieser Welt an. (Dieser Versuchung sind machtgierige Männer von Alexander bis Hitler erlegen und haben eine Blutspur durch die Geschichte gezogen.) Wiederum antwortete Jesus mit dem Wort Gottes: »Es steht geschrieben: ›Du sollst den Herrn, deinen Gott, anbeten und ihm allein dienen.‹«[13]

Plötzlich spielte Satan seinen Trumpf aus: »Bist du Gottes Sohn, dann beweise es. Wirf dich von hier hinunter.« Dann zitierte Satan aus Psalm 91: »Er wird seinen Engeln deinetwegen befehlen, und sie werden dich auf Händen tragen.« Aber wiederum stand Jesus auf dem festen Grund des Wortes. Anders als Eva zitierte er die Schrift ganz genau: »Du sollst den Herrn, deinen Gott, nicht versuchen.«[14]

Diese beiden großen Konfrontationen mit Satan zeigen klar den Unterschied. Eva wußte, was Gott gesagt hatte, als aber die Prüfung kam, wählte sie den Ungehorsam. Ihr Ungehorsam führte zum Fall der Menschheit.

Auch Jesus kannte Gottes Wort. Und in der Versuchung blieb er gehorsam und vertraute sein Leben dem Wort an. Sein Gehorsam – bis zum Tode am Kreuz – ist die Möglichkeit zur Erlösung vom Sündenfall.

Vor die Wahl gestellt, es mit Eva oder Jesus zu halten, würden die meisten sich auf die Seite Jesu stellen wollen. Wir Christen sagen gewöhnlich sehr rasch, daß wir »wie Jesus« sein wollen. Wenn wir aber ernsthaft darüber nachdenken, was diese Worte wirklich bedeuten, dann fordern sie uns heraus, seine innere Haltung anzunehmen; das bedeutet, der Heiligen Schrift zu vertrauen und sich ihr zu unterstellen. Tatsächlich aber finden wir tausend Ausreden, ihrer Wahrheit zu widerstehen, ihren Anspruch auf unser Leben wegzurationalisieren. Denn zutiefst wissen wir, daß Gehorsam gegenüber dem Wort Gottes ohne Rücksicht auf die Folgen eine einschneidende und schmerzhafte Sache sein kann. Es bedeutet, sich selbst zu sterben und Christus nachzufolgen. Es deckt die Sünde in unserem Leben auf und fordert Abkehr von dieser Sünde.

Dies ist die erste wichtige Wegkreuzung auf der geistlichen Pilgerreise. Viele wenden sich an dieser Stelle ab und glauben, ein Christenleben nach eigener Vorstellung führen zu können, ohne die Bekehrung der Gesinnung und des praktischen Lebens, die der Bekehrung des Herzens folgen muß.

Niemand illustriert diese Wahrheit treffender als die Persönlichkeit im nächsten Kapitel, eine berüchtigte Gestalt der vergangenen Generation.

George Wilson, der Vorsitzende unserer Gefangenenmission, wies mich zuerst auf diesen Mann hin. George, seit Jahren Geschäftsführer der Billy-Graham-Organisation, lernte Cohen in den fünfziger Jahren kennen, als er einige der ersten Versammlungen von Billy Graham besuchte.

Nachdem mir George eine außerordentlich komische Begegnung, die er mit Cohen gehabt hatte, beschrieb, wollte ich mehr über diesen Mann wissen, las alte Zeitungsberichte, Cohens Autobiographie und die Aufzeichnungen von Jim Vaus, der Ihnen in der Geschichte begegnen wird. Als ich mich so mit dem Leben eines ziemlich schillernden Charakters vertraut machte und später Material für dieses Buch sammelte, ging mir auf, wie schmerzlich, aber doch vollkommen Cohens Geschichte mangelnde echte Buße verdeutlicht, ohne die es unmöglich ist, Gott zu lieben und seinen Frieden zu leben.

Sünde und Buße

Wir sind nicht Sünder, weil wir sündigen; wir sündigen, weil wir Sünder sind.

R. C. Sproul

8. Ein christlicher Gangster?

Die meisten Nachtklubbesucher reckten die Köpfe, als die Gruppe den Tanzsaal des Ambassador-Hotels betrat. Der Kabarettist Buddy Lester unterbrach sein Programm. Muskulöse Leibwächter und extravagant gekleidete Frauen umschwärmten einen kleinen, stämmigen Mann, dessen buschige, v-förmigen Augenbrauen seine großen braunen Augen betonten.

Als die Gruppe sich durch die Reihen runder Tische schlängelte, streckten sich juwelenbesetzte Hände dem Neuankömmling zum Gruß entgegen. Trotz perlgrauem Maßanzug und teurem Parfüm handelte es sich um keine großartige Erscheinung. Aber seine Anwesenheit beeindruckte offenbar, denn der Oberkellner brachte den Gast mit ergebener Verbeugung zu seinem Platz und reichte ihm dann persönlich heiße Tücher, mit denen er sich sorgfältig Gesicht und Hände abrieb, als wolle er sich von dem gerade über ihn ergangenen öligen Händeschütteln säubern.

Bald schien der eher enthaltsame Mann die rauchenden und trinkenden Schmeichler um ihn herum vergessen zu haben, während Stars und Möchte-gerne-Stars ihm ihre Aufwartung machten. Er nippte an seinem Ingwerbier und schaute sich im Saal nach Freunden um, die er beim Hereinkommen vielleicht übersehen hatte. Jimmy Durante, Sammy Davis jr. und Humphrey Bogart scherzten kurz mit ihm. Andere, weniger bekannte Leute, näherten sich dem Tisch mit einer geflüsterten Frage oder steckten einem der Leibwächter einen Geldschein zu.

Das Hollywood der späten 1940er Jahre war eine Flitterstadt auf der Höhe ihres Ruhmes. Filme wie *12 O'Clock High*, *Sunset Boulevard* und *All about Eve* verließen die gigantischen Filmstudios. Filmstars hatten Überlebensgröße angenommen, ihre Pelze, Juwelen, Limousinen und andere extravagante Ausstattungen blieben auch ihre privaten Statussymbole. Die Klatschspalten brachten Starlets und Unterwelt in Verbindung, wußten Einzelheiten über Filmmogule und Töchter berühmter Politiker. Berühmtheiten lasen ihren Status von den Schlagzeilen ab, die ihren nächtlichen Eroberungszügen gewidmet wurden.

Und in dieser vergoldeten Welt herrschte ein kleiner Mann mit zurückweichendem Haaransatz und einem harten New Yorker

Akzent. Sah er auch nicht wie ein König aus, so sorgte doch sein bloßes Erscheinen im *Starlight-Saal* voller Berühmtheiten für eine Sensation.

Myer Harris Cohen kannten Freund und Feind unter dem Namen Mickey. Als Unterweltchef und »böser Bube Nummer eins« von Los Angeles hatte er seine eigene Lebensrolle erfunden und auch das Drehbuch dazu selbst geschrieben. In armen Verhältnissen in New York geboren, gehörte er einst zu den Punkern in New Jersey und arbeitete als Rausschmeißer. Später wechselte er zur Westküste und schrieb als Gangster in der Tradition Al Capones, den er aufs höchste bewunderte, seine eigenen Gesetze. Cohen galt als glasharter Typ, mit einem ungeheuren Ego und tiefverwurzeltem Selbsterhaltungstrieb. Immer wieder waren Kopfgelder für ihn ausgesetzt worden; Bomben explodierten in seinem Haus; sein Auto wurde unter Maschinengewehrfeuer genommen.

Im Jahre 1949 nahm Cohen den ersten Platz in der Unterwelt von Los Angeles ein. Seine Spielkasinos, Würfelspiellokale, privaten Spielklubs, legale Pokerspiele und die größte, syndikatunabhängige Buchmacherkette westlich von Chicago brachten ihm täglich eine halbe Million Dollar ein. Er besaß eine luxuriöse Villa, eine auffallend schöne Frau und gab rauschende Feste für seine Freunde. Nichts lief in dieser betörenden Stadt ohne Cohen, denn sein Charisma hieß Macht, nicht Extravaganz. Trotzdem besaß er den Charme eines kleinen Bruders, der unbedingt geliebt werden wollte.

Menschen, zunächst von Cohens Macht angezogen, wurden später als seine Freunde überrascht. Als gnadenloser Macher galt Mickey in gleicher Weise als großzügig und freundlich denen gegenüber, die er mochte.

Seine Macht verdankte Cohen den Muskeln – körperlich und finanziell –, und er blieb auf diese Weise auch an der Spitze. Wer einmal hinter die Bühne schaute, wußte das nur zu gut ...

Der Regisseur im Kontrollraum rückte seine Kopfhörer zurecht und wies seinen Assistenten an, auf Kamera 2 umzuschalten. Dann ging er näher zum Mikrophon und sprach zu einem der Kameramänner im Fernsehstudio. »Jetzt, Jim. Großaufnahme. Ja, großartig! Den Kopf so draufhalten.«

Hinter dem Fenster des Monitorraumes saß ein schwergewichtiger, grauhaariger Mann in Sheriffuniform an einem polierten

Schreibtisch. Im Hintergrund rotblaues Fahnentuch; die amerikanische Fahne zu seiner Linken. Der Schreibtisch verbarg die beachtliche Wölbung, die den Knöpfen seines steifen grauen Hemdes zu schaffen machte, die gleißenden Lampen spiegelten sich in den Schweißperlen seiner hohen Stirn und beginnenden Glatze. Offensichtlich gab er sich Mühe, die Anweisung des Regisseurs genau zu befolgen und so zu sprechen, als rede er über den Zaun zu einem Nachbarn.

»Die meisten von ihnen empfinden über Los Angeles wie ich«, sagte er. »Es kommt gleich nach dem Paradies. Aber eine große schreckliche Schlange windet sich um diese Stadt. Und diese Schlange heißt organisiertes Verbrechen. Dagegen habe ich in meiner ersten Amtszeit gekämpft, wie ich Ihnen versprochen hatte. Jetzt sind wir so weit, daß wir dem Ungeheuer fast den Kopf abschlagen können. Wir müssen nur den Mann an der Spitze loswerden. Wenn Sie mich am nächsten Dienstag wählen, werde ich uns zuallererst und für immer von diesem Boß der Unterwelt befreien – Mickey Cohen.«

Der Regisseur grinste, und der Toningenieur lachte vor sich hin. Sie sahen auf die beiden Männer, die sich außerhalb des grellen Lichtkegels aufhielten. Der Regieassistent ging mit der Klappe zu den beiden Männern im Schatten und sprach zu dem Kleineren.

»Werden Sie jetzt erst einmal verduften, Mickey?«

»Klar. Den Wählern unseren Freund hier zu verkaufen, war ja kein Zuckerschlecken. Ich habe einen Urlaub verdient.«

Der schwitzende Sheriff, den Mickey Cohen sicher in der Tasche hatte, war seinen strikten Anweisungen genau gefolgt. Die Fernsehsendung hatte sich für Cohen bezahlt gemacht.

Für Mickey Cohen bedeutete dies eine ganz alltägliche Angelegenheit. Leider sahen viele seiner anderen Manipulationen ungleich tragischer aus. Eine davon, ein »Stück Arbeit«, das er 1949 unternahm, sollte seinem Machtapparat die erste Erschütterung zufügen.

Im Mittelpunkt stand Alfred Pearson, Inhaber eines Radioreparaturgeschäftes in Los Angeles. Der Geizhals Pearson liebte nichts so sehr, wie einen guten Prozeß mit anschließender Zwangsvollstreckung. Er hatte verschiedene unsinnige Klagen gegen die Stadt Los Angeles geführt, und in einem Fall konnte er erfolgreich die Wohnung einer Witwe namens Elsie Philips im Werte von 4000 Dollar beschlagnahmen lassen, weil sie ihm 9 Dollar für eine Reparatur schuldig geblieben war. Der Oberbürgermeister hatte schließlich genug von Pearson und der damit verbundenen negativen Publicity. Oberbürgermeister Fletcher Brown wies einen leitenden Polizeibeamten und einen weiteren führenden politischen Mitarbeiter an, sich in dieser Sache mit Mickey Cohen in Verbindung zu setzen.*

Mickey, dem Pearsons Grausamkeit gegenüber den Armen zuwider war, bot gerne an, Pearson »kaltzumachen«. Aber der Oberbürgermeister wollte nicht den Tod Pearsons, sondern eine Abreibung, die kurz vor dem Ende aufhörte. Mickey hielt dies für einen schlechten Arbeitsstil, aber der Polizeipräsident versprach ihm, daß sich an einem bestimmten Samstag zwischen Mittag und 13.00 Uhr keine Polizeistreifen in der Nähe von Pearsons Laden aufhalten würden. Mickey und seine Leute würden die Sache auf ihre Art erledigen können. Weil er gerne Robin Hood spielte, stimmte Mickey zu. (Später kaufte er die Wohnung von Frau Philips und gab sie ihr zurück, als man ihm aus Gründen der Imagepflege dazu riet.)

Mickey und seine Männer kamen zur festgesetzten Zeit bei dem Laden an. Zunächst ging Mickey allein hinein. Der Eigentümer arbeitete hinter einem verschlossenen Eisengitter, das die Werkstatt vom Laden trennte, wo neue Fernseher und Radios ausgestellt waren. Mickey bat den Mann höflich, zu einem Gespräch herauszukommen, aber Pearson blieb hinter seinem Gitter.

Cohen ging, wartete fünfzehn Minuten und schickte einen seiner Männer, einen kleinen Kerl, der sich als Reporter ausgab. Als dieser Pearson hinter seiner Barrikade hervorgelockt hatte, stürmten die anderen den Laden.

Mit Baseballschlägern und Schlagringen brachen Cohens Männer systematisch Pearsons Arme und Beine und schlugen ihm den Schädel auf. Sie ließen sich Zeit und erinnerten Pearson bei jedem Schlag an einen seiner Prozesse. Pearson schrie um Hilfe, fluchte und zerstörte praktisch seinen ganzen Laden bei dem Versuch zu fliehen.

Der Lärm zog die Nachbarn an. Bald hatten sich über dreihundert Menschen vor dem Laden versammelt. Niemand machte den Versuch, dem Ladeninhaber beizustehen. Statt dessen wurden Cohen und seine Komplizen wie eine Befreiungsarmee bejubelt.

Dann kam aber doch jemand vorbei, der von Pearsons Geschäftspraktiken nichts wußte. Er beobachtete, wie der blutende

* Diese Version des Falles Pearson ist der Autobiographie Cohens entnommen.

Mann aus seinem Geschäft kroch und rannte los, um die Polizei zu holen. Cohen hatte natürlich längst den Tatort verlassen.

Zwei junge Polizisten nahmen Mickeys Männer einige Straßenzüge weiter fest. Als sie die blutigen Schläger und Schlagringe fanden und an den Nummernschildern gestohlene Fahrzeuge erkannten, glaubten sie den Fang ihres Lebens gemacht zu haben. Mit heulenden Sirenen schafften sie die Männer zur Polizeistation nach Wilshire.

Während die Polizisten die Männer auf dem Bürgersteig nach Waffen durchsucht hatten, war zufällig ein Amateurfotograf vorbeigekommen, hatte ein Bild gemacht und dies zur Los Angeles Times gebracht. Ein erfahrener Polizeireporter erkannte auf den ersten Blick die führenden Leute von Cohens Organisation.

Mickey befand sich zu der Zeit im Klub Slapsie Maxie, den er gelegentlich als Büro benutzte. Als er von der Festnahme hörte, rief er den Leiter der Polizeistation an, und seine Männer kamen auf freien Fuß. Das fiel nicht weiter schwer, denn dieser Polizeibeamte stand auf seiner Gehaltsliste, aber der Profi Mickey haßte schlecht durchgeführte Aktionen.

Wie schlecht es wirklich aussah, fand Mickey bald heraus. Die Times veröffentlichte das Bild, brachte die Polizei und ihn mit der Geschichte in Verbindung und zwang so die Behörden, ihn festzunehmen und anzuklagen.

Die Geschworenen befanden bei der Gerichtsverhandlung dann zwar auf »nicht schuldig«, aber Mickey bekam genau die Publicity, die er sich nicht wünschte – und die Sache sollte ihn noch weiter verfolgen.*

Eines späten Abends in diesem Jahr 1949 erreichte Cohen ein Telefonanruf von einem seiner Mitarbeiter, einem Mann namens Jim Vaus. Vaus, ein Elektronikspezialist, gehörte zu den allerersten, die Telefone anzapften. Zunächst arbeitete er für die Polizei in der Verbrechensbekämpfung, dann für Hollywoodstars, die Beweise für Scheidungsklagen suchten, schließlich für Cohen und andere Unterweltgrößen. Selbst so geschätzte Mitarbeiter wie Vaus hätten es nicht riskiert, Cohen ohne triftigen Grund so spät anzurufen. Der Gangster lud Jim und seine Frau Alice ein, sofort zu ihm nach Hause nach Brentwood zu kommen.

* Mickey Cohen wurde zwar verschiedentlich wegen Mord, bewaffnetem Überfall und Körperverletzung angeklagt, jedoch nie eines Gewaltverbrechens überführt.

In Cohens Wohnzimmer erklärte nun Jim Vaus, er habe im Stadtzentrum von Los Angeles an etwas teilgenommen, was man Billy-Graham-Evangelisation nenne, und sei Christ geworden. Als Jude betrachtete Mickey alle Nichtjuden als Christen. Er gab Vaus zu verstehen, daß er nicht begreife, wovon er rede. Jim erklärte, Christsein bedeute eine persönliche Hingabe an Jesus Christus als Heiland und Herrn.

Mickey überlegte und lächelte dann gönnerhaft. »Das ist gut, Jim, aber nichts für mich. Dieser kleine Jude hier ist hundert Prozent in deiner Ecke. Du mußt mir jedoch versprechen, daß du niemals einen Rückzieher machst.«

»Nun, ich gebe alles auf«, erklärte Vaus.

Mickey wußte nicht, was »alles« bedeutete. Die Absage an die kriminelle Vergangenheit zwang Jim Vaus, sich gegen Gestalten der Unterwelt zu wenden, die weniger verständnisvoll waren als Mickey. Und die nannten das Verrat. Zum Beispiel sollte Vaus in jener Woche nach St. Louis fliegen, um die Manipulation eines Pferdewettbüros weiter auszubauen, was ihm und verschiedenen Unterweltpartnern bereits beträchtliche Mengen von Wettgeldern eingebracht hatte. Als Jim seine Partner in St. Louis anrief und ihnen von seiner Bekehrung erzählte, und daß er nicht kommen würde, ließen sie ihn kalt wissen, dann kämen sie zu ihm.

Erwartungsgemäß erschienen die Muskelmänner dann eines Tages. Sie bedeuteten Vaus, es sei Zeit, die Sache zu bereinigen, und er solle keine Schwierigkeiten machen. Jim wußte, daß man ihnen befohlen hatte, ihn zu verkrüppeln oder umzubringen. Fünfundvierzig Minuten lang erzählte er diesen Männern auf seiner Terrasse, was mit ihm geschehen war, wie Christus sein Leben verwandelt hatte. Am Ende des Berichtes drehten sich die Gangster um und gingen fort. Sie kamen nie wieder.

Die eigenartig »gute Seite« von Mickey zeigte sich auch, als er für die Bekehrung von Jim Vaus Verständnis aufbrachte und ihn aus seiner »Mitarbeit« entließ. Wie so oft, lagen dem gemischte Motive zugrunde. Cohen schätzte nichts so sehr wie seine Verbindung mit berühmten Leuten, und der junge Evangelist Billy Graham wurde zunehmend eine heiße Nachricht in den Lokalblättern. Der Radiostar Stuart Hamblen, ein Cowboy mit einem Ruf als Schläger und standfester Trinker, hatte während der Evangelisation eine Entscheidung für Christus getroffen und dies sofort seinen zahlreichen Radiozuhörern mitgeteilt. Aus dieser und anderen Bekehrungen von Berühmtheiten ergab es sich, daß

Graham sich selbst auf dem besten Weg befand, eine Berühmtheit zu werden. Mickey bat Vaus, ihn »diesem Burschen« vorzustellen, »der alle diese berühmten Leute bekehrt«.

So lernten sich Mickey und Graham kennen. Beeindruckt stimmte der Gangster zu, der Predigt des Evangelisten bei einer Privatzusammenkunft einer Gruppe von Hollywoodleuten zuzuhören, an der auch Stuart und Susy Hamblen, der Westernstar Roy Rogers und Dale Evans teilnahmen. Weil er nicht wußte, was auf ihn zukam, wollte Mickey seine Teilnahme nicht veröffentlicht sehen – für ihn eine ungewöhnliche Maßnahme. So wurden dann aufwendige Vorkehrungen getroffen, um ihn ohne Reporterschwarm zu dem Treffen zu schleusen.

Zunächst fuhren die Hamblens, Billy Graham und sein Mitarbeiter George Wilson zu einer bestimmten Straßenecke im unteren Hollywood. Billy blieb im Auto sitzen; George Wilson stieg aus und wartete auf dem Bürgersteig. Ein nostalgisch anmutender, dunkelgrüner Cadillac rollte heran. Die Tür öffnete sich, und Wilson nahm hinten Platz. Dort begrüßte ihn Mickey Cohen freundlich.

Dann lehnte sich Cohen vor und flüsterte seinem Chauffeur etwas zu. Der Mann stieg aus, ging zu Hamblens Auto und sprach mit ihm. George konnte sie nur gestikulieren sehen. Dann nahm Mickeys Fahrer wieder hinter dem Steuer Platz. Plötzlich schossen beide Autos los und heulten auf zwei Rädern um die nächste Haarnadelkurve. Einige Reporter hatten doch von Cohens Plan Wind bekommen, und der kleine Mann schien entschlossen, sie abzuschütteln.

Stuart Hamblen stimmte begeistert zu und genoß das wilde Rennen. Voller Absicht wählte er eine Strecke, die steile Hügel hinaufführte, die Wagen dann über die höchste Stelle katapultierte und dann in atemberaubender Geschwindigkeit nach unten ging.

George Wilson, ein Mann mit entschieden ausgeglichenem Temperament, hielt seinen Blick auf die Straße gerichtet, während das Auto durch die Hügel von Hollywood raste, aber sein Blick fiel immer wieder auf eine riesige, pastellfarbene Kleenex-Schachtel auf dem Rücksitz zwischen ihm und Cohen. Was wollte ein Gangster mit rosa Kleenex-Papier, dachte er. Aus Filmen erinnerte er sich an Maschinengewehre in Geigenkästen; vielleicht benutzten die wirklichen Unterwelttypen Kleenex-Kartons für kleinere Waffen ... wie zum Beispiel Pistolen. Wilson rückte vorsichtig von der Schachtel ab und starrte wieder auf die vorbeifliegende Landschaft.

Nach fünfzehn Minuten kreativer Fahrweise hatten die beiden Wagen die Reporter schließlich abgehängt und kamen beim Haus des Produzenten Holmy Hills an. Mickey war aufgefallen, daß Grahams Mann durch den Fahrstil nicht beunruhigt schien – obwohl Wilson offenbar etwas gegen Kleenex hatte –, und beschloß, sich während der Versammlung an diesen coolen Typ zu halten.

Fünfzig oder sechzig Menschen saßen zusammengedrängt auf Stühlen oder dem Fußboden, um Billy Graham zu hören. Nachdem der hochgewachsene junge Prediger seine evangelistische Botschaft beendet hatte, erhob sich J. Edwin Orr, ein anderer Evangelist, und sprach eine Einladung zum Glauben aus. Er bat auch alle, die mehr über das Christentum wissen wollten, die Hand zu erheben; er wollte ihnen gerne Johannes-Evangelien mitgeben.

Mickey flüsterte seinem neuen Freund George Wilson zu, er hätte gerne ein Exemplar. Aber George bestand darauf, daß Mickey sich selbst meldete. Beeindruckt von dem, was er über das Christentum gelernt hatte, folgte er der Anweisung.

Durch seine Bekehrung sah sich Jim Vaus veranlaßt, für seine Verbrechen Wiedergutmachung zu leisten. Von der Telefongesellschaft und einer örtlichen Radiostation hatte er Elektronik im Werte von 15000 Dollar gestohlen. Er verkaufte sein Haus und Auto, um dieses Geld zurückzugeben. Als darüber eine Zeitungsnotiz erschien, rief Cohen bei ihm an.

»Wie willst du denn ohne Auto zurechtkommen, Jim?« fragte Mickey.

»Es gibt ja Busse und Straßenbahnen.«

»Klar, aber schau her, ich werde dir ein Auto leihen.«

»Vielen Dank, Mickey, lieber nicht.«

»Warum nicht?« fragte sein ehemaliger Boß.

»Ich arbeite jetzt für einen neuen Boß, Mickey. Da gibt es neue Spielregeln. Ich kann nichts annehmen, was sich jemand durch ein Verbrechen erworben hat.«

»Aber was willst du denn machen? Du bist in der Klemme. Als dein Freund will ich dir ja nur aushelfen.«

Vaus bat Mickey, sich über ihn keine Gedanken zu machen, Gott würde schon für ihn sorgen. Dann erzählte er ihm, was geschehen war, als ihn die Männer aus St. Louis aufsuchten. »Wenn der Herr das für mich tun kann, Mickey, warum sollte ich mich dann über Kleinigkeiten wie Geld sorgen?«

»Das ist ja ein ziemlich großartiger Abgang«, meinte Cohen langsam. »Aber wenn du mich brauchst, sei nicht blöd ... ruf mich an.«

Dann war es aber Mickey, der Hilfe brauchte. Der Fall Alfred Pearson hatte die Behörden auf seine Spur gesetzt, und schließlich wurde er wegen Steuerhinterziehung angeklagt. Weil ihm kein Gewaltverbrechen nachzuweisen war, gaben sich die Finanzbehörden alle Mühe und stellten fest, daß er viel mehr ausgegeben als versteuert hatte. Im Jahre 1951 wurde Cohen dann zu fünf Jahren Gefängnis verurteilt.

Mickeys Unterwelt-Verbindungen blieben auch während der Gefängniszeit erhalten. Sie sorgten auch dafür, daß er seinem Waschzwang und Reinlichkeitsfimmel frönen konnte. Ständig benutzte er Kleenex gegen Schmutz, Staub und gegen jede Andeutung einer Berührung. Er öffnete keine Tür, ohne vorher Papier um den Griff zu legen, nahm den Telefonhörer erst dann ab, wenn er ihn umwickelt hatte. Im Gefängnis erhielt Mickey die Erlaubnis, drei- bis viermal täglich zu duschen, und es wurden ihm täglich sechs Rollen Toilettenpapier anstelle seines Kleenex zugeteilt.

Als Mickey im Oktober 1955 aus dem Gefängnis entlassen wurde, besaß er keine Macht mehr in Los Angeles, auch nicht die Kraft, sie zurückzugewinnen. Und doch sehnte er sich nach dem »high life«. Düster stellte er fest: »Wenn ich unter meinem Niveau leben soll, dann kann ich genausogut in den Knast zurückgehen.« Aber die Finanzbehörden kontrollierten nun jeden Pfennig, den er ausgab.

Jim Vaus rief Mickey kurz nach seiner Entlassung an, um ihm seine Hilfe anzubieten, zum Beispiel ein Auto leihweise. Mickey erinnerte sich an Vaus' Reaktion auf das gleiche Angebot vor ein paar Jahren und schoß zurück: »Die Busse und Straßenbahnen fahren ja noch, nicht wahr?« Aber Mickey nahm das Angebot an. Vaus versorgte Mickey auch mit Lebensmitteln und ließ ihn sein Büro benutzen, von wo Vaus eine missionarische Arbeit unter jungen Leuten betrieb.

Ehe Mickey ins Gefängnis ging, hatte Vaus ihn mit einem führenden Christen in Los Angeles bekanntgemacht: W. C. Jones. Bill Jones war ein kleiner Mann von untadeliger Erscheinung, mit hoher Stirn, gerader Nase und Augen, die immer in weite Fernen zu blicken schienen. Christus hatte ihn von Alkohol- und Spielsucht befreit. Unzählige Wetten hatte Jones in der Vergangenheit in Mickeys Unternehmungen abgeschlossen. Er war bestens qualifiziert, mit dem Gangster über die Kraft Christi zu sprechen, die Leben verwandelt. Bill Jones kümmerte sich nun in besonderer Weise um Mickey und opferte viele Stunden, um eine Freundschaft aufzubauen.

Mickey schien sich zu ändern. Zumindest galt jetzt denen seine Aufmerksamkeit, die es wirklich gut mit ihm meinten. Früher konnte sich Mickey oft eigenartig wohltätig verhalten. Er sammelte Geld für Freiheitskämpfer in Israel, stiftete Fonds für Krankenhäuser und verschickte Erntedank-Pakete. Jetzt schien er zu begreifen, wie wenig persönliche Wohltätigkeit ein kriminelles Leben aufwiegen kann. Mit seinem Bewährungshelfer besuchte er schwererziehbare Jungen in ihren Lagern und sprach zu ihnen über den verderblichen Weg, den sie eingeschlagen hatten.

Ermutigt durch diese Veränderung in Mickeys Leben, bat Bill Jones ihn schließlich, sein Leben Christus auszuliefern. Er verdeutlichte Gottes Plan zur Erlösung und machte Mickey zuallererst klar, daß Gott ihn liebte und einen wunderbaren Plan für sein Leben hatte.

Mickey war begeistert.

Dann wies Jones auf die Sünde hin, zeigte Mickey seine eigene Sündhaftigkeit und Trennung von Gott.

Das bereitete Mickey Schwierigkeiten. Schließlich war er Jude und gehörte damit zu Gottes auserwählten Leuten. Wie konnte etwas zwischen ihm und dem Gott der Juden stehen? Außerdem war er auch gar nicht so schlecht. »Ich versuche immer mein Bestes. Auch wenn ich nicht viel gelernt habe ... ich will alles immer wirklich erstklassig machen ... ich habe schließlich meine Grundsätze. Wenn ich ein Ding gedreht habe, hätte es ja meinem Ruf geschadet, wenn es einen Unschuldigen mitbetroffen hätte. Ich habe immer so sauber gearbeitet ... besonders nach meiner Zeit in Cleveland und Chicago gehörte ich ja nicht zu den Leuten, die jemanden umbrachten, wenn es nicht wirklich sein mußte ... Niemand konnte wirklich jemals behaupten, Mickey Cohen sei kein feiner Kerl.«

Jones wies darauf hin, daß es darum nicht gehe. Dann erklärte er, wie Gott in Jesus Christus mit der Sünde umgehe und daß Mickey persönlich Christus als seinen Heiland und Herrn annehmen müsse, um Gottes Liebe und seinen Plan für sein Leben zu erfahren. Bill zitierte Offenbarung 3,20: »Siehe, ich stehe vor der Tür und klopfe an. Wenn *jemand* meine Stimme hören wird und die Tür auftun, zu dem werde ich hineingehen.«

»Das gilt auch für dich, Mickey«, sagte Bill Jones. »Du sagst, daß du nicht zu den Leuten gehörst, die Billy Graham oder andere fromme Menschen besonders schätzen. Selbst wenn das so wäre: die sind nicht wichtig; Christus ist wichtig, und der sagt *jemand*, also irgend jemand, du auch.«

»Schön, schön«, meinte Mickey. »Freut mich zu hören.«

»Aber du mußt es annehmen, Mickey«, beharrte Jones. »Dies ist ein Bußgebet. Wenn du es nachsprichst und mit mir betest, kannst du hier und jetzt gewiß sein, daß du als Kind Gottes wiedergeboren wirst. Du bekommst ewiges, himmlisches Leben. Du kennst das ›high life‹, Mickey, aber keiner von uns kann sich das himmlische Leben vorstellen. Willst du mit mir beten?«

Zu Bills Verwunderung und Freude sprach Mickey das Gebet nach.

War nun Mickey Cohen, der berühmte Hollywood-Gangster, wirklich Christ geworden?

Bill Jones blieb von der Echtheit der Entscheidung überzeugt. Welch ein Zeugnis! Als sich die Nachricht unter den Christen verbreitete, gab es ein jubelndes Echo. Welch ein Sieg! Zu einer Zeit, als die evangelikalen Gemeinden kaum in den Nachrichten erschienen, bedeutete dies Schlagzeilen. Jones wußte auch, wie dringlich Mickey Unterweisung im Christenglauben brauchte. Er diskutierte mit Jim Vaus die Möglichkeit, Mickey nach New York fliegen zu lassen, wo Billy Graham bald eine Großevangelisation im Madison Square Garden beginnen sollte. Vaus erklärte sich bereit, einen Teil der Kosten zu übernehmen.

Wenige Tage später flog Cohen an die Ostküste und zog ins Waldorf-Astoria. Dort suchte ihn Graham auf und erklärte ihm in einer sehr langen Besprechung, welche Bedeutung sein Gebet mit Bill Jones für ihn hatte. Trotz Mickeys Entgegenkommen spürte Graham doch eine Wand des inneren Widerstandes, die nicht überwunden werden konnte.

Trotzdem erschien Mickey zwei Tage später mit einigen Leibwächtern und einer Herde von Reportern zu der Evangelisation im Madison Square Garden. Es wurde spekuliert: Würde Cohen nach vorne gehen, um seine Zugehörigkeit zu Christus öffentlich zu bekennen?

Mickey versuchte auf die Plattform zu gelangen, um mit Graham fotografiert zu werden. Der Evangelist zog sich vor der Predigt jeweils zum Gebet und einer Zeit der Stille zurück und ließ klugerweise keine Fotografen in seine Nähe. Mickey wurde zu einem Platz für Ehrengäste geleitet.

Ungeachtet seiner eigentlichen Motive, und obgleich er sich über den Mangel an fürstlicher Aufmerksamkeit unzufrieden zeigte, blieb Cohen doch während der Versammlung dabei. Bald schon fühlte er sich gar nicht mehr wohl, denn der Geist Gottes arbeitete; Grahams Botschaft schien ganz besonders für den mürrischen Gangster mit der riesigen Kleenex-Schachtel neben sich zugeschnitten zu sein.

»Wir beide verdienen die Hölle«, donnerte Graham. »Wir beide haben es verdient, ewig von Gott getrennt zu sein ... o ja, die Heilige Schrift macht ganz klar, daß du ein Sünder bist. Und ich auch ...

Du hältst dich vielleicht für einen guten und aufrechten Menschen und glaubst, nichts getan zu haben, was die Verdammnis verdient. Du sagst vielleicht: Ich bin ein ehrlicher Geschäftsmann; ich liebe meine Kinder; ich spende sogar für mildtätige Zwecke. Aber es gibt keine Grauzone zwischen Himmel und Hölle. Du bist entweder auf dem Weg zum Himmel oder auf dem Weg zur Hölle ...

Die Bibel gibt uns das vollkommene Beispiel eines Mannes, der seiner Verantwortung für seine eigene Sündhaftigkeit vor Gott entgehen wollte – der römische Statthalter Pilatus. Nach seinem Verhör vor dem Hohen Rat wurde Jesus zu Pilatus gebracht. Aber Pilatus war ein Mensch wie du und ich, er wollte neutral bleiben. Er bezeichnete Jesus als unschuldig und nahm dann eine Schüssel mit Wasser und wusch seine Hände vor der riesigen Menschenmenge. ›Ich bin unschuldig am Blut dieses gerechten Mannes‹, sagte er. Dann ließ er zu, daß Christus abgeführt und gekreuzigt wurde.

In einer Legende heißt es, Pilatus habe die letzten Jahre seines Lebens in den Bergen der Schweiz zugebracht und ständig seine Hände gewaschen. Wenn ihn jemand fragte: ›Was tust du?‹ sagte er: ›Ich bemühe mich, das Blut Jesu Christi von meinen Händen zu waschen.‹ In alle Ewigkeit wird Pilatus sich mühen, diese Blutflekken abzuwaschen, aber es wird ihm nie gelingen.

Heute abend mußt du deine Entscheidung treffen. Jeder Mann, jede Frau, jeder Junge und jedes Mädchen, ihr müßt euch entscheiden zwischen einem angenehmen Leben und Christus, Vergnügen und Christus, Berühmtheit und Christus, Geld und Christus. Was dich auch immer vom Königreich Gottes abhält, du mußt heute abend deine Wahl treffen, und wenn du keine Entscheidung treffen willst, dann ist sie damit für dich schon gefallen.«

Einen kurzen, ungestümen, heiligen Augenblick lang wollte Mickey Cohen seine riesige Kleenex-Schachtel nehmen und weit wegwerfen. Aber schon im nächsten Augenblick riß er einige Papiertücher hervor, betupfte nervös seine Stirn, Nacken und Hände und hätte am liebsten die Flucht ergriffen. Dann hielt er aber doch bis zum Ende der Versammlung durch, um in seiner Eitelkeit am großen Haupteingang unter dem Namen von Billy Graham von den Presseleuten fotografiert zu werden.

Wieder in Los Angeles, brach Mickey seine Verbindung zu Bill Jones ab und traf auch Jim Vaus seltener. Er hielt sich wieder an seine Kumpel aus der Unterwelt. Das verwirrte und ärgerte Jones, der ihn aufsuchte und ihm klarmachte, daß er als neuer Christ so viele Meilen wie möglich zwischen sich und seine alten Verbindungen legen müsse.

»Jones«, antwortete Mickey, »du hast mir nie gesagt, daß ich meine Karriere aufgeben müßte. Du hast mir nie gesagt, ich müßte meine Freunde verlassen. Schließlich gibt es christliche Filmstars, christliche Sportler und christliche Geschäftsleute. Warum nicht auch einen christlichen Gangster?

Wenn ich das alles aufgeben muß – wenn das Christentum so ist –, dann bin ich draußen.«

9. Was wurde aus der Sünde?

Mickey Cohen lebte seine letzten Jahre zurückgezogen in seiner Villa in einem Vorort von Los Angeles und starb am 29. Juli 1976 an Krebs. Mickey war ganz alleine, als er diese Welt verließ. Seine Frau hatte sich vor Jahren von ihm scheiden lassen, es gab keine Reporterscharen mehr, keine Tanzmädchen, keine Leibwächter. Die in den Medien hochgespielten Untaten Mickeys waren in Vergessenheit geraten; sogar sein öffentlicher Flirt mit dem Christenglauben wurde zu einer verstaubten Geschichte, vergraben in den Mikrofilmarchiven der Zeitung.

Wir werden wohl nie erfahren, warum sich Mickey überhaupt zum Christentum hingezogen fühlte. Vielleicht sah er darin eine Möglichkeit, eine ihm sonst nicht zugängliche Achtbarkeit zu erlangen. Vielleicht sah er einen Hoffnungsschimmer – und wirkliche Macht. Jedenfalls sah er sich, wie Millionen Menschen durch die Jahrhunderte, vor die Herausforderung gestellt, als Jesus bei ihm anklopfte. Er öffnete die Tür ein wenig und begriff dann, daß es um eine Entscheidung ging. Er mußte sich ausliefern oder die Tür schließen. Als er schließlich erkannte, was für ihn auf dem Spiel stand, was Buße bedeutete, schloß er die Tür. Mickey Cohen konnte keine Reue empfinden.

Obwohl sich Cohens Lebensgeschichte wie ein Drehbuch liest, liegt der springende Punkt dieser dramatischen Geschichte doch in der Tatsache, daß jeder von uns in seinem Herzen Mickey Cohen gleicht – sündhaft und ohne Bereitschaft zur Buße.

Zugegeben, Mickey war ein außergewöhnlicher und neurotischer Charakter, eine Legende zu Lebzeiten, in jedes nur denkbare Verbrechen verwickelt. Zugegeben, seine Schuld lieferte Schlagzeilen, seine Sünden waren öffentlich bekannt (obwohl einige von uns das auch erlebt haben).

Als Cohen mit seiner komischen, ungeheuerlichen und doch scharfsinnigen Frage herausplatzte: »Warum nicht auch einen christlichen Gangster?«, da wiederholte er im Grunde nur die Frage von Millionen von Christen, die zwar nicht wörtlich, aber durch ihren Lebensstil dieselbe Haltung zum Ausdruck bringen. Dabei geht es nicht um christliche Gangster, sondern um christliche Ausgaben von was immer sie gerade sind – und mit aller

Entschlossenheit bleiben wollen. C. S. Lewis nannte diese hybriden Wesen »Christen mit Gänsefüßchen«.

Genau wie Mickey können wir Gott nicht lieben – können ihm nicht gehorchen – können seinem Frieden nicht leben – und wir bleiben wie wir sind. Wir müssen Buße tun.

Die meisten Menschen denken bei dem Wort »Buße« an mittelalterliche Mönche in Sack und Asche oder alttestamentliche Propheten, die in höchster Seelenpein ihre Kleider zerreißen. Oder wir reservieren Buße für die »wirklich bösen Menschen« – wie Mickey Cohen –, die selbstquälerisch ihr korruptes Leben läutern.

Aber Buße ist etwas anderes als Selbstgeißelung, mehr als bedauern, mehr als tiefes Leid um Sünden der Vergangenheit; und sie betrifft jeden einzelnen.

Im neutestamentlichen Griechisch steht das Wort *metanoia* für Buße. *Meta* heißt »verändern« und *noia* bedeutet »Gesinnung«, was dann wörtlich »Änderung der Gesinnung« besagt. Ein gelehrter Kirchenmann beschreibt die Buße als »diese mächtige Veränderung in der Gesinnung, im Herzen und Leben, die der Geist Gottes wirkt«.[1]

Das Wort hat also eine radikale Grundbedeutung, denn eine fundamentale Veränderung der Gesinnung läßt uns nicht nur einer sündhaften Vergangenheit den Rücken kehren, sondern transformiert unsere Lebenspläne, Werte, Ethik und unser Verhalten, wenn wir die Welt durch Gottes Augen und nicht mehr durch unsere eigenen sehen. Diese Art von Veränderung erfordert die totale Selbstübereignung.

Der Ruf zur Buße – persönlich oder gemeinschaftlich – läuft wie ein roter Faden durch die Heilige Schrift. Das Alte Testament berichtet lebensnah von Königen und Propheten, Priestern und anderen Menschen, die vor Gott niederfallen, um Gnade bitten und Veränderung geloben. Die Forderung nach Buße wird deutlich in Gottes Geboten an Mose[2], und ihre herzzerbrechende Wirklichkeit und Leidenschaft bestimmt Davids berühmtes Bußgebet.[3] Buße heißt der immer wiederkehrende Refrain der Propheten.[4]

Auch im Neuen Testament bildet die Buße ein Kernthema. Johannes der Täufer kannte nur dieses eine Thema: »Tut Buße, denn das Himmelreich ist nahe herbeigekommen.«[5] Und nach dem Markus-Evangelium gehörte dies zu den ersten Worten

Jesu: »Tut Buße und glaubt an das Evangelium.« Als Jesus vor seiner Himmelfahrt den Jüngern letzte Anweisungen gab, betonte er auch: daß gepredigt werden muß in seinem Namen Buße zur Vergebung der Sünden unter allen Völkern.[7] Insgesamt erscheinen die Begriffe »Buße tun« oder »Buße« über fünfzigmal im Neuen Testament.

Buße ist eine unausweichliche Folge der Wiedergeburt, unaufgebbarer Teil des Bekehrungsprozesses, der durch die überführende Kraft des Heiligen Geistes gewirkt wird. Aber Buße bedeutet auch eine anhaltende innere Einstellung. Vor dem Abendmahl werden wir jeweils ermahnt, Buße zu tun.[8] Von den Gläubigen heißt es, daß sie »rechtschaffene Werke der Buße tun«.[9] Ohne die fortgesetzte innere Bereitschaft zur Buße – den anhaltenden Wunsch, das eigene Wesen abzulegen und Gottes Gesinnung anzunehmen –, ist Wachstum im Christenglauben unmöglich. Es ist unmöglich, ohne Buße Gott zu lieben und seinen Frieden zu leben.

Wenn das alles zutrifft, mag gefragt werden, warum dann die Buße so selten verkündigt und so wenig verstanden wird? Ich glaube, es gibt drei Gründe.

Der angesehene Kirchengeschichtler J. Edwin Orr faßt den ersten Grund folgendermaßen zusammen: Die Betonung in der modernen Evangelisation liegt »nicht bei der Buße, sondern auf Rekrutierung«.[10] Noch krasser ausgedrückt, sehen manche Evangelisten die Bekehrten als Trophäen einer Großwildjagd und messen ihren Erfolg an Zahlen. Darum wollen sie ihre Opfer nicht erschrecken.

Als ein führender Christ gefragt wurde, warum er die Buße nie erwähne, lächelte er und antwortete: »Zuerst muß man die Menschen kriegen, damit sie sehen, was Christentum bedeutet, dann werden sie die Notwendigkeit der Buße verstehen.« Diese tragische Haltung ist nicht nur deshalb weit verbreitet, weil wir Angst haben, Neulinge zu vergraulen, sondern weil es auch eine ganze Anzahl kopfnickender Insider aus ihren bequemen Bänken vertreiben könnte.

Buße kann eine beängstigende Botschaft sein – mit Recht. Das Evangelium muß zunächst die schlechte Nachricht von der Überführung von Sünde sein, ehe es die gute Nachricht der Erlösung sein kann. Weil diese Botschaft vielen Kirchengemeinden der Mittelklasse, die mit der Bewahrung ihres Wohlstandes voll beschäftigt sind, nicht mundet, umkreisen viele mit einem normalen Selbsterhaltungstrieb gesegnete Pfarrer dieses Thema wie bei einem Eiertanz. Und das phänomenale Wachstum der elektronischen Kirche hat diesen Trend nur noch bestärkt, denn während der Gottesdienstbesucher am Sonntagmorgen in der Falle sitzt, kann der fernsehende Christ auf den Knopf drücken und zum Kühlschrank gehen.

Diese verwässerte Botschaft ist weithin der Grund für einen grassierenden oberflächlichen Glauben, Christentum ohne Preis oder »billige Gnade«, wie Dietrich Bonhoeffer dies vor einer Generation treffend bezeichnete – »eine Gnade, die keine Reue verlangt, noch viel weniger den wirklichen Wunsch, von Sünde freizuwerden ... eine Verleugnung des lebendigen Wortes Gottes, ja, eine Verleugnung der Fleischwerdung«.[11]

Der zweite Grund, warum Buße so oft ignoriert oder mißverstanden wird, ist nach meiner Erfahrung viel persönlicher: *Wir sind oft einfach nicht bereit oder nicht in der Lage, die Wirklichkeit der persönlichen Sünde zu akzeptieren und damit auch die persönliche Notwendigkeit der Buße.*

Mickey Cohen als Sünder einzustufen, fällt uns leicht, aber wer wird sich schon in einer Kategorie mit diesem hartgesottenen Gangster sehen? Er übertrat wahrscheinlich die meisten der Zehn Gebote (und wir nicht?). Nun, ohne Vollkommenheit zu beanspruchen, sind wir doch weit besser als Mickey Cohen. Schließlich ist niemand vollkommen, und Gott weiß, daß wir nur Menschen sind. Die meisten guten Professoren benoten nach einem Verhältnisschema; Gott wird wohl ebenso verfahren.

Warum fällt es uns so schwer, unsere eigene Sünde zu erkennen? An König David wird deutlich, daß es schon immer so gewesen ist.

Schon bald nach seiner Thronbesteigung brach David nicht nur mit Bathseba die Ehe, sondern wurde auch zum Mörder, indem er ihren Mann in den sicheren Tod schickte. Obwohl er als ein Mann nach dem Herzen Gottes beschrieben wird, der Recht und Gerechtigkeit liebte, war David seiner eigenen Sünde gegenüber blind. Erst als Gott den Propheten Nathan zu ihm schickte, der die Sünde in einer Bildrede beschrieb, konnte er seine Untat erkennen. Nathan bat David um sein Urteil, das ohne zu zögern auf Tod lautete. Erst dann eröffnete der Prophet dem König, daß es sich um seine eigene Sünde handelte.[12] Was er bei anderen schnell verurteilte, konnte er bei sich selbst nicht erkennen.

Wir alle gleichen David, denn als gefallene Menschen besitzen wir eine unbegrenzte Fähigkeit, unser Handeln zu rechtfertigen. Die Psychologen sprechen hier von einer »Befangenheit in eigener Sache« und bestätigen die Beobachtung von William Saroyan: »Jeder Mensch ist ein guter Mensch in einer schlechten Welt, wie er selbst genau weiß.«[13]

Dies führt uns zum dritten Grund für unser oberflächliches Verständnis von Buße: *Unsere Kultur hat die Existenz der Sünde abgeschafft.* Selbst Christen, die die grundlegende Wahrheit kennen sollten, daß *alle* Erben des Sündenfalles und damit *alle* Sünder sind, werden von humanistischen Wertvorstellungen beeinflußt, oft geblendet.

Der Humanismus nahm im Paradies seinen Anfang, als der Versucher Eva einlud, »zu sein wie Gott«. Seither ermutigt er uns, das zu glauben, was unsere sündhafte Natur gerne glauben will, daß wir gut sind, durch Wissenschaft und Bildung noch besser werden, schließlich vollkommen durch unsere eigenen Bemühungen, Meister unseres eigenen Schicksals. Wir können unser eigener Gott sein.

In den vergangenen Jahrzehnten haben beliebte politische und soziologische Bekenntnisse das Bewußtsein für die Wirklichkeit der persönlichen Sünde in unserem Volk fast ausgelöscht. Betrachten wir zum Beispiel das leidenschaftlich vorgetragene Argument, daß die Gesellschaft, nicht das Individuum, für das Übel in unserer Welt verantwortlich ist. Der einzelne begeht ein Verbrechen, weil er dazu gezwungen wird, nicht, weil er sich dafür entscheidet. Armut, Rassendiskriminierung, Slums, Hunger – das sind die wirklich Schuldigen. Der Täter ist in Wirklichkeit das Opfer. Ramsey Clark, Generalstaatsanwalt unter Präsident Lyndon Johnson, faßte diese Ansicht in der Behauptung zusammen, daß Armut die Ursache des Verbrechens *ist.*[14] Und nach dem Stromausfall und den anschließenden, um sich greifenden Plünderungen in New York bekräftigte Jimmy Carter: »Offensichtlich besteht die Hauptursache des Verbrechens ... in der hohen Jugendarbeitslosigkeit, besonders unter den Schwarzen und spanisch sprechenden Menschen.«[15]*

Der Wunsch, dem Mitmenschen Barmherzigkeit zu zeigen, ist begrüßenswert. Aber im Extremfall zerstört diese Einstellung die

* Eine Studie, die einen Monat später von der *Criminal Justice Agency* in New York durchgeführt wurde, offenbarte, daß 45 % der festgenommenen Plünderer Arbeitsstellen hatten und nur 10 % Sozialhilfe empfingen. In den meisten Fällen stahlen die Menschen Dinge, die sie nicht brauchten.

Verantwortlichkeit des einzelnen und ermutigt zu weiteren Straftaten.

Keine politische Partei hat ein Monopol auf die Pflege dieses Mythos. Bei der Verleihung einer Auszeichnung der Nationalen Konferenz der Christen und Juden versicherte Ronald Reagan wiederholt seinen Glauben an das »grundsätzlich Gute« im Menschen und ließ dies in ein Zitat aus Anne Franks Tagebuch vom 5. Juli 1944 gipfeln: »Trotz allem glaube ich immer noch, daß die Menschen in ihrem Herzen wirklich gut sind.«[15] (Welch tragische Ironie!)

Richard Nixon zitierte gerne DeTocqueville: »Amerika ist groß, weil es gut ist, und wenn Amerika je aufhört, gut zu sein, wird Amerika aufhören, groß zu sein.«* (Ich bekenne, daß mir mit Millionen anderer Schauer über den Rücken liefen, wenn er diesen Ausspruch zitierte.)

Politiker erzählen den Leuten, was sie hören wollen, und die Menschen hören gerne, daß sie wirklich »gut« sind. Darum sind solche Aussprüche auch unfehlbare Applausfänger. Aber gute Politik muß nicht auch gute Theologie sein, und wenn wir anfangen, unseren eigenen Presseverlautbarungen zu glauben, werden wir Opfer unserer eigenen Täuschung.

Was wurde aus der Sünde? Dieser herausfordernde Buchtitel von Karl Menninger ist zugleich die relevanteste Frage an die Kirche heute.

Die Antwort liegt in jedem von uns, aber um sie zu finden, müssen wir unserer Seinswirklichkeit ins Auge blicken. Das ist ein schwieriger Prozeß. Das verborgene Selbst liegt tief in unseren Herzen vergraben, und schon Jeremia ermahnte: »Es ist das Herz ein trotzig und verzagt Ding; wer kann es ergründen?«[17] Diesem wahren Ich gegenüberzustehen, ist eine schmerzliche Entdekkung, wie ich nach meiner Bekehrung im Gefängnis lernte.

* Dieses Zitat wird Alexis DeTocqueville oft zugeschrieben, obwohl die Kongreß-Bibliothek dies in seinen Werken nicht nachweisen konnte.

10. Das Problem liegt in uns

Die meisten Menschen kommen ganz gut durchs Leben, ohne ihre Sünden in den Schlagzeilen wiederzufinden. Ihre Übertretungen bleiben ihr Privateigentum. Vielleicht weiß ein Priester oder Pfarrer davon, ein enger Freund oder vielleicht eine Gebetsgruppe. Diesen Luxus kannte ich nicht.

Als unmittelbar Beteiligter an einer der größten politischen Unruhen dieses Jahrhunderts wurden meine Sünden – tatsächliche und unterstellte – erbarmungslos auf den ersten Seiten der Weltpresse breitgetreten, in Farbe im Film und Fernsehen noch einmal durchlebt und in Hunderten von Veröffentlichungen seziert. So werde ich noch heute oft gefragt, welche meiner Watergate-Untaten mir am meisten leid tue.

Meine unveränderte Antwort: »Keine, mein tiefster Kummer gilt den verborgenen Sünden meines Herzens, die viel schlimmer sind«, verwirrte oder erzürnte dann oft die Medienleute.

Es ist jedoch eine ehrliche Antwort. Mein Fehlverhalten in der Watergate-Affäre konnte mit politischem Eifer oder Zweckdienlichkeit, mit fehlgeleitetem Idealismus, blindem Gehorsam gegenüber Vorgesetzten oder sogar der Kapitulation gegenüber der natürlichen Versuchung des menschlichen Willens erklärt (wenn auch nicht gerechtfertigt) werden, von dem Nietzsche feststellt, daß er mehr als alles andere Macht über andere Menschen sucht. Die Sünden, die mir am meisten leid tun, werden durch eine Episode in meinem Leben vor 30 Jahren treffend illustriert und sind in mein Bewußtsein eingeätzt, als sei es gestern geschehen...

Als frischgebackener Marineleutnant war ich so stolz und stark, wie man nach der Grundausbildung nur sein kann. Meine mit Spucke polierten Schuhe reflektierten die Sonne wie zwei Spiegel, an Glanz nur noch übertroffen von meinen goldenen Rangabzeichen.

Mitten in den karibischen Manövern landete unser Bataillon auf einer winzigen Satelliteninsel von Puerto Rico. Der Marinestützpunkt bedeckte fast die ganze hügelige Insel, aber in einer entfernten Ecke fristeten einige ärmliche Seelen inmitten der betäubenden Detonationen beim Übungsschießen ihr Dasein, indem sie Bier und andere Getränke an die Marinesoldaten verkauften.

Vor der Landung wurden wir Offiziere angewiesen, diesen Händlern nichts abzukaufen, weil sie trotz strenger Verbote immer wieder das Militärgelände betraten. Der Befehl wurde mit einem Augenzwinkern erteilt, denn niemand hielt sich daran.

Am zweiten Tag führte ich meinen Zug von vierzig schlammbespritzten, schwitzenden Schützen einen zerklüfteten Hügel hinauf. Als wir zum nächsten Hügel blickten, entdeckten wir einen alten Mann, dessen knochiger Esel fast unter der Last von zwei riesigen, offensichtlich mit Eis gefüllten Segeltuchsäcken zusammenbrach.

Die sengende Julisonne ließ uns keuchen, und die Wasserreserven gingen ohnehin zur Neige. Darum wies ich meine Männer sofort auf den Mann hin. Als sie den Alten und sein überladenes Tier sahen, legten sie an Tempo zu, denn sie wußten ja, ich würde den Befehl nicht ernst nehmen, und sie kalte Getränke kaufen lassen. Ich konnte hören, wie einige schon mit ihren Münzen klapperten.

Einige Meter von dem grinsenden alten Manne entfernt, der sich zweifellos beglückwünschte und schon seinen Verdienst ausrechnete, ließ ich meine Männer anhalten. »Feldwebel«, kommandierte ich, »nehmen Sie diesen Mann fest. Er hat regierungseigenen Boden betreten.«

Der Feldwebel, ein Veteran auf diesem Marinestützpunkt, sah mich ungläubig an. »Los doch!« bellte ich. Der Feldwebel schüttelte mit dem Kopf, drehte sich um und marschierte mit angelegtem Gewehr auf den alten Mann zu, dessen Grinsen plötzlich einfror.

Meinen Männern befahl ich, die »Schmuggelware zu beschlagnahmen«. Mit Freudengeheul kamen sie dem nach. Während der Feldwebel Dosen mit gekühltem Fruchtsaft aus den beiden prallen Säcken holte, sah mich der alte Mann mit zusammengekniffenen, traurigen Augen an. Als die Säcke leer waren, entließen wir unseren »Gefangenen«. Mit hängenden Schultern ritt er auf seinem Esel fort, vielleicht noch dankbar, daß wir ihn nicht an einen Baum gebunden hatten. (Wen wundert es, daß eine Unabhängigkeitsbewegung nach Jahren auf Puerto Rico die Entfernung des US-Militärs forderte!)

Rein technisch beachtete ich damals das Militärgesetz. Aber ich hatte keinen einzigen Gedanken daran verschwendet, daß die beiden Säcke mit Fruchtsaft vielleicht die gesamten Ersparnisse des alten Mannes darstellten, oder daß mein Befehl monatelangen Hunger für eine ganze Familie bedeuten konnte. Statt dessen schmeichelte ich mir in dem selbstgefälligen Glauben, meine Männer seien dankbar für die kostenlosen Getränke (die sie leicht hätten kaufen können), und daß ich meine Härte unter Beweis gestellt hatte (obwohl mein Gegner sich nicht wehren konnte). Schließlich hatte der alte Mann nur das bekommen, was er für die Übertretung der Bestimmungen verdiente.

Dieses Ereignis geriet damals schnell in Vergessenheit, wurde aber nach Jahren wieder lebendig, als ich nach meiner Bekehrung im Gefängnis saß und in Augustins *Bekenntnissen* die bekannte Geschichte von seinem Diebstahl der Birnen in Nachbars Garten las. Augustin berichtet von einer Gruppe junger Leute, die spätabends loszogen, »um diesen Baum zu schütteln und das Obst zu stehlen. Wir beluden uns mit dem Obst, nicht, um es selbst zu essen, sondern es den Schweinen vorzuwerfen«. Dann geißelte er sich selbst über die Sündhaftigkeit, die dabei zutage trat. »Das Obst, das ich gesammelt hatte, warf ich fort, verschlang dabei nur die Schlechtigkeit. Es gab keinen anderen Grund, aber das Böse war so schlecht, und ich liebte es.«[1]

Zeitgenössische Kritiker loben zwar großzügig Augustins literarische Fähigkeiten und profunde philosophische Einsichten, verspotten ihn aber wegen seiner scheinbaren fixen Idee mit der Birnbaumepisode. Warum sollte ein harmloser Jugendstreich so hochgespielt werden? Nach seinen eigenen Bekenntnissen hatte er im Konkubinat gelebt, ein uneheliches Kind gezeugt und jeder denkbaren Versuchung nachgegeben. Diese Dinge wogen gewiß schwerer als der Diebstahl von einigen Birnen.

Aber Augustin sah in diesem Ereignis sein wahres Wesen und das Wesen der Menschheit: *In jedem von uns ist Sünde* – nicht allein Empfänglichkeit für die Sünde, sondern *Sünde selbst.* Augustins sinnliche Vergnügen konnten als die natürliche Entwicklung seiner menschlichen Lustempfindungen erklärt werden, die seine innere Schwachheit oder Empfänglichkeit für die Sünde verdeutlichte. Aber die Birnen hatte er gestohlen aus reiner Freude am Stehlen (er besaß Unmengen von besseren Birnen in seinem eigenen Garten). Augustin wußte: hier ging es um mehr als Schwachheit; es handelte sich um die Sünde selbst – Sünde um der Sünde willen.

Alexander Solschenizyn entdeckte die Wahrheit *dieses indivi-*

duellen und universalen menschlichen Zustandes nach seiner bemerkenswerten Begegnung mit Boris Kornfeld.

In den schmerzvollen Tagen und schlaflosen Nächten des tristen Lagerkrankenhauses nach seiner Krebsoperation dachte Solschenizyn über die eigenartigen Wendungen in seinem Leben nach. Die Worte des Dr. Kornfeld hatten seinen Hunger für Gott, den er einmal gekannt und verleugnet hatte, wieder erweckt. So konnte sich Solschenizyn selbst in seinen Schmerzen freuen, denn er war geistlich wiedergeboren. Aber als er sich ruhelos auf seiner schmalen Pritsche hin und her warf, beunruhigten ihn auch Kornfelds Worte. Die starke Aussage: »Uns trifft keine Strafe in diesem Leben, die wir nicht verdient haben«, klang in ihm nach.

Dieser beunruhigende Gedanke stammt von einem Mann, der unschuldig Gefangenschaft erduldete, von einem Juden, dessen Volk erbarmungslos verfolgt worden war. Die außergewöhnlichen Worte zwangen Solschenizyn, sein eigenes Leben zu bilanzieren. So kam es, daß der damals unbekannte Gefangene sich selbst erkannte und später schreiben konnte: »Im berauschenden Erlebnis jugendlicher Erfolge hielt ich mich selbst für unfehlbar und war darum grausam. In meinem Schwelgen in der Macht war ich ein Mörder und Unterdrücker. In meinen boshaftesten Augenblicken war ich davon überzeugt, Gutes zu tun.«[2]

Dann erhellte ein strahlendes Licht die tiefsten Falten seiner Seele, und Solschenizyn sah sich seinem wahren Ich gegenüber – ein Zeichen echter Bekehrung.

»Erst als ich dort auf dem verfaulenden Stroh im Gefängnis lag«, fährt er fort, »empfand ich in mir selbst die *ersten* Bewegungen des Guten. Allmählich ging es mir auf, daß *die Linie, die Gut und Böse trennt, nicht durch Staaten, Klassen oder Karteien sich zieht – sondern direkt durch das Herz jedes Menschen – durch alle menschlichen Herzen.«*[3]

In diesen wenigen Zeilen fängt Solschenizyn eine Wahrheit ein, die sich der Menschheit von Anfang an entzog. Die Welt kann nicht in Räuber und Gendarmen eingeteilt werden, besteht nicht aus guten und schlechten Menschen. Das Gute und Böse koexistiert vielmehr in jedem menschlichen Herzen.

Als ich im Gefängnis die Ereignisse meines eigenen Lebens betrachtete – wie die Sache auf dem Militärstützpunkt –, erhellte sich mir diese schmerzliche Wirklichkeit des menschlichen Herzen, und ich erkannte mich selbst: Ich war ein Sünder, und meine

Sünde offenbarte sich in einzelnen, willentlichen Handlungen. Und was noch schwerer wog, es hatte mir Freude gemacht.

»Sünder« ist nicht ein theologischer Begriff, der erfunden wurde, um die Gegenwart des Bösen in dieser Welt wegzuerklären, es handelt sich dabei auch nicht um ein Klischee der frommen Liederschreiber des 19. Jahrhunderts oder hinterwäldlerischer Prediger, die damit störrische Gemeinden einschüchtern.

R. C. Sproul faßt treffend zusammen: »Wir sind nicht Sünder, weil wir sündigen; wir sündigen, weil wir Sünder sind.« Wir sind auch nicht theoretische Sünder oder ehrbare Sünder oder stellvertretende Sünder. Wir sind tatsächlich und in der Tat Sünder.[4]

Der Mensch läßt es sich etwas kosten, Eigenverantwortung zu umgehen. Viele lasten Satan jedes nur denkbare Übel an – aber Jesus spricht deutlich von der Sünde *in uns.*[5] Andere wenden sich entsetzt von den Sünden der Gesellschaft ab, recht zufrieden, mit solchen Schrecklichkeiten nichts zu tun zu haben – und begreifen dabei nicht, daß Gott uns für Unterlassungen ebenso verantwortlich macht wie für Taten. Wieder andere meinen, wie Sokrates vor 2400 Jahren, Sünde falle nicht in des Menschen moralische Verantwortung, sondern werde durch Unwissenheit verursacht. Hegel, dessen Philosophie das Denken des 19. und 20. Jahrhunderts so ungeheuerlich beeinflußte, sprach von der »Entwicklung« des Menschen durch zunehmendes Wissen und höhere Moralstufen.

Aber wie sieht es denn im letzten Drittel dieses 20. Jahrhunderts aus, das so viel Fortschritt in Technologie und Wissenschaft brachte? Steil steigende Kriminalität. Zahllose zerbrochene Familien. Eine von fortgesetzten Kriegen und Unterdrückungen zernarbte Erde. All unser Wissen hat keine schöne neue Welt geschaffen. Es hat lediglich unsere Möglichkeiten zum Bösen gesteigert. Die Geschichte belegt die biblischen Feststellungen, daß der natürliche Mensch ein Sünder ist – tatsächlich ein Gefangener seiner Sünde.

Dabei sind wir nicht einmal wiederstrebende Gefangene. Wie Augustin finden wir tatsächlich Gefallen an der Sünde und dem Bösen. Was könnte sonst unsere geheime Freude am Fall eines anderen erklären? Woher käme sonst unsere morbide Faszination mit der Gewalt im Fernsehen und blutig-brutalen Horrorfilmen? Alypius, Augustins Freund und Schüler, erfaßte diese Lektion sehr gut.

Alypius frönte leidenschaftlich der damals beliebten Unterhaltung, den blutigen Gladiatorenkämpfen. Entsetzt über diese Abhängigkeit gelobte er hoch und heilig, damit zu brechen. Nachdem er die Spiele einige Zeitlang erfolgreich gemieden hatte, traf Alypius eines Tages einige Freunde, die seine Schwachheit kannten und ihn zur Arena schleppten. Gegen seinen Willen in der überfüllten Kampfbahn, beschloß er, *nicht hinzusehen.* So hockte er zwischen schreienden, begeisterten Anhängern auf seinem Steinsitz, hielt die Augen geschlossen und die Hände über die Ohren.

Plötzlich erhob sich die Menge mit einem einzigen, blutrünstigen Begeisterungsschrei. Neugierde erfaßte ihn. Er öffnete die Augen und konnte gerade noch einen blutüberströmten Kämpfer fallen sehen. Begierig nahm er das wahnsinnige Bild der Gewalt in sich auf. »Mein Fall war elender als der des Gladiators«, bekannte er Augustin später.

Obwohl Alypius glaubte, über der Freude an diesem Blutvergießen zu stehen, konnte sein Wille doch dem dadurch ausgelösten bösen Vergnügen nicht widerstehen. Er wurde »trunken von Blut und Vergnügen«, sah sich wieder vereint mit seinen Freunden und dem Bösen, das er doch verabscheute.[6]

Wer hätte sich nicht schon dabei ertappt, mit seiner Sünde zu prahlen, um, wie Augustin bekannte, »sich ihrer zu rühmen«?[7] Wir sind von der Sünde so durchdrungen, daß wir uns insgeheim schämen, wenn wir an den Sünden unserer Freunde nicht teilhaben können.

Was veranlaßte einen Mann wie Alypius, beim grausamen Tod eines Gladiators begeistert aufzuschreien? Wie kommt es, daß wir bei den modernen Gladiatorenkämpfen auf nationaler und internationaler Ebene, Krieg genannt, das Gefühl faszinierender Großartigkeit nicht loswerden, wenn die Armeen sich gegenüberstehen?[8] Warum werden Leute, die der Verlockung des Krieges am wenigsten widerstehen können, so oft zu Nationalhelden?[9] Warum wird das Filmpublikum von einem perversen, schaurigen Vergnügen erfaßt, wenn ein dämonenbesessenes Kind seiner Mutter die Augen herausreißt?*

* Es gibt unverbesserliche Optimisten, die menschliche Unmenschlichkeit anderen gegenüber mit Angst und dem Naturinstinkt der Selbsterhaltung erklären. Aggressionen und Gewalttätigkeiten entspringen, so heißt es da, der Angst, der Mitmensch werde ihm Schaden zufügen, wenn er nicht zuerst handelt. Aber bedenken wir ein Beispiel menschlicher Grausamkeit gegenüber hilflosen

Wie kommt das? Es ist das Böse in uns, die dunkle Seite der Linie, von der Solschenizyn schreibt, die durch jedes Menschenherz hindurchgeht.

Dort findet der eigentliche Kampf statt. Nicht zwischen »guten« Menschen und »schlechten« Menschen, wie bei dem Kinderspiel Räuber und Gendarm; nicht zwischen »guten« und »schlechten« Regierungen, wie die USA und die Sowjetunion. Es geht bei dem Kampf auch nicht um nationale oder internationale Interessen. Der Krieg, der alle Kriege beenden wird, ist ein Kampf zwischen geistlichen Mächten, bei dem die Ewigkeit auf dem Spiel steht – und dieser Kampf tobt *in* dir und *in* mir.

Wenn wir wirklich den Gestank der Sünde in uns hochkommen spüren, treibt uns das hilflos und unwiderstehlich in die Verzweiflung. Aber *Gott* hat für uns einen Weg zur Befreiung vom Bösen in uns bereitet: Er führt durch die Tür der Buße. Wenn wir wirklich unser eigenes Wesen begreifen, bleibt Buße keine trockene Lehre, keine erschreckende Botschaft, keine morbide Form der Selbstzüchtigung. Sie ist vielmehr, wie die frühen Kirchenväter sagten, eine Gabe Gottes, die zum Leben führt.[10] Sie bildet den Schlüssel zur Tür der Befreiung, zur einzigen wirklichen Freiheit, die wir je erfahren können.

Weil Buße Freiheit bedeutet, erstaunt es vielleicht nicht so sehr, wenn dies die Leute im Gefängnis eher begreifen als jene außerhalb. Menschen hinter Gefängnismauern sind in jeder Hinsicht Gefangene. Ihre herausragendsten Sünden wurden im blendenden Licht eines Gerichtssaales bloßgelegt, und sie werden an

Tieren aus einem frühen Bericht des großen Naturforschers W. H. Hudson: »Die Art und Weise, damals eine Kuh oder einen Bullen zu töten, war außerordentlich grausam . . . Zwei oder drei Reiter teilten sich in die Aufgabe. Einer warf sein Lasso über die Hörner und galoppierte davon, um das Lasso straff anzuziehen. Ein zweiter Mann sprang von seinem Pferd . . . und zertrennte mit blitzschnellen Schlägen seines riesigen Messers die Sehnen beider Hinterbeine. Das Tier knickte sofort ein, und derselbe Mann . . . stach seine lange Klinge bis zum Griff in den Hals des Tieres und drehte sie um. Wenn er es wieder herauszog, schoß ein großer Blutstrahl aus dem Hals des gequälten Tieres, das immer noch auf seinen Vorderbeinen stand und vor Qual brüllte. Oft sprang der Schlächter dann auf den Rücken des Tieres, gab ihm die Sporen und benutzte das flache Messer wie eine Reitpeitsche und täuschte mit teuflischen Freudenschreien einen Reiterwettkampf vor. Das Brüllen verwandelte sich dann bald in tiefe, schreckliche, erstickende Geräusche, die wie Schluchzer klangen. Wenn der Reiter den nahen Zusammenbruch des Tieres kommen sah, sprang er leichtfüßig ab.« (Aus *Far Away and Long Ago* E. P. Dutton und Co., 1924, S. 41–42).

einem Ort jeder nur denkbaren Form von Bosheit und Verderbtheit eingesperrt.

Es nimmt daher nicht wunder, daß die drastischste Illustration für Buße, die ich in der Bibel fand, in einer Gefängniszelle begann . . .

11. Denke an mich

Die Männer erkannten an dem kleinen, viereckigen Licht, das durch ein winziges hohes Fenster fiel, daß die Sonne aufgegangen war. Aber der Schimmer erhellte kaum die zähe Dunkelheit der Zelle, in der drei Gefangene warteten.

Seit dem ersten Morgengrauen standen sie dort, gingen hin und her, warteten, obwohl jeder von ihnen an einen Wärter angekettet war. Die Zelle roch nach Urin, aber nicht übertriebene Reinlichkeit hielt sie davon ab, auf den schmutzigen Boden zu sinken. Sie konnten sich einfach nicht hinsetzen; sie warteten auf den Tod.

Der Mann, den sie Barabbas nannten, stand gegen die Außenwand unter dem Fenster gelehnt. Während die beiden anderen hin und her liefen, an ihren Ketten zerrten und die Wärter verfluchten, stand Barabbas ganz ruhig und schien mit erhobenem Kopf auf ein entferntes Geräusch zu lauschen. Mit den anderen Männern hatte er kein Wort gewechselt, selbst auf direkte Fragen hin nicht. Aber er wartete, genau wie sie.

Trotz seines Widerstandes behandelten die Wärter Barabbas mit einer Art rauhherzigem Respekt; er war schließlich ein wichtiger Gefangener, beinahe eine Berühmtheit, der Anführer einer kleinen Gruppe von Freiheitskämpfern. Seitens der Regierung hoffte man, sein heutiger Tod würde die leidige Rebellion ersticken.

David, der hochgewachsene, junge Gefangene mit dem langen, mageren Gesicht, hatte die stille, schattenhafte Gestalt eine Zeitlang beobachtet. Jetzt deutete er mit der Hand auf Barabbas und fragte: »Was hört der denn?«

Der dritte Gefangene, ein Mann in mittleren Jahren mit ergrauendem Haar und stoischem Gesichtsausdruck, hieß Jakob. Er war einer von Barabbas Gruppenführern gewesen. Als Antwort auf Davids Frage hob er lediglich seine schweren Schultern.

»Er hört irgend etwas«, beharrte David und riß nervös an seiner Kette. »Schau nur, wie er lauscht.«

»Vielleicht hofft er, daß wir gerettet werden«, brummte Jakob mißmutig. »Vielleicht wartet er darauf, daß Jerusalem aufwacht und uns zu Hilfe eilt – die Römer abschüttelt und ihn zum König macht.«

»Aber du gehörtest doch zu ihm«, bohrte David. »Du hattest dich der gleichen Sache verschrieben.«

»Klar«, bestätigte Jakob bitter. »Ich bin immer ein Kämpfer gewesen. Man fängt früh an, wählt seine Seite und kämpft dann bis zum Ende. Und dies ist das Ende. So ist das Leben.«

Davids mageres Gesicht konnte die unterdrückten Gefühle nicht verbergen. »Dann hast du keine Angst?«

Jakob fluchte. »Natürlich habe ich Angst. Wer will schon sterben? Wenn du einen Ausweg kennst, dann sag es mir. Aber ich habe nie Illusionen gehabt. Wir sind am Drücker gewesen – jetzt sind die da dran.«

Entfernte Geräusche drangen in die nachfolgende Stille. David lauschte angespannt. »Klingt wie eine Menschenmenge da draußen.«

»Natürlich eine Menge«, brummte einer der Wärter. »Die Stadt fließt über. Es ist das Passahfest der Juden. Sie warten auf die Show, die ihr ihnen liefern werdet.«

Aber es waren nicht nur normale Straßengeräusche zu hören. In der Ferne klang es wie ein Lied, durch die dicken Gefängnismauern nur schwach zu hören.

»Was sagen sie denn?« wollte David wissen.

Sein Wärter lachte. »Sie sagen: ›Lieber, großzügiger Pilatus, bitte, laß doch diese netten Verbrecher frei, die du kreuzigen willst. Sie haben es ja nicht böse gemeint.‹« Die anderen beiden Wärter stimmten in sein Hohngelächter ein, dankbar für eine kurze Unterbrechung der langweiligen Routine.

Das Lied, oder was immer es war, verklang, ohne daß sie es verstanden hätten. Die drei Männer standen zusammengekettet in schweigender, einsamer Agonie. Wie die anderen, hatte auch David vor Pilatus gestanden und seinen Urteilsspruch »schuldig« gehört und das nachfolgende Urteil: »Tod durch Kreuzigung«. Aber solche Worte sickern nur langsam ins Bewußtsein. Der Spott der Wärter ließ ihn innerlich aufschreien. *Ich kann nicht sterben. Das habe ich nicht verdient. Das ist ungerecht. Es muß einen Ausweg geben. Es muß sich eine Fluchtmöglichkeit auftun.*

Die Wärter überbrückten die Stille und sprachen über ihre Familien und ihr Pech, zu diesem Dienst abkommandiert zu werden. David vernahm ihre Worte wie das Summen der zahllosen Fliegen, die von der Sonne aufgeweckt worden waren.

»Bereust du irgend etwas?« fragte er Jakob. Er konnte seine eigene Stille nicht ertragen und suchte den Trost geteilter Angst.

»Ja, daß man mich geschnappt hat.«

»Nein, was ich meine ... tut es dir leid –?«

»Was denn?«

»Nun ..., daß du nicht ein normaleres Leben geführt hast ..., daß du gemordet, geraubt hast. Tut dir das leid – oder nur, daß man dich erwischt hat?«

»Wie ist es denn bei dir?« wich Jakob der Frage aus. »Du hast das gleiche getan.«

»Ich habe niemanden umgebracht!« rief David. »Und gestohlen habe ich nur, was ich zum Leben brauchte. Sieh mich an!« Er riß sein zerlumptes Gewand auseinander und zeigte auf seine hervorstehenden Rippen. »Man muß schließlich essen.«

»Nicht, wenn man tot ist«, lachte Jakob wieder. »Was bist du denn, ein Sklave?«

»Das war ich. Aber nie wieder.«

»Klar. Die Geschichte kenne ich. Dein Herr war grausam, dann bist du abgehauen. Von wo denn?«

»Zypern.«

»Zypern, was? Dann hast du also gelogen und dich auf einem Schiff davongemacht – die Überfahrt mit gestohlenem Geld von deinem Herrn bezahlt, richtig? Dann bist du halbtot hier angekommen. Den Rest kann ich erraten. Du hast dein Essen zusammengebettelt, und plötzlich hat dir eine dieser Banden einen Lebensunterhalt angeboten. Du mußtest nur Schmiere stehen, sie warnen, wenn die Soldaten kamen, und als Botenjunge durch die Stadt eilen. Was ist schon dabei! Und wer will schon verhungern? Welche Bande war es denn? Ich kenne sie alle.«

David antwortete nicht. Die zutreffende Beschreibung seiner Lage verwirrte ihn. Ehe Jakob fortfahren konnte, hörten sie, wie sich das Außentor öffnete und Schritte näher kamen. Die Stimmen der Wärter waren durch das kleine Holzgitter in der Tür klar zu verstehen.

»Wußtet ihr, daß sie diesen Jesus geschnappt haben?« fragte einer. – »Den Rabbi?«

»Ich glaube, so nennen sie ihn. Gestern abend wurde er festgenommen. Einer seiner eigenen Leute hat ihn verraten.«

»Und was geschieht jetzt mit ihm?«

»Die Juden wollen ihn kreuzigen lassen. Kannst du das fassen? Er ist scheinbar nicht die richtige Art von Jude. Stundenlang haben sie in den Straßen herumgeschrien. Hast du das nicht gehört? ›Kreuzigt ihn! Kreuzigt ihn!‹«

»Und was sagt Pilatus?«

»Er weiß nicht, was er sagen soll. Ich glaube, dieser Bursche macht Pilatus nervös. Ich war in der Halle, als sie ihn verhörten. Dieser Jesus redete, als ob Pilatus angeklagt wäre. Kein Jammern um Barmherzigkeit . . . nichts. Niemals zuvor ist jemand Pilatus so gegenübergetreten. Ich schwöre es, Pilatus war wie verhext.«

»Was wird ihm denn vorgeworfen?«

»Er muß wohl behaupten, er sei der König der Juden.«

»König der Juden? Wen interessiert das schon?«

Die Tür öffnete sich, und zwei Soldaten sahen in die Zelle. »Wer von euch ist Barabbas?«

Barabbas stand bewegungslos, nichts ließ erkennen, daß er seinen Namen gehört hatte. Sein Wärter rasselte mit der Kette zwischen ihnen und lachte. »Das ist er hier. Er wartet auf seine Befreiung.«

»Da wären wir also«, meinte der eine, ging hinüber und schloß die Kette auf. »Wir sind die Befreier. Wir bringen dich sicher in eine andere Welt.«

»Willst du auch König werden, Barabbas?« lachte der andere. »Hier ist deine Krone.« Er legte seine Hand auf die Stirn des Gefangenen und stieß seinen Kopf gegen die Mauer. »Es lebe der König!«

David lauschte ihren Schritten, als sie Barabbas in den Hof hinauszerrten. Dann vernahm er die Peitschenhiebe. Bei jedem Schlag zuckte David zusammen.

»Bete, daß sie dich tüchtig auspeitschen, Junge«, raunte Jakob leise. »Bete, daß sie dich halb zu Tode prügeln. Dann kratzt du am Kreuz schneller ab.«

Beim zwölften Schlag entlud sich Barabbas' Stöhnen in einen unwirklichen Schrei, ein Schluchzen, dann wieder ein Aufschrei. Zwanzig Hiebe gaben sie ihm, ehe die Peitsche aufhörte zu zischen.

Schwere Schritte näherten sich der Zelle. Die Tür wurde geöffnet, und Barabbas mit dem Gesicht nach unten hineingeworfen. Das hereinfallende Licht ließ David das blutige, rohe Fleisch auf Barabbas Nacken und Rücken erkennen.

Als sie Jakob losketteten, trat er plötzlich nach einem der Soldaten und erwischte ihn in der Leistengegend. Der Mann brach zusammen, und mit einem schnellen Reflex schlug der andere Soldat Jakob die flache Seite seines Schwertes an den Kopf. Das ließ ihn zu Boden gehen. Fluchend stellten die Soldaten Jakob auf die Füße und hielten ihn fest, während der angegriffene Mann sein Knie Jakob in die Leisten rammte, einmal, zweimal, dreimal. Dann schleiften sie ihn hinaus. Als die Peitsche zupackte, gellten Jakobs Schreie über den Hof.

Als sich nach seiner Auspeitschung der Nebel um Davids Bewußtsein langsam lichtete, lag er mit seinem Gesicht im Schmutz der Zelle, der auch in Nase und Mund eingedrungen war. Nur zögernd kehrte auch seine Erinnerung zurück. Irgendwo in der Ferne konnte er den Schrei der Menge hören: »Barabbas... Barabbas...« Warum riefen sie diesen Namen? Er hob seinen Kopf und fand sich wieder in der Wirklichkeit. Jakob und Barabbas waren noch da. Die Soldaten hatten die Zelle verlassen.

»Warum rufen sie deinen Namen?« fragte David mit belegter Stimme.

»Ich weiß nicht.« Es waren die ersten Worte, die David den Mann reden hörte.

Was hatten sie nur vorher gerufen? »Kreuzigt ihn! Kreuzigt ihn!« Sie fordern den Tod dieses Mannes Jesus, hatten die Soldaten erklärt. David wußte nur wenig von diesem Jesus von Nazareth. Er hatte ihn in der vergangenen Woche mit einer Gruppe von Anhängern in Jerusalem einziehen sehen. Alle hatten von ihm gesprochen. Einige sagten, er könne Krankheiten heilen und habe magische Kräfte. Irgendwie wurde auch gemunkelt, er sei der Messias, ein politischer Anführer, von dem die Juden die Befreiung vom Joch der Römer erwarteten.

Plötzlich schien es David, als schaue er von weit oben auf seine Zelle und die Welt dort draußen. Aus dieser Perspektive sah er ganz klar sein eigenes Leben, auch in seiner Beziehung zu allen anderen Menschen. Sein Leben, so kostbar und einzigartig für ihn, sah er in millionenfacher Wiederholung. Seine verzweifelten Hoffnungen, seine Sehnsucht nach Freiheit waren so alltäglich wie Kochtöpfe. *Jeder hat Träume,* dachte er. *Alle greifen nach der Hoffnung, wie fadenscheinig sie auch sein mag.* Und langsam werden dann die Hoffnungen vom schweren Gewicht des Lebens erdrückt. Je größer der Traum, um so tiefer der Zorn. Darum hatten die Soldaten Barabbas für ihren Spott ausgewählt; er hatte den Leuten Hoffnung gegeben. *Diesem Mann Jesus mußte es wohl noch schlechter ergehen,* dachte David.

Die Tür öffnete sich, und die Soldaten, die sich schon zuvor mit

Barabbas befaßt hatten, kamen herein. »Dies ist dein Glückstag, Barabbas. Du bist begnadigt worden.«

Der Gefangene blieb ruhig sitzen, als hätte er die Männer gar nicht bemerkt.

Einer stieß ihn an den Kopf. »Los, wach auf! Hast du mich nicht verstanden? Du hast es geschafft. Steh auf!«

Noch immer bewegte Barabbas sich nicht. »Ihr könnt mich nicht mit neuer Hoffnung quälen«, flüsterte er emotionslos. »Ich bin bereit zu sterben. Macht eure Spielchen mit jemand anders.«

Der Soldat lachte und knuffte ihn mit dem Griff seines Schwertes in die Seite. Reflexartig öffnete Barabbas seinen Mund, um zu schreien, aber kein Ton war zu hören. »Steh auf! Du bist frei! Am Passahfest lassen sie immer einen Gefangenen frei. In diesem Jahr bist du es. Die Leute wollen dich. Pilatus ließ sie wählen zwischen Jesus und dir – und sie wollen dich. Du bist ein freier Mann.«

In der Zwischenzeit hatten andere Wärter David und Jakob die Ketten abgenommen. Einen Augenblick lang dachte David, auch er sei frei. Sein Herz klopfte wild, als die Eisen von seinen Handgelenken abfielen. Dann wurde er auf die Füße gerissen und durch die Tür gedrängt. Ein Wärter an jedem Arm. Sein gehetzter Blick streifte ein letztes Mal Barabbas in der dunklen Zelle, der noch immer zusammengekrümmt am Boden lag.

Geblendet vom plötzlichen Sonnenlicht schrie David laut heraus, als ein schwerer Holzbalken auf seine nackten Schultern gelegt wurde. Hände zwangen seine Hände, das rauhe Holz festzuhalten. Eine schwere Hand traf ihn im Gesicht. »Dies ist dein Kreuz, Sklave. Auf geht's!«

Als Davids Augen sich an das Licht gewöhnt hatten, erblickte er die drängende, erregte Menge, deren Aufmerksamkeit einem anderen Gefangenen galt. Spottend, spuckend und fäusteschüttelnd verfluchten sie einen grausam zugerichteten Mann. Ein Kranz spitzdorniger Zweige hatte sich in seinen Kopf gegraben; Kopf und Haare davon blutverkrustet. Dunkle Blutflecken drangen durch das Gewand, das ihm auf dem Rücken klebte.

Jetzt drehte sich der Mann nach David um, und einen Augenblick lang sahen sich die beiden in die Augen. Einen solchen Blick hatte David noch nie gesehen – ruhig, stark –, einen Blick, der mitten in diesem gemeinsamen Entsetzen von einem tiefen Frieden sprach.

Da erinnerte sich David. *Das ist Jesus.* Sein Körper schien geschrumpft, seine Schultern von Schmerzen niedergedrückt, aber aus seinem Gesicht sprach Stille, absolute Autorität. Sogar jetzt noch konnte David verstehen, warum die Leute diesem Mann nachfolgten, warum sie von ihm Erlösung erwarteten. Er strahlte etwas aus. *Warum wird dieser Mann hingerichtet?* fragte sich David. *Er hat nichts Böses getan.*

Ein Soldat stieß Jesus nach vorne, und die verurteilten Männer stolperten weiter unter ihren Kreuzen – ihrer Hinrichtung entgegen.

Den Einwohnern von Jerusalem bedeutete die Kreuzigung von Dieben, Mördern und Rebellen nichts Besonderes. Heute jedoch schien die Anwesenheit des Mannes, den sie Jesus nannten, der Sache eine andere Qualität zu geben, mehr Gehässigkeit der Neugierigen und Müßiggänger zu provozieren. Feindselige Gesichter begrenzten beide Seiten der engen Gassen, die Tore in den Stadtmauern und auch die staubige Straße, die zum Hinrichtungsplatz führte, einem Hügel namens Golgatha. Sie schienen sich alle auf Jesus zu konzentrieren – und spuckten spöttisch vor ihm aus.

Jesus ging vor David und schwankte leicht unter dem Gewicht der hölzernen Last. Oft stolperte er. Schließlich ergriffen die ungeduldigen Soldaten einen erschrockenen Zuschauer und zwangen ihn, das Kreuz für den Nazarener zu tragen.

Dies sind wirklich meine letzten Schritte, dachte David, als die Prozession kurz anhielt. *Diese Gesichter sind die letzten, die ich je sehen werde. Diese Straße die letzte, auf der ich gehe. Mein Leben ist vorbei.* Reue und Fassungslosigkeit übermannten ihn. *Nein. Ich kann nicht sterben, ich will nicht sterben, ich habe nichts Verkehrtes getan. Nichts Schlimmeres als ihr, die ihr mich anstarrt. An meiner Stelle hättet ihr das gleiche getan. Vielleicht Schlimmeres. Ich will nicht sterben.*

Eine Reihe dicker Holzstämme erhob sich vor ihnen, als sie die Stadtmauern hinter sich ließen.

»Leg deinen Kreuzbalken nieder«, befahl ein Soldat.

Mit Entsetzen überblickte David die Menge, die ihnen aus der Stadt gefolgt war. Eine seltsam gemischte Gesellschaft: Soldaten, Neugierige, Beamte des jüdischen Tempels und eine komische, kleine Gruppe von ängstlich dreinblickenden Männern und Frauen, die etwas weiter abseits stand.

Ein Soldat reichte ihm einen Becher. »Was ist das?« fragte David.

»Wein und Myrrhe, das dämpft die Schmerzen.«

David trank gierig, bis man ihm das Gefäß wegzog und Jesus hinreichte, der das Getränk jedoch ablehnte. Jakob leerte daraufhin den Becher.

Die Soldaten rissen an Davids rauhem Gewand. Als er es festhalten wollte, wurden seine Hände weggeschlagen. »Du mußt dich ausziehen, Sklave.« Schon war er völlig nackt. Neben ihm stritten sich bereits zwei Soldaten über das Gewand, das sie Jesus abgenommen hatten. Einem von ihnen schlug der Hauptmann ins Gesicht. »Loslassen, ihr Narren. Ihr reißt es kaputt. Wir verteilen die Sachen später.«

Dann kam der Befehl: »Hinlegen!« Und Hände stießen David auf den Boden, bis seine Schultern den rauhen Balken berührten, den er getragen hatte. »Arme ausstrecken!« Sein rechter Arm war soweit wie möglich ausgestreckt und wurde niedergehalten. Er schloß seine Augen und fühlte einen Stich auf seiner Handfläche. Im selben Augenblick gellte ein schrecklicher, langgezogener Schrei auf. Ehe er sich fragen konnte, wessen Stimme es war, schrie auch er laut auf, als seine wie Feuer brennende Hand an das Holz genagelt wurde. Die Soldaten schrien, er solle sich nicht bewegen, und verfluchten ihn; dann explodierte auch seine andere Hand wie im Feuer. Seine Lungen füllten sich mit Luft, und er schrie seinen Schmerz hinaus.

Hände hoben ihn auf und stützten seine Beine und Gesäß, bis es auf einem Holzblock ruhte, der auf halber Höhe festgenagelt war. Jetzt wurde der Kreuzbalken mit Stricken festgebunden. Jemand stemmte seine Füße nach oben und bog sie zur Seite. Eine scharfe Spitze berührte seine Ferse – und er schrie, noch ehe er den Schmerz fühlte. Hände preßten die vor Schmerz lodernden Füße gegen den Pfosten, und ein weiterer Hammerschlag nagelte beide Füße fest. Sein Magen drehte sich um, und er verlor das Bewußtsein.

David hatte zuviel Leben in sich, um lange bewußtlos zu bleiben. Der Schmerz, der ihn barmherzig in Bewußtlosigkeit eingehüllt hatte, brachte ihn nun wieder zurück. Das Feuer hatte sich nun von Händen und Füßen über den ganzen Körper ausgebreitet. Worte konnten diese Agonie nicht beschreiben.

Und doch konnte er sehen und hören – und denken.

Eine kleinere Menge hatte sich um die Kreuze versammelt. Einige sahen von weitem zu – vielleicht aus Angst oder Übelkeit. Andere standen nahe dabei, als wollten sie den Ausdruck der sterbenden Gesichter genau sehen. David konnte hören, was sie redeten. Vor ein paar Tagen hatte er noch zu ihnen gehört. Jetzt blieben sie durch einen unsichtbaren Vorhang getrennt. *Warum helfen sie mir nicht?* schluchzte er. *Warum sehen sie mich nicht einmal an? Warum ist ihnen das alles egal?*

Die unaussprechlichen Schmerzen wurden nur noch übertroffen von einer Angst vor dem Tod, dem er entgegensah, der ihn vor aller menschlichen Freundlichkeit abschnitt. Selbst wenn er schrie, würden diese Menschen ihn nicht hören. *O Gott, hilf mir runter von diesem Kreuz, hilf mir hier raus, bitte!*

Jetzt verspotteten sie Jesus. Ausgerechnet der Hohepriester des Tempels stimmte ein Geschrei an: »Komm doch runter von deinem Kreuz, König. Anderen hast du geholfen; jetzt hilf dir selbst.«

David sah zu dem Nazarener hinüber. Nur wenige Meter lagen zwischen ihnen. Jesu Augen sahen geradeaus. Wieder mußte er denken: *Dieser Mann hat nichts Böses getan. Warum ist er hier?*

Ein Muskelkrampf in Davids Hand riß die Wunde weiter auf, und der Schmerz beendete seine Gedanken. Er krümmte sich und rang nach Luft. Als die Schmerzwelle etwas abebbte, sah er wieder auf Jesus. Die ruhige Kraft in diesem Gesicht zog ihn an. *Was hat dieser Mann nur getan?* Aber wieder wurden seine Gedanken von Schmerzen weggespült. *O Gott, hilf mir hier raus,* schrie er.

Die religiösen Führer standen wenige Meter vor den Kreuzen zusammen, sprachen miteinander und gaben gelegentliche, laute Kommentare ab. Jetzt näherte sich einer dem Kreuz Jesu und starrte zu ihm hinauf.

»Komm runter, Jesus«, rief er. »Warum bleibst du dort oben und leidest? Bist du nicht der Sohn Gottes? Warum kommst du dann nicht herunter?« Ein paar Soldaten lachten über diesen Witz. Wahrscheinlich hatte der Priester nie zuvor einen Römer angesprochen, noch weniger einen Soldaten. Jetzt tat er es: »Ist das nicht typisch? Andere hat er gerettet, sich selbst kann er nicht helfen. Er ist der König von Israel, sagt er! Laß ihn vom Kreuz herunterkommen, und wir wollen an ihn glauben! Er vertraut doch Gott! Dann soll Gott ihn retten, falls der ihn haben will. Er behauptet, der Sohn Gottes zu sein. Würde Gott seinen Sohn vergessen? Ha!«

David klammerte sich an den Worten fest: »Er behauptet, der Sohn Gottes zu sein.« *Hatte Jesus das wirklich gesagt?* Irgendwo hatte er es jedenfalls gehört. Der Sohn Gottes? Und er starb hier? Selbst Barabbas mit seinen großartigen Ideen hatte niemals behauptet, der Sohn Gottes zu sein.

Langsam drehte er seinen Kopf, um Jesus wieder anzusehen. Die Bewegung vertiefte die schrecklichen Schmerzen. Blut strömte über seinen Körper, und der Druck auf die Füße ließ die schreckliche Wunde immer tiefer aufreißen. Dieses Mal sah Jesus ihm direkt in die Augen. Was war es nur, das sein Gesicht so einladend erscheinen ließ? Niemals zuvor hatte David diese Verbindung von Unschuld und Weisheit gesehen. Gewöhnlich wurden Menschen durch schlimme Erfahrungen weise – und blieben deshalb kaum unschuldig, oder aber Unschuld verband sich mit Torheit. David wandte seinen Blick ab; er konnte diesen guten Mann nicht länger anblicken.

Dieses Gesicht brachte Dinge hervor, an die David sich nicht erinnern wollte. Er war wieder ein Kind, das mit den Kindern seines Herrn spielte, ihnen fast gleichgestellt. Bis zu dem Tag, als sein bester Freund, Servius, seines Herrn ältester Sohn, von ihm getrennt wurde. Ein Lehrer sollte Servius unterrichten, aber Sklaven brauchten ja keine Bildung. Zorn, Bitterkeit und Haß waren in David aufgestiegen, als er seinen Freund verlor und sich als Sklaven behandelt sah. Als Servius dies später wiedergutmachen wollte, lehnte es David ab, als Freund mit ihm zu reden. Von da an befleißigte er sich der vorsichtigen, distanziert höflichen Rede und der zornigen Grundeinstellung des Sklaven. An jenem Tage war auch seine Sehnsucht nach Freiheit geboren worden.

Stolz erfüllte ihn im Gedanken an diesen Tag – er sah in ihm den Beginn seines Mannesalters. Als er aber jetzt in das ruhige, liebevolle Gesicht neben sich blickte, erschien alle Bitterkeit plötzlich häßlich. An jenem Jahre zurückliegenden Tag war Servius sein Herr geworden, und dafür hatte er ihn gehaßt. Servius hatte schreiben gelernt und er, David, hatte gelernt zu hassen – sogar seinen besten Freund.

Es gibt so vieles in meinem Leben, worüber ich mich schäme, dachte er und wies diesen Gedanken dann sofort wieder von sich. *Nein! Nein! Ich habe nichts Böses getan, es sei denn falsch, ein freier Mann sein zu wollen. Den Tod habe ich nicht verdient.*

Trotz größter Schmerzen wandte er seinen Kopf wieder zu Jesus hin. *Er behauptet, der Sohn Gottes zu sein. Warum antwortet er den Spöttern jetzt nicht? Warum verflucht er sie nicht? Warum läßt er seine Flüche nicht in ihren Gewissen brennen – falls sie überhaupt welche haben? Fluch denen, die euch verfluchen.* Aber in dem Gesicht neben ihm spiegelte sich kein Zorn und Haß. Seine Lippen bewegten sich. David konnte ihn verstehen – er bat Gott, seinen Peinigern zu vergeben!

Plötzlich fühlte sich David schuldig, unsauber, nackt. *Ich schäme mich über mein Leben, den Haß in mir,* dachte er. Nicht, weil er hier zerschlagen, entblößt und für alle sichtbar verdammt am Kreuz hing, sondern weil er sich vor einer Macht bloßgestellt sah, die stärker war als alle, die ihn umbringen konnten. Was jetzt in seiner Seele brannte, übertraf noch das verzehrende Feuer seiner körperlichen Schmerzen.

Die Soldaten hatten nun das Hohngelächter der Priester aufgegriffen. Gelangweilt von der Routine ihres Dienstes amüsierte sie der Gedanke an einen jüdischen König. Einer von ihnen verbeugte sich wiederholt vor dem mittleren Kreuz: »Wenn du der König bist, dann rette dich selbst.«

»Und rette uns!« Dieser zornige, verzweifelte Schrei kam nicht von den trägen, spottenden Soldaten. Es war Jakobs Stimme. »Bist du nicht der Christus? Rette dich selbst und uns.«

Die Soldaten hatten Jakob erbarmungslos ausgepeitscht; sie hatten ihm gegeben, was er wollte. Jetzt hing er dort, dem Tode näher als die anderen beiden. Aber Zorn stirbt zuletzt. Wenn Jesus seine Peiniger nicht verfluchen wollte, dann würde er es tun. Jetzt richtete er seinen Zorn auf einen, der ebenso hilflos dahing wie er.

Jakobs Haß berührte David schmerzlich. Dieser Mann mit dem stillen Gesicht war unschuldig. Wie konnte sich Jakob, wie konnte er selbst sich mit diesem Jesus nur vergleichen? Sie waren schuldig. Dieser Mann ... dann brach es mit erstickender Stimme aus David hervor: »Fürchtest du dich nicht vor Gott? Du stehst doch unter dem gleichen Urteil! Du und ich, wir verdienen unsere Strafe. Wir verdienen den Tod. Aber dieser Mann hat nichts Falsches getan.« Die Worte hingen in der Luft. Das Sprechen vertiefte die schrecklichen Schmerzen noch. Aber Jakobs beißender Spott hatte den letzten Widerstand in Davids Seele überwunden. *Dieser Mann muß wirklich der König sein, wie er sagt.* Und obwohl er kaum Kraft zum Atmen hatte, flüsterten Davids Lippen, was sein Herz schrie: »Jesus, denke an mich... denke an mich, wenn du in dein Königreich kommst.«

Und als hätte er auf diese flehentliche Bitte gewartet, antwortete Jesus: »Ich sage dir die Wahrheit: Heute noch wirst du mit mir im Paradiese sein.«

Ich sterbe, dachte David, als es plötzlich dunkel wurde. Doch dann begriff er, daß die Dunkelheit nichts mit seinem Augenlicht zu tun hatte. Der Himmel wurde immer dunkler, als sei die Luft mit einem dicken, schweren Staub durchdrungen. Die Sonne verschwand. Die Menge wurde eigentümlich still – sogar die Soldaten.

Es kostete Kraft, diesen Tod zu erleiden, kaum konnte er atmen. Schmerzen rissen in krampfigen Wogen an Davids Wunden. Aber auch jetzt, als sogar die Atmosphäre den Alptraum der Schmerzen widerspiegelte, dachte er über die letzten Worte nach, die er an Jesus gerichtet hatte, und über das erhaltene Versprechen. Er hatte es einfach herausschreien müssen in der Zuversicht, daß Jesus ihn irgendwie retten könne.

Aber wie sollte Jesus ihn retten? Offensichtlich starb auch Jesus. Er konnte dem Kreuz nicht entkommen. Und doch hatte er versichert: »Heute noch wirst du mit mir im Paradiese sein.« *Sein Königreich muß von einer anderen Welt sein,* einer Welt, auf die David schon lange nicht mehr zu hoffen wagte. Und wenn das stimmte, wie konnte er dann diesem König dienen? Vor ihm lag nichts als der Tod.

Die Dunkelheit nahm zu, die Umrisse der Menschen verschwammen ins Schattenhafte. Jesus wand sich in letzten Todeszuckungen. Er schrie nicht, sondern sprach einige Worte zu einer Frau, die weinend unter ihm stand, und dem Mann, an dem sie sich festhielt – scheinbar einer seiner Nachfolger. Die Worte, die dann aus ihm hervorbrachen, konnte David nicht verstehen. Die Soldaten rannten, um einen Schwamm an seine Lippen zu führen. Dann noch ein lauter Schrei: »Vater, in deine Hände befehle ich meinen Geist!« Damit sackte sein Körper gegen die Kreuzesbalken. Die Dunkelheit wurde noch schwärzer . . . die Erde bebte . . . die Menge floh . . .

David war allein. Völlig allein. Jesus war tot. Alles, was ihm in diesem endlosen Tod blieb, war die Verheißung, daß er an denselben Ort gehen würde, zu dem Jesus vorausgegangen war. Jetzt aber wußte er, wie er sterben konnte. Er hatte die letzten Worte Jesu gehört.

Stimmen drangen zu ihm durch – die Soldaten redeten. Die Priester wollten die Körper bei Sonnenuntergang abnehmen. Sie forderten die Soldaten auf, die Beine der Männer zu brechen und damit den sofortigen Tod herbeizuführen. David hörte das grausame Gespräch und dachte wieder daran, wie tierisch Menschen zueinander sein können. Dann aber kam ein neuer Gedanke: *An ihrer Stelle würde ich genauso handeln.* Er konnte sich nur eine einzige Person vorstellen, die nicht so brutal handeln würde – und das war der Sohn Gottes.

Ganz verschwommen nahm David wahr, wie ein Soldat mit einer großen eisernen Axt zu Jakobs Kreuz hinüberging. Mit einem fürchterlichen Schlag der Breitseite traf er das Schienbein des Mannes. Jakob schrie nicht, krümmte sich nur wie eine sterbende Kreatur. Die Axt traf das andere Bein.

Der Soldat betrachtete scheinbar zufrieden sein Werk und wandte sich David zu.

David sah dem Soldaten unter ihm voll ins Gesicht. Als die Axt durch die Luft sauste, schloß er seine Augen und flüsterte: »Jesus, in deine Hände befehle ich meinen Geist.«

12. Wir waren dabei

Golgatha – welch fürchterliche Szene im entscheidenden Akt des Erlösungsdramas. Golgatha – von dem aramäischen Wort »Schädel« und einem hebräischen Wort, das »schädelförmiger Hügel« andeutet – trug seinen Namen im Blick auf die blutigen Vorkommnisse dort zu Recht. Der felsige Hügel war als Hinrichtungsstätte ausgewählt worden, weil er neben der belebten Handelsstraße außerhalb der Mauern von Jerusalem lag. So konnten die vorbeiziehenden Menschen das schreckliche Schauspiel der Kreuzigung sehen, denn die Behörden glaubten (wie viele auch heute fälschlich annehmen), öffentliche Gewalt könne persönliche Gewalt eindämmen.

Eine riesige Komparserie aus allen Gesellschaftsschichten bildete den Hintergrund für das Geschehen an jenem Tag, das zur Achse der Weltgeschichte wurde. Die Zuschauer, die Spötter, die Soldaten, die Trauernden. Aber das eigentliche Drama von Golgatha spielte sich an den Kreuzen selbst ab.

»Bist du nicht der Christus? Rette dich selbst und uns«, rief der eine, den ich Jakob nannte, zornig bis zum Ende. Vielleicht hatte er es sogar geglaubt, daß die zerschlagene Gestalt neben ihm der Sohn Gottes war. Na und? Wenn er sich nicht einmal selbst retten konnte, wie sollte er dann einem anderen helfen?

Den anderen Dieb, David in meiner Schilderung, überführte der Heilige Geist von seiner selbstverschuldeten Situation. Wie Boris Kornfeld verstand auch David, daß ungeachtet unserer Taten oder der Umstände »keine Strafe uns in diesem Leben auf Erden erreicht, die unverdient ist«.

Und hier liegt der entscheidende Unterschied zwischen den beiden Dieben. Der hat nichts zu tun mit ihren Verbrechen, ihren moralischen Werten, ihrer relativ guten oder schlechten Lebensführung. Tatsächlich unterstreicht die Heilige Schrift die Irrelevanz solcher Kriterien durch die auffallende Weglassung von Einzelheiten aus ihrem Leben. Der Unterschied lag darin, daß David seine eigene Sünde erkannte. Seine Antwort an Jakob: »Wir empfangen, was unsere Taten verdienen; dieser aber hat nichts Unrechtes getan«[1], ist eins der klarsten Beispiele von Buße in der gesamten Schrift. Und seine Worte: »Denke an mich«

bilden das klassische Glaubensbekenntnis. Mit solcher Einfachheit und Kraft tat dieser Mann Buße und glaubte und starb im Vertrauen auf Christus.

Wie absurd müssen Davids Worte »Wir bekommen, was wir verdient haben« in den Ohren Jakobs geklungen haben. Verdienen? Den Tod verdienen? Für Taten, die praktisch jeder auf die eine oder andere Weise getan hatte? Er war nicht schlimmer oder besser als die anderen alle, einschließlich der blutgierigen Beobachter seines Todes.

Diese Szene erinnert mich an den unvergeßlichen, alten Negro Spiritual »Warst du da, als sie kreuzigten den Herrn?« Diesen Kehrvers habe ich immer so verstanden, daß wir alle dort waren – wir tragen alle Schuld an der Kreuzigung Jesu, denn unsere gefallene Art und Erlösungsbedürftigkeit führten zu seinem Tode. Aber als ich dann die Kreuzigungsszene selbst und die Antworten der beiden Diebe näher betrachtete, durchlief auch mich dieses »Zittern«, von dem der Spiritual singt. Denn diese beiden Männer, die neben meinem Heiland starben, stehen für die gesamte Menschheit. Entweder erkennen wir unsere Sündhaftigkeit, unser Todesurteil, das verdientermaßen über uns hängt und uns zu Buße und Glauben führt – oder wir fluchen Gott und sterben.

Aber Jakob liefert noch eine weitere Illustration der Sünde in uns. Denn wenn es noch etwas Schlimmeres als unsere Sünde gibt, dann ist es unsere unendliche Fähigkeit, sie wegzurationalisieren. Davor warnt die Bibel ernstlich. Zur Zeit des geteilten Reiches wurde Ahab König von Israel, ein Mann, der in der langen Linie von Königen als der korrupteste bezeichnet wird. Und er »betrachtete es als Kleinigkeit, die Sünden seiner Vorgänger zu begehen«.[2] Dieser Mann, der Gottes Zorn mehr erregte als alle anderen bösen Könige, betrachtete seine Sünden als Kleinigkeiten.

Darin blieb Ahab nicht allein. Die menschliche Fähigkeit, Sünde zu trivialisieren, ist so ausgeprägt, daß allein der Heilige Geist unsere Augen öffnen kann. Johannes und andere Schreiber der Heiligen Schrift weisen darauf hin, daß der Geist unser sündhaftes Wesen aufdecken muß.[3] Dies wurde mir auch bei meiner eigenen Bekehrung deutlich.

Ich wußte nicht, was mich veranlaßte, an jenem Augustabend im Jahre 1973 meinen alten Freund Tom Phillips zu besuchen. Von dem, was er mir über seine Bekehrung zu Christus erzählt hatte, und von seinem Verhalten war ich tief beeindruckt. Ich wünschte mir das, was er hatte. So suchte ich wohl geistliche Antworten, aber nicht, um meiner Sünde zu entfliehen. Trotz der täglichen Angriffe wegen der Watergate-Affäre hielt ich mich nicht für einen besonders schlechten Menschen. Was ich getan hatte, unterschied sich ja nicht so sehr von dem, was alle anderen auch taten. Recht und Unrecht unterlagen schließlich nicht absoluten Maßstäben, sondern mußten in Relation zu Menschen und Situationen gesehen werden. In der Politik wurde oft trickreich gespielt; das gehörte dazu.

Aber als ich an jenem Abend meinen Freund verließ und allein in meinem Auto saß, standen durch die Überführung durch den Heiligen Geist meine eigenen Sünden – nicht allein Watergate, sondern das Böse zutiefst in mir – mächtig und schmerzlich vor meinen Augen. Zum ersten Mal in meinem Leben fühlte ich mich unrein. Und doch konnte ich mich nicht abwenden. Ich fühlte mich hilflos wie der Räuber am Kreuz, und was ich in mir entdeckte, war so häßlich, daß ich nur zu Gott um Hilfe schreien konnte.

Ohne die Überführung durch den Heiligen Geist und die notwendig nachfolgende Buße gibt es keinen Ausweg aus unserer verfahrenen Lage. Wir können alles in unserem Leben verändern – Arbeitsplatz, Wohnung, Auto, selbst Ehepartner –, aber unser eigenes sündhaftes Wesen können wir nicht verändern.

Randy Nabors ist einer der Seminarlehrer unserer Gefangenenmission. Ein Ereignis in seinem Leben verdeutlicht diese Wahrheit.

Randy hielt ein Seminar in einer völlig überbelegten Strafanstalt im Süden. Weit in der Provinz gelegen, verfügte das Gefängnis über ein hübsches, viktorianisches Gästehaus für offizielle Besucher, die über Nacht blieben. Spätabends, Randy befaßte sich gerade mit dem Unterricht des nächsten Tages, klopfte ein vom Staat angestellter Psychiater, der zu einem Routinebesuch erschienen war, an seine Tür.

Der frustrierte Arzt erzählte von den Fällen des Tages. »Ich sage Ihnen, Herr Pfarrer, jemandes Verrücktheit kann ich kurieren, aber gegen das Böse in ihm komme ich nicht an«, seufzte er, nachdem er eine besonders schwierige Begegnung geschildert hatte. »Die Psychiatrie kann, in rechter Weise angewandt, einen schizophrenen Bankräuber in einen geistig gesunden Bankräuber verwandeln; ein guter Lehrer kann aus einem analphabetischen Verbrecher einen gebildeten Verbrecher machen. Aber sie bleiben Bankräuber und Verbrecher!«

Der Arzt schien verzweifelt. Der schwüle Juliabend bedrückte ihn zusätzlich. Er rückte seinen Stuhl nahe zu Randy, wischte sich die Stirn mit einem bereits triefenden Taschentuch und durchlebte noch einmal die Begegnung mit einem Mann, der unter Drogeneinfluß sein eigenes Kind ermordet hatte.

»Er sagt mir, er sei deprimiert«, der Arzt schrie es fast. »Natürlich ist er deprimiert! Wer wäre es nicht? Aber wenn ich das getan hätte, dann würde ich hoffentlich den Mut aufbringen, das einzig Ehrenhafte zu tun, mich selbst zu töten.« Schnell hob er seine Hand auf und fügte hinzu: »Moment, Moment. Natürlich habe ich das meinem Patienten nicht gesagt.« Dann lehnte er sich seufzend in seinen Stuhl zurück.

Als Randy an jenem Abend dem Arzt von seinem Glauben erzählte, gab der Mann zu, daß es eine Antwort auf das Dilemma des Bösen im Menschen geben müsse, denn er habe unter den christlichen Insassen totale Lebensveränderung erlebt. Aber, fügte er traurig hinzu, er selbst habe das nicht erfahren.

Überarbeitete und frustrierte Gefängnispsychiater sind nicht die einzigen, die an der menschlichen Situation verzweifeln. Jahre nach seiner persönlichen Begegnung mit Christus stellte der Apostel Paulus die ewig gültige Frage: »Ich elender Mensch! Wer wird mich erlösen von diesem todverfallenen Leibe?«[4] Er hatte erkannt, daß Moralregeln ihn nicht befreien konnten; widersprüchlicherweise verschlimmerten sie seine Lage durch innere Anklage. »Ich wußte nichts von der Begierde, wenn das Gesetz nicht gesagt hätte: ›Du sollst nicht begehren!‹ Die Sünde aber nahm das Gebot zum Anlaß und erregte in mir Begierden aller Art.«[5]

Welch verzweifelter Zustand! Gefangen in und von unserer eigenen Sünde! Aber es gibt einen Ausweg aus diesem furchtbaren Dilemma. Paulus beschreibt ihn im folgenden Kapitel seines Römerbriefes: »So gibt es nun keine Verdammnis für die, die in Christus Jesus sind ... Denn was dem Gesetz unmöglich war, weil es durch das Fleisch geschwächt war, das tat Gott: er sandte seinen Sohn ... und verdammte die Sünde im Fleisch.«[6] Das geschah an jenem Tag auf Golgatha vor beinahe 2000 Jahren.

Wie berührt dies nun unser Thema »Gott lieben«? Nun, wenn wir die Realität unserer Sünde erkennen, wenn wir gleichsam in das lodernde Höllenfeuer hineinsehen und dann Buße tun, glauben und aus der Tragödie herausgerettet werden, ist unser ganzes Sein mit einer unaussprechlichen Dankbarkeit Gott gegenüber erfüllt, der seinen Sohn für uns ans Kreuz schickte.

Wir müssen der Dankbarkeit Ausdruck geben. Aber wie? Einfach ausgedrückt: Indem wir nach Gottes Weisungen leben. Durch Gehorsam. Das meint die Heilige Schrift mit Heiligung – Gläubige sind zu einem geheiligten Leben gerufen. Darum ist Heiligung die einzig mögliche Antwort auf Gottes Gnade. Geheiligt leben heißt Gott lieben, den Frieden Gottes leben.

Aber schon bald nach meiner Bekehrung begriff ich – wie alle, die sich um ein geheiligtes Leben bemühen –, daß Heiligung die größte Herausforderung überhaupt bedeutet.

Sehnsucht nach Heiligung

Unser Fortschritt in der Heiligung hängt von Gott und uns selbst ab – von Gottes Gnade und unserem Willen zur Heiligung.

MUTTER TERESA

13. Seid heilig, denn ich bin heilig

Der Stadtteil Anacostia von Washington, D. C. überblickt von einem Steilufer die Hauptstadt. Nur durch den Fluß vom imposanten Kapitol getrennt, könnte Anacostia – ein Getto des Hungers, der Verbrechen, Drogen und Hoffnungslosigkeit – auch auf einem anderen Kontinent liegen. Keiner von Washingtons Berühmten und Mächtigen, auch nicht die Reporter auf deren Spuren, übertreten die natürliche Trennungslinie.

Ein milder Junimorgen im Jahre 1981 bildete die Ausnahme. Schwarze Limousinen und Aufnahmewagen des Fernsehens fuhren vor der katholischen alten Backsteinkirche mit dem Namen »Zur Himmelfahrt« im Herzen von Anacostia auf.

Nachdem sich Kameras und Reporter postiert hatten, erschien eine kleine Gruppe von Nonnen und Priestern, die sich um eine zierliche Frau in einem weißen Sari aus Musselin drängten. Die kleine Gestalt stieg mit ungewöhnlicher Anmut die Stufen zur Kirche hinauf, winkte einer Gruppe von Kindern zu und eilte an den wartenden Reportern vorbei durch die Tür.

Diese Berühmtheit hatte die Bedeutung ihrer eigenen Ankunft heruntergespielt. In einer Stadt, wo Pomp und Protokoll eine so große Rolle spielen, verblüffte das. Es handelte sich um eine 70jährige albanische Nonne namens Teresa Bojaxhiu – besser bekannt als Mutter Teresa. Als weltberühmte Friedensnobelpreisträgerin hätte sie eine offizielle Begrüßung durch wichtige Regierungsbeamte am Flugplatz erwarten, eine Rede vor dem Kongreß oder vor Tausenden in einer der großen Kathedralen der Stadt halten können. Statt dessen besuchte sie so unauffällig wie möglich einen notvollen und vernachlässigten Winkel der Stadt, um einen Außenposten für neun ihrer Schwestern zu eröffnen.

Weil Mutter Teresa sie nicht aufsuchte, kamen die Mächtigen zu ihr. Oberbürgermeister und städtische Beamte folgten der Presse in das einfache Kirchenschiff mit seinen rissigen und fleckigen Wänden. Die Presse, mit ihrem Kult der Unehrerbietung Politikern gegenüber, hielt sich dieser kleinen Frau von den Straßen Kalkuttas gegenüber zurück. Trotzdem mußte sie den Mikrophonen ausweichen, die wie Speere auf sie einstießen.

»Was wollen Sie hier erreichen?« rief jemand.

»Die Freude, zu lieben und geliebt zu werden, den Frieden Gottes zu leben«, lächelte sie, und ihre Augen funkelten im Scheinwerferlicht.

»Das kostet sicher sehr viel Geld?« hakte ein weiterer Reporter mit der scheinbar logischen Frage nach. Alles in Washington kostet Geld; je mehr es kostet, um so wichtiger ist es.

Mutter Teresa schüttelte mit dem Kopf. »Nein, es kostet Opfer.«[1]

Das verwirrte die Presseleute. Jeder, der nach Washington reist, hat grandiose Pläne, was gewöhnlich die Schaffung von Ämtern mit Armeen von Bürokraten beinhaltet. Dazu ist die Stadt da: Tagesordnungen aufzusetzen, Gesetze zu verabschieden, Regierungsstellen zu organisieren – und alles an die Presse auszuposaunen. Aber diese Frau mit ihrem verwitterten, zerfurchten Gesicht redete von »gemeinsam leiden« und »dafür sorgen, daß die Menschen mit Würde leben und sterben«.

Ihrer Botschaft lag kein grandioses Konzept zugrunde: Tu etwas für einen anderen . . . die Kranken, die Unerwünschten, die Behinderten, die mit gebrochenen Herzen, die Alten und Einsamen. Wirklich ungewöhnliche Worte für Washingtons spitzfindige Kommentatoren, die kopfschüttelnd die Konferenz verließen.

Hier wird deutlich: Die Welt versteht nichts vom Ursprung der Kraft einer Mutter Teresa. Ihre Worte mögen naiv klingen, doch Außergewöhnliches geschieht, wo immer sie hingeht. Denn *was* Mutter Teresa tut, ob in Washington oder Kalkutta, nennt die Bibel »reiner und unbefleckter Gottesdienst«.[2] Aber *warum* sie es tut, interessiert uns hier.

Vor einigen Jahren kam ein Bruder des Ordens zu ihr und beschwerte sich über einen Vorgesetzten, dessen Regeln, so dachte er, seinen Dienst behinderten. »Es ist meine Berufung, für Leprakranke zu arbeiten«, erzählte er Mutter Teresa. »Ich möchte mein Leben für die Aussätzigen geben.«

Sie sah ihn einen Augenblick an und lächelte dann. »Bruder«, antwortete sie freundlich, »Ihre Berufung besteht nicht darin, für Aussätzige zu arbeiten, Ihre Berufung ist es, Jesus zu gehören.«[3]

Mutter Teresa hat sich nicht einer Sache verschrieben, so wichtig ihre Arbeit ist. Ihre Liebe gehört vielmehr Gott; sein Leben will sie leben, nicht ihr eigenes. Das ist Heiligung. Das bedeutet vollständige Hingabe des Selbst im Gehorsam gegenüber dem Willen und Dienst Gottes. Oder, wie Mutter Teresa es zusammenfaßt: »Vollständige Annahme des Willens Gottes.«[4]

Vielen Christen mag diese Definition Mutter Teresas verschwommen erscheinen, weil sie von Kindheit an Heiligung mit einer langen Liste von »du sollst« und »du sollst nicht« gleichsetzen. Aber wenn wir Heiligung als das Einhalten von Regeln begreifen, führt das zu ernsthaften Problemen. Einmal begrenzt dies die Weite wahrer biblischer Heiligung, die alle Bereiche unseres Lebens berühren muß. Zweitens führt dies oft dazu, daß wir eher den Regeln als Gott gehorchen, auch wenn diese biblisch fundiert sind; Konzentration auf den Buchstaben des Gesetzes kann zum Verlust seines Geistes führen.[5] Drittens verführt uns die Betonung von Regeln zu der Einstellung, *wir* könnten durch unsere Bemühungen ein geheiligtes Leben führen. Aber außer dem Wirken des Heiligen Geistes gibt es keine Heiligung – er belebt uns durch die Überführung von der Sünde und bringt uns aus Gnaden zu Christus und heiligt uns –, denn es ist Gnade, die das Verlangen nach Heiligung in uns weckt. Schließlich können unsere frommen Bemühungen unser Ego aufbauen, als sei das Streben nach Heiligung so etwas wie ein geistlicher Schönheitswettbewerb. Solche ichbezogene Spiritualität führt wiederum zur Selbstgerechtigkeit – dem genauen Gegenteil selbstloser, wahrer Heiligung.

Nein, Heiligung ist viel mehr als ein paar Lebensregeln gegen die Sünde. Heiligung muß als das Gegenteil von Sünde verstanden werden. Nach dem Westminster-Bekenntnis bedeutet Sünde »jeglichen Mangel an Übereinstimmung mit den Gesetzen oder Übertretung des Gesetzes Gottes«. Heiligung bedeutet somit das Gegenteil: »Übereinstimmung mit dem Wesen Gottes und Gehorsam gegenüber dem Willen Gottes.«[6] (Genau das sagte Mutter Teresa dem widerspenstigen Bruder.) Übereinstimmung mit dem Wesen Gottes – Trennung von der Sünde und enge Verbindung mit ihm – ist die tiefste Bedeutung biblischer Heiligung, und sie bildet das grundlegende Bündnis, ein zentrales Thema der ganzen Bibel.

Der erste Ruf zur Heiligung erging bald nachdem Mose Israel aus Ägypten und durch das Rote Meer geführt hatte. Endlich von der ägyptischen Armee gerettet, lagerte diese riesige Menschenmasse – 600000 Männer und ihre Frauen und Kinder – am Fuße des Berges Sinai. Dort rief Gott Mose auf den Berg und unterwies ihn in den Gesetzen, nach denen sein erwähltes Volk fortan leben sollte. Dabei ging es um die allumfassenden Zehn Gebote (die ersten vier fordern bedingungslose, ehrfürchtige Anbetung eines heiligen Gottes) bis zu Einzelheiten wie die Wiedergutmachung bei Viehdiebstahl.[7]

Als das Volk Israel Gottes Bündnis mit den Worten annahm: »Alles, was der Herr gesagt hat, wollen wir tun und darauf hören«,[8] rief Gott Mose wiederum auf die Bergspitze, wo er eine der markantesten Verheißungen der ganzen Bibel gab: »Ich will die Stiftshütte und den Altar heiligen und... will unter den Kindern Israel wohnen.«[9] Welch ein überwältigender Gedanke! Der souveräne Gott des Universums verspricht tatsächlich inmitten seines auserwählten Volkes zu wohnen.

Viele sind versucht, diese Kapitel des zweiten und dritten Buches Mose, die Einzelheiten über den Bau der Stiftshütte und Gottesdienstformen enthalten, zu übergehen. Altäre, Akazienholz und Ellen scheinen ohne gegenwärtige Bedeutung, überlagert vom Versöhnungswerk Christi. Aber hier finden wir ein vollkommenes Beispiel für die Notwenigkeit, das Wort Gottes in seiner Ganzheit zu sehen. Denn die Anweisungen für den Bau des Ortes, wo Gott wohnen und angebetet sein wollte, offenbaren etwas vom Wesen Gottes.

Die Stiftshütte spiegelte etwas wider von einem heiligen Gott, einem abgesonderten Gott, einzigartig, gänzlich unbefleckt von der Sünde der Welt. Darum überrascht es nicht, wenn Gott Reinheitsgebote für diejenigen gab, die dort anbeteten. Das hatte nichts mit überzogener Hygiene zu tun, sondern seine Leute sollten in jeder Hinsicht rein sein, abgesondert – heilig –, wenn sie den Ort zum Gottesdienst betraten, wo er *tatsächlich* wohnte.

Hier sehen wir das Herzstück der Beziehung, die Gott von seinen Leuten erwartet: »Ich bin der Herr, euer Gott. *Darum sollt ihr euch heiligen, ... denn ich bin heilig.«*[10] Um den Neuen Bund zu begreifen, müssen wir zunächst diesen grundlegenden Bund, das Wesen Gottes und seine Erwartungen verstehen. Denn nichts hat sich verändert, weder das Wesen Gottes, noch seine Erwartungen im Blick auf die Heiligung seiner Leute.

Tatsächlich macht die erstaunliche Verheißung Gottes an Mose – mitten unter seinem Volk zu wohnen – ein zentrales Thema der Schrift aus. In dem bekannten Abschnitt des Johannes-Evangeliums: »Das Wort ward Fleisch und *wohnte* unter uns«[11], heißt es nach dem griechischen Wortsinn für *wohnen* eigentlich »ein Zelt aufschlagen«. In Christus kommt nun Gott, um sein Zelt unter seinen Leuten aufzuschlagen. In seiner endgeschichtlichen Sicht führt Johannes dieses Thema zur Vollendung, wenn er schreibt:

»Siehe da, die Hütte Gottes bei den Menschen! Und er wird bei ihnen wohnen, und sie werden sein Volk sein.«[12] Und auch hier bedeutet *»wohnen«* wörtlich übersetzt: »Ein Zelt aufschlagen.«

So finden wir vom zweiten Buch Mose bis zur Offenbarung durchgängig dieses Bild: Ein heiliger Gott »schlägt sein Zelt auf« unter seinen Leuten. Zuerst in der Stiftshütte, dann in Christus und Christus in uns, schließlich in seinem kommenden Reich.

Erlösung bedeutet somit nicht allein Trennung von unserer Vergangenheit und Befreiung von den Bindungen der Sünde; Erlösung bedeutet auch Gemeinschaft mit einem heiligen Gott. Wenn Gott sein Zelt in unserer Mitte aufschlägt, identifiziert er sich mit seinen Leuten durch seine Gegenwart. Die Wirklichkeit eines gegenwärtigen Gottes – persönlich und in unserer Mitte – ist eine außergewöhnliche Zusicherung, eine, die den jüdisch-christlichen Glauben von allen anderen Religionen unterscheidet.

Aber Gott erwartet etwas für seine Gegenwart. Er fordert unsere Identifizierung mit ihm – daß wir heilig sind, weil er heilig ist.

Damit ist Heiligung nicht in unser Belieben gestellt. Gott wird unsere Gleichgültigkeit gegenüber seinem zentralen Gebot nicht tolerieren.* Es ist dies das zentrale Bündnis und Gebot der Schrift, der »Kardinalpunkt, um den sich das ganze Christentum dreht«, wie William Wilberforce schrieb.[13] Dies gilt nicht nur für weltbekannte Christen wie Mutter Teresa, sondern für jeden Gläubigen.

Was bedeutet dies nun für uns in den Bezügen des täglichen Lebens?

* Moses und Aaron durften das Volk Israel nicht ins verheißene Land führen, weil sie an diesem Punkt versagten (4. Mose 20,12). Später versündigte sich eine lange Reihe von Königen gegen die Heiligkeit Gottes, und Israel endete erneut in Gefangenschaft.

14. Heiligung im täglichen Leben

Wenn wir über Heiligung nachdenken, dann verbinden wir damit sofort Männer der Vergangenheit wie Franz von Assisi oder Georg Müller – oder zeitgenössische Glaubenshelden wie Mutter Teresa. Aber Heiligung ist nicht der Privatbereich einer Elite von Märtyrern, Mystikern und Nobelpreisträgern. Heiligung ist das tägliche Geschäft jedes Christenmenschen. Sie erweist sich in unseren Entscheidungen, in dem, was wir Stunde um Stunde, Tag um Tag tun.

Die folgenden Beispiele aus dem Leben von Christen, denen ich in den vergangenen Jahren begegnete, könnten dies verdeutlichen.

Es war an einem stillen Dezemberabend auf Station C 43 der Krebsabteilung im Klinikum der Georgetown-Universität. Viele der Zimmer um die zentrale Schwesternstation waren dunkel und leer, aber in Zimmer 11 lag ein schwerkranker Mann.

Es handelte sich um Jack Swigert, den Piloten des Mondfluges Apollo 13 im Jahre 1970, jetzt designierter Kongreßabgeordneter vom 6. Kongreßdistrikt in Colorado. Der große Gleichmacher Krebs lief nun seine tödlichen Angriffe gegen seinen Körper.

Neben dem Sterbenden saß ein hochgewachsener, stiller Besucher an einem Platz, den er fast jede Nacht seit Swigerts Einlieferung eingenommen hatte. Obwohl Bill Armstrong, Senator aus Colorado und Vorsitzender der Sozialausschüsse, als einer der beschäftigtsten und mächtigsten Männer Washingtons galt, besuchte er dieses Krankenzimmer Nacht um Nacht nicht als wichtiger Politiker. Er kam als engagierter Christ und Jack Swigerts Freund, um eine Verantwortung zu erfüllen, die er nicht delegieren konnte – wie sehr er auch Krankenhäuser verabscheute.

In dieser Nacht lehnte sich Bill über das Bett und sprach mit ruhiger Stimme zu seinem Freund. »Jack, es wird alles gut werden. Gott liebt dich. Ich liebe dich. Du bist von Freunden umgeben, die für dich beten. Es wird alles gut werden.« Als Antwort war lediglich Jacks gequälter und unregelmäßiger Atem zu hören.

Bill zog seinen Stuhl näher heran und öffnete seine Bibel. Psalm 23 las er mit fester Stimme. »Der Herr ist mein Hirte, mir wird nichts mangeln ...«

Die Zeit verging. Er las Psalm 150 und fühlte ein Prickeln auf seiner Haut. Jacks keuchende Atemzüge hatten aufgehört. Er beugte sich über das Bett und rief dann um Hilfe. Als Bill die Krankenschwester beobachtete, wurde ihm klar, daß er nichts mehr tun konnte. Sein Freund war tot.

Politiker sind beschäftigte Leute, besonders Ausschußvorsitzende im Senat. Trotzdem kam Bill Armstrong nie auf den Gedanken, daß er für die Besuche im Krankenhaus zu beschäftigt sei. Nichts Dramatisches oder Heroisches in dieser Entscheidung – ein Freund tut, was er tun kann.

Heiligung heißt: Gott gehorchen – den Nächsten zu lieben, wie er uns geliebt hat.

Als Orv Krieger, Immobilienmakler, spezialisiert auf Hotels, mit einem freundlichen Midwest-Grinsen telefonisch ein Objekt in Spokane, Washington, angeboten bekam, erfaßte ihn Begeisterung. Er kannte das 140-Betten Holiday Inn – nur Minuten vom Flughafen entfernt auf einem über 5 Hektar großen kiefernbewachsenen Hügel oberhalb der Stadt – ein Traumobjekt, trotz des Multimillionen-Dollar-Preisschildes. Darum bot Orv es nicht anderen Interessenten an, sondern entschloß sich selbst zum Kauf.

Da gab es nur ein Problem. Das große Geld wurde im Restaurant gemacht. Kein Wunder, die Bar alleine warf einen Gewinn von 10000 Dollar im Monat ab. Aber Orv wollte die Bar nicht weiterführen. Zwar wollte er anderen seine Überzeugung nicht aufdrängen, aber als Christ entschied er sich, kein Geschäft zu führen, das durch Alkoholverkäufe getragen wurde.

Der Manager argumentierte, die Gäste würden abwandern, wenn sie keinen Drink bekämen. Außerdem belegten seine überzeugenden Statistiken, daß das Hotel ohne Bar nicht über Wasser gehalten werden konnte. Orv hörte höflich zu – und schloß die Bar. Er mußte seiner Überzeugung folgen. Der Manager kündigte prompt.

Orv führte seine Pläne aus. Er renovierte die Lobby und ersetzte die Bar durch ein gemütliches Café mit viel Grün. In seinen ersten fünf Geschäftsjahren steigerten sich die Restauranteinnahmen um zwanzig Prozent, die Buchungen für Zimmer um dreißig Prozent. Trotzdem sind die Profite nicht so, wie sie sein könnten. Mit der Bar wäre das Hotel eine regelrechte Geldmaschine.

»Aber«, sagte Orv mit seinem breiten Grinsen, »Überzeugungen sind nicht viel wert, wenn man sich nicht nach ihnen richtet.«

Heiligung heißt: Gott gehorchen – auch wenn es gegen unsere eigenen Interessen geht.

Wenn sie wochentags, pünktlich um zwölf, am Gefängnistor erscheint, winken die Beamten sie durch. Die Beamten fragen sie nach ihren Kindern und der Arbeit im Büro. Schließlich gehört Joyce Page zur Familie; seit 1979 hat sie praktisch jede ihrer Mittagsstunden im Bezirksgefängnis St. Louis verbracht.

Zuerst ging Joyce mit ihrem Vorgesetzten, einem Christen, der sich um die Gefangenen kümmerte, zur Strafanstalt. Als der dann versetzt wurde, setzte Joyce die Tradition alleine fort. Sie verließ ihr Büro mit einem Erdnußbutterbrot, während die anderen Sekretärinnen in Gruppen zur Cafeteria eilten.

Jeden Tag trifft sich Joyce mit einer anderen Gruppe von Insassen, Männern in Isolationshaft und im Hochsicherheitstrakt, bis hin zu kleinen Frauengruppen. »Was wir tun, liegt ganz bei den Gefangenen«, sagt sie. »Manchmal feiern wir einen kleinen Gottesdienst oder reden von unseren Erfahrungen und singen miteinander. Manchmal gibt es vertiefende Bibelstudien und Diskussionen. Was gerade nötig ist.«

Wenn sie um 13.00 Uhr an ihren Schreibtisch zurückkehrt, stöhnt eine ihrer Kolleginnen gewöhnlich über das zu reichliche Essen und denkt laut über eine nötige Diät nach. Joyce lacht in sich hinein. Sie weiß genau, wie morgen ihr Mittagessen aussehen wird – ein Erdnußbutterbrot am Steuer ihres Wagens auf dem Weg zum Gefängnis.

Für viele wäre die Begegnung mit einer Gefangenengruppe mitten in einem hektischen Tagesablauf völlig undenkbar. Joyce sieht das in ihrer praktischen Art ganz anders: »Für mich ist es eine wirkliche Gebetserhörung«, sagt sie. »Sehen Sie, *nach* der Arbeit habe ich nämlich keine Zeit – ich habe sechs Kinder, die ich allein großziehen muß.«

Heiligung heißt: Gott gehorchen – seine Liebe austeilen, auch wenn es ungelegen kommt.

Niemand, der bei klarem Verstand ist, würde in dem Dörfchen Duvalierville auf der Insel Haiti eine Fabrik errichten – besonders wenn er in Nord-Carolina lebt. Aber die Geschäftsleute im Ruhestand Kenneth Hooker and Donald Adcox taten genau das.

Es begann Mitte der 1970er Jahre, als Donald Adcox von einem Pastor auf Haiti um Hilfe gebeten wurde. In einem Zeitschriftenartikel über christliche Unternehmer hatte der Pastor Adcox' Namen entdeckt. Daraufhin besuchten Donald und verschiedene andere christliche Unternehmer Haiti und waren von den Zuständen überwältigt. Die Dörfer bestanden aus primitivsten Hütten, Unterernährung war an der Tagesordnung, Krankheiten griffen um sich und medizinische Versorgung fand kaum statt.

Don sicherte sich die Mitarbeit seines langjährigen Partners Ken Hooker und einiger anderer Geschäftsleute. Regierungsamtliche Hilfe, so entdeckten sie bald, war ein langsamer und mühseliger Prozeß und erreichte möglicherweise nie die eigentliche Zielgruppe. Sie begriffen auch, daß die Menschen auf Haiti eine Chance mehr herbeisehnten als Wohlfahrt. So taten sie sich mit dem Pastor von Duvalierville zusammen und gingen an die Arbeit.

Gemeinsam mit den beiden gläubigen Geschäftsleuten Robert Vickery und Don Crace kauften Ken und Don eine kleine Teppichfabrik in Pennsylvania und verfrachteten Maschinen und Materialien nach Haiti, um die Fabrik dort zu errichten. Zwei junge Führungskräfte, von der Gemeinde in Haiti ausgewählt, wurden sodann zur Schulung nach Nord-Carolina eingeladen.

Heute bildet dieses Unternehmen den Mittelpunkt eines blühenden Gemeinwesens von tausend Menschen. Die Gemeinde zählt 600 Mitglieder, und die Schule der Gemeinde unterrichtet 700 Kinder. Don, Ken und andere halfen den Haitianern, auf dem Grundstück der Fabrik eine Klinik und ein Gästehaus zu errichten. Gegenwärtig verpflichten sie gläubige Ärzte und Zahnärzte aus den Vereinigten Staaten zur freiwilligen Mitarbeit.

Die auf Hochtouren arbeitende Fabrik ist eine greifbare Ermutigung, der Stolz der Dorfbewohner wächst aus ihrer eigenen Beteiligung, denn die Fabrik gehört tatsächlich ihnen. Don, Ken und die anderen Geschäftsleute, die zunächst stille Teilhaber wurden, übereigneten vor einigen Jahren das Unternehmen der Gemeinde.

Die Errichtung der Fabrik auf Haiti brachte auch Hoffnung an einen anderen ungewöhnlichen Ort – das Gefängnis in Nord-

Carolina. Als Don und Ken einen Prototyp für die Fabrik errichten wollten, um Erfahrungen zu sammeln, brauchten sie einige Leute. Ken arbeitete seit Jahren in unserer Gefangenenmission mit, und so stellten er und Don Gefangene mit einer Außenarbeitserlaubnis ein, um die Maschinen zu bedienen. Tatsächlich wurden verschiedene Häftlinge früher entlassen, weil sie einen Arbeitsplatz nachweisen konnten. Die Fabrik ist nicht groß, beschäftigt nur jeweils 3 oder 4 Leute, aber eine andere Fabrik in der Nachbarschaft folgte ihrem Beispiel und stellte Arbeitsplätze für Gefangene und entlassene Häftlinge zur Verfügung.

Heute sind Ken Hooker und Don Adcox emsig dabei, andere Möglichkeiten auszubrüten, um die Arbeit auf Haiti auszudehnen und mit anderen Christen in anderen Projekten zusammenzuarbeiten. Sie befinden sich immer noch im Ruhestand, doch die letzten fünf Jahre waren ihre betriebsamsten.

»Wir versuchen, Menschen und vorhandene Möglichkeiten zusammenzubringen«, meint Ken. »Wir tun nur, was wir können«, fügt Donald hinzu.

Heiligung heißt: Gott gehorchen – Wege finden, um Bedürftigen zu helfen.

Heldentum ist eine außergewöhnliche Leistung des Fleisches; Heiligung ist ein außergewöhnliches Handeln des Geistes. Das eine mag persönliche Ehre mit sich bringen; das andere gibt *immer* Gott die Ehre.

Diese Beispiele können als praktische Illustrationen hilfreich sein, aber den Maßstab für Heiligung bildet die Heilige Schrift. Dort zeigt Gott, was er mit geheiligtem Leben meint, mit dem Prozeß der Heiligung, wie es Theologen auch nennen.

Die Zehn Gebote, von denen alle anderen Gebote abgeleitet werden, bilden den Anfang. Sie sind heute so aktuell wie damals, als Gott sie für Mose auf steinerne Tafeln schrieb. Ausgelebte Heiligung sehen wir im Leben Jesu; seine Selbstverleugnung, sein bedingungsloser Gehorsam gegenüber dem Willen des Vaters und die Fülle des Heiligen Geistes in seinem täglichen Leben machen Jesus zum bleibenden Beispiel.

Schließlich gibt uns Paulus Richtlinien an die Hand. Betrachten wir nur einige seiner klaren Weisungen:

> Legt die Lüge ab und redet die Wahrheit.
> Laßt die Sonne nicht über eurem Zorn untergehen.

Wer gestohlen hat, der stehle nicht mehr, sondern arbeite.
Laßt kein faules Geschwätz aus eurem Munde gehen.
Legt alle Bitterkeit, Zorn und Heimtücke ab.
Seid freundlich und vergebt einander.
Wandelt in der Liebe.
Seht euch vor, damit ihr nicht der Unmoral, des Geizes oder der Unreinheit angeschuldigt werdet.
Befleißigt euch nicht der törichten oder unreinen Rede.
Habt in keiner Weise mit dem Götzendienst zu schaffen, oder mit denen, die Götzendienst treiben.
Enthaltet euch sexueller Unreinheit und überwindet lustvolle Leidenschaften.
Verführt schwächere Brüder nicht zur Sünde.[1]

In Galater 5 faßt Paulus die Frucht des Geistes zusammen und stellt ihr die entgegengesetzten Sünden des Fleisches gegenüber. Welch eine Checkliste!

Liebe	Unmoral
Freude	Unreinheit
Friede	Ausschweifung
Geduld	Götzendienst
Freundlichkeit	Zauberei
Güte	Feindschaft
Treue	Hader und Zank
Sanftmut	Trunkenheit
Selbstkontrolle	Eifersucht

Der Apostel zeichnet ein drastisches Bild, indem er das Leben aus dem Geist dem sündhaften Wesen des Menschen gegenüberstellt. Dann ermahnt er die Gläubigen: »Laßt uns aber Gutes tun und nicht müde werden. Was der Mensch sät, das wird er ernten.«[2]

Das Bemühen um Heiligung sollte also mit dem Erforschen der Schrift beginnen (die wenigen erwähnten Verse sind nur Beispiele eines reichen Schatzes). Alsdann wenden wir praktisch an, was wir gefunden haben, und suchen Gottes Willen für unser Leben. Der schottische Theologe John Brown hat das im 19. Jahrhundert so formuliert: »Heiligung besteht nicht in mystischer Spekulation, enthusiastischem Eifer oder unbefohlener Strenge; sie bedeutet: denken, wie Gott denkt, und wollen, was Gott will.«[3]

Dieses Denken und Wollen ist ein Prozeß, der Disziplin und

Ausdauer erfordert, ist ein gemeinsames Bemühen: Gottes und unser. Einserseits überführt der Heilige Geist von Sünde und heiligt.[4] Das bedeutet jedoch nicht, sich zurückzulehnen, zu entspannen und Gott das Steuer zu überlassen. Gott erwartet – fordert – unseren Teil. Wie Mutter Teresa sagt: »Unser Fortschritt in der Heiligung hängt von Gott und uns selbst ab – von Gottes Gnade und unserem Willen zur Heiligung.«[5]

Wenn wir diese wechselseitige Verantwortung verstehen, wird uns klar, was sonst für viele Christen eine mühsame Sache bleibt. Paulus verdeutlicht diese Spannung in seinem Brief an die Römer, wo er einerseits schreibt, daß wir der Sünde gestorben sind, um im nächsten Vers zu ermahnen, die Sünde nicht in unseren sterblichen Körpern regieren zu lassen.[6]

Warum sollten wir uns von der Sünde abwenden, die bereits tot ist? Die Antwort auf diesen scheinbaren Widerspruch unterstreicht die gemeinsame Verantwortung für die Heiligung: Wir sind der Sünde gestorben, weil Christus für uns der Sünde starb. Er hat den Endsieg errungen. Aber in unserem täglichen Leben bleibt die Sünde eine ständige Wirklichkeit. Obwohl uns Gott den Willen zur Heiligung schenkt, fordert der tägliche Kampf unseren ganzen Einsatz.

In seinem großartigen Buch *Pursuit of Holiness* (Jagen nach der Heiligung) vergleicht Jerry Bridges dies mit einem Kampf der Völker: Eins besiegt das andere, wie Christus auf Golgatha Satan besiegte. Aber trotz des Sieges schlägt sich die Armee des Verlierers in die Berge und kämpft als Guerillabewegung weiter. Der Kampf gegen die Sünde, sagt er, gleicht dem fortgesetzten Kampf gegen Guerillatruppen.[7]

Ein geheiligtes Leben verlangt die ständige Prüfung unserer Taten und Motive. Dabei müssen wir uns vor der Tendenz hüten, nur auf uns zu sehen, was sehr leicht ist – weil die egozentrischen Werte unserer Kultur auch in die Kirche eindringen. Dieser ichverliebte Wesenszug unserer Zeit ist ein Hauptgrund dafür, daß führende Christen, Lehrer, Schriftsteller und Redner dieses Thema der wahren Heiligung so vernachlässigen. Wir haben, vielleicht unbewußt, eine säkularisierte, egozentrische Botschaft an ihre Stelle gesetzt. Denn wenn wir vom »Sieg« im Christenleben reden, denken wir zu oft an persönlichen Sieg – wie Gott *für uns* Sünde überwinden wird (zumindest die Sünden, von denen wir gerne loskommen wollen: die zehn Pfund Übergewicht, jene irritierende Angewohnheit, vielleicht ein aufbrausendes Temperament). Dies offenbart nicht allein Ichbezogenheit, sondern auch ein falsches Verständnis von Sünde.

Sünde ist nicht einfach die Übervorteilung des Nachbarn, wenn wir ihn betrügen, oder das, was wir unserem Körper durch Mißbrauch antun. Sünde, alle Sünde, ist von der Wurzel her Aufstand gegen Gott, was R. C. Sproul den »kosmischen Verrat« nennt.

Wir müssen begreifen, daß es das Ziel des Gläubigen ist, das zu tun, was Gott gefällt, nicht zu fragen, was er für uns tun kann. Dabei mag es persönliche Siege geben, aber als Ergebnis, nicht als Ziel an sich. Reifes Christenleben – geheiligtes Leben – hat Gott als Mittelpunkt. Das sogenannte »siegreiche Christenleben« ist ichzentrisch. Jerry Bridges drückt das gut aus:

> Es ist an der Zeit für uns Christen, unsere Verantwortung für Heiligung zu erkennen. Zu oft geben wir zu, von dieser oder jener Sünde »besiegt« worden zu sein. Nein, wir wurden nicht besiegt; wir sind einfach ungehorsam. Es mag gut sein, die Ausdrücke »Sieg« und »Niederlage« nicht mehr zu gebrauchen, wenn es um unseren Fortschritt in der Heiligung geht. Wir sollten lieber von »Gehorsam« und »Ungehorsam« reden.[8]

Somit sind wir wieder am Ausgangspunkt angelangt. Das Christenleben beginnt mit Gehorsam, hängt vom Gehorsam ab und mündet in Gehorsam. Dem können wir nicht entgehen. Die Befehle unseres Oberkommandierenden sind eindeutig: »Wer meine Gebote hat und hält sie, der ist's, der mich liebt.«[9]

Gott lieben – ihn wirklich lieben – heißt, seine Weisungen auszuleben ohne Rücksicht auf die Kosten.

Eine junge Frau in einer Vorortgemeinde von Washington hat diese Wahrheit kürzlich illustriert.

Niemand staunte, als Patti Awan beim zwanglosen Beisammensein vor dem Sonntagabend-Gottesdienst aufstand. Die junge Lehrerin, die stille Gelassenheit ausstrahlte, hatte vor einigen Monaten einem gesunden Sohn das Leben geschenkt. Es war Javy und Patti Awans erstes Kind. Die Gemeinde wollte nun gerne vom Fortschritt des Kindes und dem Dank der Eltern hören. Für das, was kam, war sie völlig unvorbereitet.

Patti hielt sich am Rednerpult fest und fing an: »Vor ziemlich genau vier Jahren saß ein junges Mädchen weinend auf dem

Fußboden einer Wohnung in New Jersey, niedergeschmettert vom Ergebnis eines Laborberichtes. Unverheiratet und alleine hatte sie gerade von ihrer Schwangerschaft erfahren.«

Die Gemeinde hielt den Atem an; Pattis tränenerstickte Stimme wies darauf hin, wer dieses junge Mädchen war.

»Ich hielt mich damals für eine Christin«, fuhr sie fort. »Aber ich hatte Christus in der Drogenszene kennengelernt. Danach wollte ich mich ihm ganz ausliefern, konnte mich aber nicht von meinen alten Freunden und Gewohnheiten trennen. So trieb ich zwischen zwei Welten – in der einen rauchte ich täglich Marihuana und schlief mit dem Mann, der in der Wohnung unter mir wohnte; in der anderen ging ich zur Kirche, bekannte meinen Glauben und arbeitete in der Jugendgruppe mit.

Die Schwangerschaft deckte die Heuchelei meines Doppellebens auf. Ich hatte mit Gott in Ordnung kommen wollen, fiel aber immer wieder zurück. Jetzt konnte ich kein nettes, sauberes Christenleben führen, wie all die anderen Leute in der Gemeinde.

Eine Abtreibung schien mir die einzige Möglichkeit zu sein. Niemand in der Gemeinde würde je davon erfahren.

Das Krankenhaus gab mir einen Termin. Ich war entsetzt, aber mein Freund blieb hart. Meine Schwester schimpfte mich aus, weil ich nicht aufgepaßt hatte. Verzweifelt schrieb ich schließlich meinen Eltern. Sie sind strenge Katholiken, und ich wußte, sie würden mir helfen, wenn ich das Baby behalten wollte. Meine Mutter rief mich an: ›Wenn du nicht abtreiben läßt, will ich dich während deiner Schwangerschaft nicht sehen. Du wirst dein Leben ruinieren und hast es auch nicht anders verdient!‹

Ich bin immer sehr von anderen Menschen abhängig gewesen. Aber jetzt mußte ich diese Entscheidung ganz alleine treffen. Ich sah eines Abends aus meinem Schlafzimmerfenster und konnte seit Wochen endlich wieder klar denken. Ich begriff, daß ich entweder dieser Christenlehre glaubte oder nicht. Und wenn ich an Christus glaubte, dann konnte ich das nicht tun. *Gott ist wirklich da,* dachte ich, *auch wenn ich nicht nach seinen Vorstellungen gelebt habe.*

Diese Entscheidung war ein Punkt ohne Wiederkehr. Ich schenkte dem Gott der Liebe mein Vertrauen, nicht dem Gott, den ich mir in meinem Kopf zurechtgemacht hatte. Meine Lage hatte sich dadurch nicht verändert – schwanger, einsam, von der Familie verlassen und zurückgestoßen von dem, den ich geliebt hatte. Und doch empfand ich zum ersten Mal in meinem Leben wirklich Frieden, denn zum ersten Mal hatte ich die Gewißheit, gehorsam zu sein.

Als ich zum Frauenarzt ging und ihm von meiner Entscheidung erzählte, das Kind auszutragen, und warum ich das tun wollte, versprach er mir kostenlose Behandlung und Entbindung. Ich bekannte mein Doppelleben vor der Gemeinde, und mit Hilfe einiger Christen konnte ich meine alten Freunde verlassen und in eine eigene Wohnung ziehen. Ich besuchte ein christliches Beratungszentrum und sah mich so geführt, das Baby zur Adoption freizugeben.

Ich bekam ein wunderschönes Mädchen und nannte es Sarah. Es kam zu einem kinderlosen, gläubigen Ehepaar, und wir alle sahen Gottes Hand in dieser Entscheidung.

Und darum danke ich Gott heute abend. In den Tiefen meiner Verzweiflung dachte ich, mein Leben sei ruiniert, aber ich wußte, daß ich gehorsam sein und die Verantwortung für meine Sünde tragen mußte. Aber heute, eben wegen der Verzweiflung und dem Gehorsam, habe ich, was ich nie zu hoffen wagte: einen gottesfürchtigen Ehemann und jetzt unser gemeinsames Baby. Was noch mehr ist: Ich habe heute, was ich vorher so verzweifelt suchte – Frieden mit Gott.«

Heiligung heißt: Gott gehorchen.

15. *Und* seine Gerechtigkeit

William Wilberforce, Kämpfer gegen den Sklavenhandel im 18. Jahrhundert, schrieb in sein Tagebuch: »Gott, der Allmächtige, hat mir zwei große Ziele vor Augen gestellt: die Unterbindung des Sklavenhandels und die Reformierung der Sitten.« Letzteres hat natürlich nichts mit Tischmanieren zu tun, sondern mit den moralischen Maßstäben bekennender Christen.

Wilberforce glaubte daran, daß geheiligtes Leben – er nannte es »Reformierung der Sitten« – Gerechtigkeit im Lande hervorbringen und die Ungerechtigkeit der Sklaverei beenden würde; umgekehrt würde das Ende der Sklaverei die moralisch-ethische Qualität der Nation erhöhen.

Genau das ist geschehen. Als eine große, geistliche Erweckung über England ging und den Sumpf der Abgötterei hinwegfegte, wurde auch die Sklaverei abgeschafft.[1]

Wenn nur diese Lektion der gegenseitigen Verkettung heute gelernt würde! Kirchengemeinden, besonders evangelikale, erfreuen sich zahlreicher Mitglieder, denen es um persönliche Frömmigkeit, einen moralisch verantwortlichen Lebensstil und »Zeugendienst« geht. Dabei scheint ihnen nur selten der Gedanke zu kommen, diese Maßstäbe auch in die Gesellschaft hineinzutragen. Manchmal scheint die Kirche so gespalten: Fromm und engagiert für die Gerechtigkeit und Sicherheit in den Kirchenbänken und Gebetsgruppen, aber gleichgültig gegenüber der Welt draußen.

Von Anfang an hat Gott seinen Leuten seine Maßstäbe verdeutlicht. Nach seinem Befehl an Mose, daß Israel ein »Königreich von Priestern und ein heiliges Volk« sein sollte[2], beschrieb Gott ausführlich, wie diese Nation geführt werden sollte. 2. Mose 21–23 liefern die Maßstäbe für Gerechtigkeit im persönlichen Leben, Ansprüche bei Zuwiderhandlungen, Recht auf Privatbesitz, Wiedergutmachung sowie die Versorgung der Armen, Waisen, Witwen und Fremdlinge.

Denn Gott macht den Menschen nicht nur für seine persönlichen Sünden, sondern auch für die Sünden der Gesellschaft verantwortlich. Fehlverhalten wie Aggression, Inflation, Ungerechtigkeit, Rassismus und wirtschaftliche Unterdrückung sind in gleicher Weise Manifestationen der Sünde wie persönliche Übertretungen. Das große und unpersönliche Gebilde »Gesellschaft« ist nicht für diese Sünden verantwortlich – wir sind es. Diese Auswüchse betrüben Gott, und er fordert von uns Rechenschaft und Buße.*

Im 3., 4. und 5. Buch Mose werden die Verhaltensweisen für Gottes Leute festgelegt: Buße und Wiedergutmachung für Vergehen gegen Gott und die Gesellschaft; Zufluchtstätten zum Schutz für Mörder; strenge Sicherheitsvorkehrungen im Blick auf die Todesstrafe.**

Gottes Gebot ist klar: »Was recht ist, dem sollst du nachjagen, damit du leben und das Land einnehmen kannst.«[3] Jahrhunderte später, nachdem Saul vom Thron Israels gestoßen war, wählte sich Gott einen Mann »nach seinem Herzen«, den jungen David, damit er als König »seinem ganzen Volk Recht und Gerechtigkeit schaffte.«[4]

Davids Nachfolger wurde sein Sohn Salomo, dessen Weisheit zu einem politischen Klischee (in den USA)*** verkommen ist. Bei jeder Vereidigung, vom Bezirkshundefänger bis zum Präsidenten, betet jemand automatisch um die »Weisheit des Salomo« für den Neugewählten. Leider schauen sich nur wenige die Quelle ihres Zitates an. Täten sie es, wären sie wahrscheinlich alarmiert. Denn als Gott Salomo fragte, welches sein größter Wunsch sei, antwortete der junge Mann: »So wollest du deinem Knecht ein gehorsames Herz geben, damit er dein Volk richten könne und verstehen, was gut und böse ist.«[5] Gott war so erfreut über die Bitte des Salomo – er bat nicht für sich, sondern um Erkenntnis der

* Beispiele der Verantwortung und Buße für gemeinschaftliche Sünden finden sich durchgängig in der Schrift. Mose suchte oft das Angesicht Gottes und tat Buße für die Sünden seines Volkes. Dabei hätte Mose sich ausklammern können; schließlich hatte er dem Volk Gottes Weisungen übermittelt. *Sie* waren die Rebellen. Aber Mose tat Buße für die gemeinschaftliche Sünde seines Volkes. Siehe auch Nehemia 1,6. In der prophetischen Literatur stoßen wir immer wieder auf die Aufforderung Gottes an sein Volk, für die Sünden der Nation Buße zu tun.

** Viele Christen zitieren 1. Mose 9,6 als biblische Begründung für die Todesstrafe, sprechen aber nicht von dem Schutz für die Beschuldigten, den Gott *ebenfalls* fordert – nämlich zwei Augenzeugen und die Forderung, daß sich ein Ankläger an der Hinrichtung beteiligte (5. Mose 17,6–7). In den staatlichen Gesetzen, die heute die Todesstrafe fordern, gibt es keine vergleichbaren Sicherheitsvorkehrungen.

*** Anmerkung des Herausgebers

Gerechtigkeit gegenüber anderen –, daß er ihn mit einer unvergleichlichen Weisheit belohnte.

Nach diesen positiven Anfängen zeigen die Aufzeichnungen jedoch einen schändlichen Verfall auf. König um König fiel in Götzendienst und tat, was in Gottes Augen böse war. Juda wurde von Israel abgespalten, und beide wurden mit abnehmender Gerechtigkeit immer unbedeutender.

Weil den Königen die Gerechtigkeit nicht länger anvertraut werden konnte, erweckte sich Gott andere Diener: die Propheten. Die Linie begann mit Elia und Elisa, über den großen Evangeliumspropheten Jesaja bis hin zu Jeremia und Hesekiel.[6] Jeder wiederholte die gleiche dreifache Botschaft: Verurteilung der ungerechten Könige und des Volkes; Ruf zur Gerechtigkeit und zu einem geheiligten Leben; Verheißung des wunderbaren Eingreifens Gottes in der Geschichte, um die Bösen zu richten und die Gehorsamen zu segnen.

Bedeutsamerweise wird Gerechtigkeit nicht durch die Augen der Mächtigen, sondern aus der Perspektive der Machtlosen gesehen. (Tatsächlich kamen viele der Propheten aus dem »einfachen Volk«.) Die moralische Qualität einer Gesellschaft, so verkündeten die Propheten, wird nicht an dem Leben im Palast, sondern am Leben auf den Straßen gemessen. Wo es sich der Palast auf Kosten der Straße gutgehen läßt, wird Gottes Standard für die Menschen verletzt, die er zu seinem Ebenbilde schuf. *Um den allmächtigen Gott zu kennen, muß man die Machtlosen kennen.*[7]

Die zornigsten Urteile kommen von den Männern, die wir Kleine Propheten nennen. Einer von ihnen, Amos, brachte eine besonders entlarvende Botschaft für die mächtige Elite Israels. Es überläuft mich eine Gänsehaut, wenn ich beim Studium des Propheten Amos die Parallelen in unserer heutigen Kultur sehe; da haben wir ein Buch mit besonderen und gravierenden Einsichten für die Christen des 20. Jahrhunderts, denn es offenbart einen Blick auf Gottes Gerechtigkeit, die von der heutigen Gesellschaft zu ihrem eigenen Untergang ignoriert wird.

Der Hirte Amos lebte in der unwirtlichen Gegend südlich von Jerusalem. Eines Tages wurde er bei seiner Arbeit von einer dramatischen Vision des fürchterlichen Gottesgerichtes heimgesucht. Weil er wußte, daß diese Vision von Gott kam, verließ Amos seine Herde, um Israel diese schmerzliche Zurechtweisung zu verkündigen.

Er wurde wie ein Ausgestoßener behandelt – ein Berufsrisiko für Propheten. Wie ein Arzt, der einen Verband von einer offenen Wunde reißt, so legte Amos die schrecklichsten Sünden Israels offen: Götzendienst, unmoralische sexuelle Praktiken und Tempelprostitution.[8]

Widerlich wie diese Sünden waren, deckte Amos jedoch noch Schlimmeres auf. Nach jüdischem Gesetz konnte der Mantel eines Mannes tagsüber, wo es gewöhnlich warm war, als Pfand gegenüber einer Schuld behalten werden, mußte jedoch am Abend als Schutz gegen die kalte Nachtluft zurückgegeben werden. Aber die Reichen ignorierten dies und behielten die gepfändeten Mäntel. Um Sünde auf Sünde zu häufen, benutzten sie diese Mäntel als Bettlager für sexuelle Ausschweifungen im Tempel und entweihten so den Tempel zweifach: durch sexuelle Unmoral und die Übertretung des göttlichen Gesetzes zum Schutze der Armen.

Scharf wandte sich Amos gegen den Verkauf von Weizen am Sabbat, gegen den Betrug mit gefälschten Waagen und gegen den Verkauf von Ähren, die nach der Ernte liegenblieben und die nach jüdischem Gesetz den Armen gehörten.[9] Hier zeigte sich Gottes Sozialplan, aber die Juden waren so profitgierig auf Kosten der Armen und Machtlosen geworden, daß sie ihnen auch noch den schmalsten Lebensunterhalt nahmen.*

Amos verkündete Israel das Gericht Gottes, weil »sie die Gerechten für Geld und die Bedürftigen für ein Paar Sandalen verkaufen«, ein Hinweis auf die verbreitete Handlungsweise der Reichen, die Richter mit einer Geldsumme bestachen, für die sich ein armer Mann ein Paar Sandalen kaufen konnte.

Raffgier hatte den Platz der Gerechtigkeit eingenommen, Geld hatte über Gnade triumphiert, und die Rechtsprechung diente lediglich als Instrument der Macht und des Privilegs, um die Armen, die es schützen sollte, zu unterdrücken. Die Gerechtigkeit Gottes galt nicht länger als Maßstab im Lande.

Darum forderte Gott durch die Stimme des Amos die Buße der Nation. »Hasset das Böse und liebet das Gute, richtet das Recht

* Gott greift die Reichen nicht um ihres Reichtumes willen an, sondern wegen ihres ungerechten Umgangs mit dem Reichtum. Alle hier genannten Beispiele hatten mit Profit zu tun, was nicht heißt, daß Gewinn machen an sich verkehrt ist – an anderer Stelle läßt die Bibel dies durchaus zu. Aber Gewinn muß auf ehrliche Weise und im Einklang mit den Maßstäben Gottes gemacht werden. Das Problem lag hier bei der Methode und dem Motiv. Materialismus war zum Gott Israels geworden.

auf im Tor.«[10] Und dann donnerte er in einer der großartigsten Deklarationen der Schrift: »Es ströme aber das Recht wie Wasser und die Gerechtigkeit wie ein nie versiegender Bach.«[11]

Wer glaubt, daß »Gott denen hilft, die sich selbst helfen«, der lese Amos. Die Bibel lehrt das genaue Gegenteil von dieser heiligen, amerikanischen Grundregel. Gott kümmert sich *besonders* um diejenigen, die sich selbst nicht helfen können – die Armen und Bedürftigen, die Vergessenen und Hilflosen. Amos warnte, daß die Nation, deren Interessengruppen Machtstrukturen um ihres eigenen Gewinnes willen und auf Kosten der Armen manipulierten, das Gericht eines zornigen Gottes zu erwarten habe.

Darum schreibt ein führender christlicher Jurist, Jay Poppinga: »Wenn wir von Gerechtigkeit im biblischen Sinne reden ... dann heißt das, aus Bedürftigkeit zu helfen, wo wir sie vorfinden, ganz besonders da, wo sie am hilflosesten ist.«[12]

Nun wird man sagen, diese Maßstäbe für gemeinschaftliche Heiligung seien nicht länger bindend. Gültig für die Zeit des Alten Testamentes, ja. Heute relevant, nein.

Wir sind versucht, dem zu glauben, aber das ist unbiblisch. Zwar leben wir seit dem Kommen Jesu, der das Gesetz erfüllte, unter der Gnade, aber Jesus hob das Gesetz nicht auf.[13] Ein vollkommener, gerechter Gott kann seine vollkommenen Maßstäbe der Gerechtigkeit nicht ändern.

Die erste Predigt Jesu verdeutlicht dies: In der Synagoge griff Jesus nach der Textrolle mit den Worten des Propheten Jesaja und las:

> Der Geist des Herrn ist auf mir,
> weil er mich gesalbt hat,
> zu verkündigen das Evangelium den Armen;
> er hat mich gesandt, zu predigen den Gefangenen,
> daß sie frei sein sollen,
> und den Blinden, daß sie sehen sollen,
> und den Zerschlagenen, daß sie frei und ledig sein sollen,
> zu verkündigen das Gnadenjahr des Herrn.[14]

Jesus legte die Schriftrolle zur Seite und stellte fest: »Heute ist dieses Wort der Schrift erfüllt vor euren Ohren.«[15]

In seinem ganzen Dienst offenbarte Jesus eine tiefe Mitleidenschaft für die Bedrängten und Vergessenen. Er speiste die Hungrigen, heilte die Lahmen, gab den Blinden ihr Augenlicht wieder. Es ging ihm nicht nur darum, Menschen vor der Hölle in der nächsten Welt zu retten, sondern sie auch von einer höllischen Existenz in dieser zu befreien. Darin zeigte der Sohn die Leidenschaft des Vaters für Erbarmen und Gerechtigkeit. Und seine Botschaft der sozialen Gerechtigkeit erwies sich als beunruhigend und überführend wie in den Tagen des Amos – und wie heute.

Betrachten wir eine der letzten Ermahnungen Jesu an seine Jünger und an uns. Die Szene ist der Ölberg, Jesus läßt seine Jünger einen Blick in die Zukunft tun. Er spricht von seiner Wiederkunft und der von ihnen erwarteten Treue in der Zwischenzeit. Dann beschreibt er das Endgericht vor dem Thron Gottes, wo er mit einer Handbewegung die Gerechten von den Ungerechten trennen wird. Mit erschreckender Endgültigkeit, sagt Jesus, werden die Gerechten das Schlußurteil Gottes vernehmen: »Ich bin hungrig gewesen, und ihr habt mir nicht zu essen gegeben. Ich bin durstig gewesen, und ihr habt mir nicht zu trinken gegeben. Ich bin ein Fremder gewesen, und ihr habt mich nicht aufgenommen. Ich bin nackt gewesen, und ihr habt mich nicht gekleidet. Ich bin krank und im Gefängnis gewesen, und ihr habt mich nicht besucht.«[16]

Dies ist nicht eine Form der Evangelisation, die mit Hölle und Schwefel droht. Dies ist Gerechtigkeit. Und, ja, es ist auch Liebe. In seiner Liebe gibt uns Gott Verantwortung. Indem er uns danach beurteilt, wie wir seine heiligen Maßstäbe der Gerechtigkeit und des Rechts ausleben, gibt er unserem täglichen Handeln Sinn und Bedeutung. Er stellt sicher, daß es darauf ankommt, was wir tun.

Damit ist das Christentum nicht ein schön klingendes Ritual am Sonntagvormittag. Christentum heißt, die biblischen Maßstäbe persönlicher Heiligung auszuleben und den Versuch zu unternehmen, Heiligung in unsere Gesellschaft hinein umzusetzen. Und darum nannte Jesus uns »Salz und Licht«.[17] Das meinte er mit den großartigen Worten der Bergpredigt: »Trachtet zuerst nach dem Reich Gottes *und* nach seiner Gerechtigkeit.«[18] (Sehr viele Christen zitieren eilfertig den ersten Teil dieses Satzes, »trachtet zuerst nach dem Reich Gottes«, vergessen aber die Forderung, die Jesus in gleicher Weise betonte, »und nach seiner Gerechtigkeit«.)

Der Weg persönlicher Heiligung kann beschwerlich sein, aber einen Pfad der Heiligung in die Gesellschaft hineinzutreten, das fordert den Preis der Jüngerschaft. Das bedeutet, moralische

Beurteilungen von Gottes Maßstäben abzuleiten, nicht menschlichen, und das kann für den Christen manchmal auch Widerspruch dem Staat gegenüber bedeuten. Das kann in einer Demokratie schwere Fragen aufwerfen, wenn nach den Worten des Bundesrichters Oliver Wendell Holmes »über die Wahrheit die Mehrheit der Nation abstimmt, die alle anderen besiegen könnte«.[19]

Als Politiker glaubte ich das nicht nur, ich arbeitete auch begeistert dafür; und im Krieg in Korea hätte ich dafür mein Leben hingegeben. Aber so läuft es nicht im Reich Gottes. Was legal ist, muß noch nicht richtig sein. Der Wille der Mehrheit darf auch nicht mit dem Willen Gottes verwechselt werden. Beide könnten sehr verschieden sein, wie das tatsächlich oft der Fall ist.

Lassen Sie mich von einem Richter erzählen, der sich plötzlich in der Spannung zwischen menschlicher Regierung und Gerechtigkeit Gottes befand ...

16. Contra mundum

Die Handschellen hatten Fred Palmers Handgelenke bereits wundgerieben. Schwere Ketten verbanden die Handschellen mit einem Stahlgürtel um seine Hüfte. Die dunkle, enge Zelle, die er mit zwölf anderen Männern teilte, die auf ihr Urteil warteten, stank trotz des kalten Februarwindes draußen von der Hitze der ungewaschenen Körper.

Als das elektronische Schloß klickte und die schwere Zellentür aufschwang, drängte der bewaffnete Aufsichtsbeamte Fred und einige andere zu einem vergitterten Aufzug. Zusammengedrängt in dem winzigen Käfig wurden sie zwei Etagen weiter nach oben befördert. Dort führten die Beamten sie zu einem kleinen, trostlosen Zimmer, wo sie zu warten hatten, bis sie im Gerichtssaal aufgerufen wurden.

Fred Palmer lehnte sich gegen die Wand. Er war eher klein, Mitte Zwanzig, mit dichtem, dunklen Haar, blauen Augen und muskulösem Körper. Er hielt sich gut, obwohl jetzt die Ketten an seinen schmerzenden Armen eine demütigende Haltung erzwangen. Um Gnade zu flehen würde keinen Sinn haben, dachte er. Von dem Mann, dem er im Gerichtssaal gegenübertreten würde, hatte er schon gehört. Bontrager. Der Höchststrafen-Richter.

Am anderen Ende des Korridors starrte der Richter William Bontrager auf die schneebedeckten Bäume vor seinem Eckbüro. Der großgewachsene Mann lehnte sich in seinem bequemen Lederstuhl zurück, die Stiefel auf dem glänzenden Schreibtisch aus Walnußholz. Mit sechsunddreißig zeigte sein Gesicht keinerlei Falten, das sandfarbene Haar hielt er kurz geschnitten. Seine braunen Augen blickten aufmerksam auf die Liste für diesen Vormittag und die Männer, die ein Urteil erwarteten. *Fred Palmer,* dachte er und inhalierte tief den Zigarettenrauch, *da haben wir einen Fall.*

Er stand auf, nahm die schwarze Robe aus dem Schrank und schlüpfte hinein. Dann nahm er noch einen letzten Zug und drückte die Zigarette in dem schweren Marmorascher aus. Richter William D. Bontrager vom 2. Landgericht in Elkhart, Indiana, nahm seinen Platz im Gerichtssaal ein. Es handelte sich um einen modernen Gerichtssaal, besonders für Elkhart. Erst vor zehn

Jahren gebaut, war er mit Teppichboden ausgelegt, verfügte über indirekte Beleuchtung, eine anspruchsvolle Tonanlage und polierte Möbel aus Walnußholz. Auf der erhöhten Plattform des Richters befand sich der Zeugenstand, die Tische der Verteidiger und die Plätze der Geschworenen. Alles war so angeordnet, daß der Richter den gesamten Raum kontrollieren konnte, ohne auch nur den Kopf zu wenden.

Und Bill Bontrager hielt die Fäden fest in der Hand, wenn er auch nie seinen hölzernen Hammer benutzte. Seine tiefe Stimme, die über die empfindliche Tonanlage dröhnte, forderte durch ihre eindringliche Autorität Respekt.

Heute blieb der Gerichtssaal fast leer, lediglich einige Verwandte und Beobachter saßen im für die Öffentlichkeit zugänglichen Bereich. Aber eine Reihe genau in der Mitte war voll besetzt. Diese Leute warteten mit innerer Spannung. Dort saßen die Opfer eines der Angeklagten: Fred Palmer.

Mitten in der Reihe saß Randy Brown. Seine Frau und er hatten sich auf der Hochzeitsreise befunden, als Palmer in ihr kleines Haus einbrach und alle Hochzeitsgeschenke stahl. Sie hatten ein zertrümmertes Fenster und überall verstreutes Geschenkpapier vorgefunden. Von den Geschenken keine Spur. Schon wenn Randy an das Chaos dachte, kam es ihm hoch. Er konnte es nicht erwarten, daß hier Recht gesprochen wurde.

Schließlich begleitete ein Hilfssheriff Fred Palmer in den Gerichtssaal, wo er neben seinem Verteidiger Platz nahm. Als Fred in den Zuschauerraum blickte, konnte er seine Frau Loretta erkennen, deren Gesicht Beklemmung zeigte. *Sie sieht aus, wie ich mich fühle,* dachte er. *Sie muß einen Babysitter für Jamie gefunden haben.* Dann wandte er sich wieder ab und sah dem Mann in schwarzer Robe und mit strengem Gesicht entgegen.

Richter Bontrager blickte den jungen Übeltäter durchdringend an und griff nach dem Vorstrafenregister. Harry Fred Palmer, fünfundzwanzig, hatte mit Drogen und Alkohol zu tun gehabt; des Einbruchs angeklagt; festgenommen, geständig, elf ähnlicher Delikte überführt. Mitte September 1977, zur Zeit seiner Festnahme, belief sich das zu erwartende Strafmaß auf zehn bis zwanzig Jahre. Die neue Gesetzgebung in Indiana sah allerdings für diese Straftaten ein geringeres Strafmaß vor und gab den Richtern einen größeren Ermessensspielraum. Unglücklicherweise trat diese Bestimmung am 1. Oktober in Kraft, achtzehn Tage nach seiner Festnahme. Darum mußte er nach den alten

Bestimmungen mit einem Mindeststrafmaß von zehn Jahren rechnen.

Freds Vergehen waren Besitz von Marihuana, Autodiebstahl, Besitz von Diebesgut, aber alle, mit Ausnahme einer Anklage wegen öffentlicher Trunkenheit, fielen in die Zeit nach seiner Rückkehr aus dem Vietnamkrieg. Bontrager nahm Palmers eindrucksvolle Liste von Kriegsauszeichnungen zur Kenntnis: Stern in Bronze, das Nationale Verteidigungsband, Luftmedaille, Vietnam-Dienst-Medaille, Vietnam-Kampf-Medaille, ehrenhafte Entlassung.

Auch Palmers junge Frau Loretta und seine einjährige Tochter Jamie wurden erwähnt. Schließlich stand zu lesen, der Angeklagte habe während der fünfeinhalbmonatigen Untersuchungshaft im Bezirksgefängnis von Elkhart sein Leben Jesus Christus übereignet. Bontrager schenkte dem nur geringe Aufmerksamkeit. Viele Gefangene gaben ähnliches zu Protokoll. Palmers Aufrichtigkeit würde sich erst im Laufe der Zeit zeigen.

Jetzt räusperte sich der Richter, stützte sich auf einen Ellenbogen und sprach ins Mikrofon. Sein Zeigefinger stieß in die Luft.

»Herr Palmer«, donnerte er, »Sie sind sich bewußt, daß Sie nach den alten Bestimmungen der Landesgesetze über Mindeststrafmaße verurteilt werden müssen, denn Ihre Taten wurden vor Inkraftsetzung der neuen Richtlinien begangen. Und Sie wissen, daß eine Strafe von nicht weniger als zehn und nicht mehr als zwanzig Jahren nach dem Gesetz von Indiana nicht auf Bewährung ausgesprochen werden kann. Und vielleicht wissen Sie ebenfalls, daß die Opfer Ihrer Einbrüche Briefe an diesen Gerichtshof geschrieben haben mit dem Hinweis, daß die Höchststrafe von zwanzig Jahren noch nicht genug sei.«

Eine erwartungsvolle und beklemmende Pause entstand, ehe dann Bontrager zum Urteilsspruch ansetzte: »Es ist jedoch die Meinung dieses Gerichtes, daß festgesetzte Strafmaße an sich Verbrechen nicht verhindern; verhindern kann die Verbrechen nur, was der Täter selbst als Strafe empfindet. Ich bin mir natürlich bewußt, daß Sie, Herr Palmer, fünfeinhalb Monate im Bezirksgefängnis von Elkhart eingesessen haben – aber das stellt keine ausreichende Strafe dar. Nach Ansicht dieses Gerichtes würden Sie lediglich eine angemessene Zeit der Haft in einem Hochsicherheitsgefängnis als Strafe betrachten.

Mir ist auch bewußt, Herr Palmer, daß Sie von einer religiösen Veränderung Ihres Herzens sprechen. Wenn dies zutrifft, dann wird Ihnen das auch helfen bei dem, was wir den therapeutischen Schock in den Höllenlöchern der Gefängnisse im Staate Indiana nennen.«

Die Worte sanken nur ganz langsam bei Fred Palmer ein. Zögernd wandte er sich um und sah Lorettas weißes Gesicht und ihre dunklen, entsetzten Augen. Aber irgend etwas sagte ihm, daß dieser Richter noch nicht fertig war mit ihm. Bontrager hielt inne und sah die Reihe der Opfer an. Seine Stimme wurde leiser und sein Gesicht vielleicht noch strenger.

»Dieses Gericht weiß allerdings auch um die Einzigartigkeit der Verfassung des Staates Indiana, die sich in ihrer Strafgesetzgebung auf das Prinzip der Besserung und nicht der Ahndung stützt. Darum geht dieses Gericht einen Schritt weiter und erklärt das Strafmaß von zehn bis zwanzig Jahren ohne Bewährung als nicht verfassungsgemäß. Denn Fred Palmer jetzt – angesichts seines besonderen Falles, des Vietnamheimkehrersyndroms, daß er nie zuvor im Gefängnis war – zu zehn Jahren in einem Hochsicherheitsgefängnis zu verurteilen, wäre eine grausame Ahndung und eine ungewöhnliche Strafe, die unweigerlich sein ganzes Leben ruinieren würde.

Darum entscheidet dieses Gericht im Interesse der Gesellschaft und im Interesse von Herrn Palmer, daß er zweihundertfünf Tage in einem Hochsicherheitsgefängnis des Staates einsitzt – ein Jahr minus 160 Tage Untersuchungshaft –, daß er dann entlassen wird und alle Anstrengungen unternimmt, den Opfern im vernünftigen Rahmen Wiedergutmachung zu leisten, sich nötigenfalls einer Drogen- und Alkoholentziehungstherapie unterwirft und auf die Dauer von fünf Jahren einem Bewährungshelfer zugeteilt wird.«

Dann wandte sich der Richter mit einem abschließenden Wort an Palmer: »Herr Palmer, wer in diesem Gerichtssaal mit mir zu tun hatte, wird es Ihnen bestätigen: Ich gebe niemandem eine zweite Chance.«

Jetzt aber explodierten die Opfer, die sich während der Rede des Richters ganz still verhalten hatten. Ihr Zorn galt nicht länger Palmer, sondern dem Richter. Bontrager blickte ruhig über die aufgebrachte Reihe der Zuschauer, während der Hilfssheriff hereinkam, um Fred Palmer zur Zelle zurückzubringen. Palmer blickte kurz zu seiner Frau hin und erkannte, daß der Schock einem Hoffnungsschimmer gewichen war. Auf dem Weg zur Seitentür sah er den jungen Richter an, der unverändert streng blickte, in dessen Augen Palmer aber auch eine Herausforderung erkannte.

Bill Bontragers Entscheidung, eine Gesetzesbestimmung des Staates Indiana über Mindeststrafen aufzuheben, erstaunte keinen, der ihn kannte. Obwohl erst seit etwas mehr als einem Jahr im Richteramt, war dieses Jahr gekennzeichnet von seiner aggressiven, oft kontroversen Arbeitsweise. Er galt als ein ruheloser, idealistischer und engagierter Mann.

Das schien ganz natürlich. Sein Vater, ein prominenter republikanischer Politiker des Staates, war ein strenger, fleißiger Anwalt gewesen, der seine drei Söhne mit eisernem Willen erzog. Er hatte schwarze Anzüge und gestärkte, weiße Hemden bevorzugt, und vielleicht hing dies mit seiner Kindheit bei den »einfachen Leuten« der Amischen zusammen.

Vater Bontrager hatte sich aus eigener Kraft hochgearbeitet, Jura im Fernstudium bewältigt und dann seinen politischen Höhepunkt als republikanischer Kandidat für den Senat der USA erreicht, als er auf derselben Liste kandidierte, die Barry Goldwater 1964 erfolglos anführte. Wenn er auch keine bundesweite Anerkennung fand (obwohl über seine Position in der Gesetzgebung des Staates im Jahre 1954 in *Readers Digest* ein Artikel erschien), stand sein Name im Staate Indiana für Fleiß, eherne Prinzipien und konsequente Unabhängigkeit.

Wenn der mittlere Sohn Bill an seinen Vater dachte, sah er zwei Brillengläser hinter einer Zeitung vor sich oder einen angespannten Zuhörer bei den Abendnachrichten, zu beschäftigt, um seinen Söhnen viel Interesse oder Wärme entgegenzubringen. Bontrager erinnerte sich Jahre später: »Einerseits betete ich meinen Vater an und träumte von der Möglichkeit eines Komplimentes oder der Anerkennung meiner Existenz. Andererseits haßte ich ihn mit allen Fasern meines Seins, haßte mich zugleich noch mehr, weil ich zuließ, daß er mein Leben total dominierte.

Aber mein Vater lehrte mich, daß moralische Maßstäbe absolut und nicht situationsgebunden gelten; er lehrte mich, daß ein Mann Gott, dem Schöpfer, gehorchen muß; er lehrte mich, daß wir unsere Lebensrichtlinien allein in der Bibel finden können; er lehrte mich, meine Überzeugung mutig zu vertreten, ohne Rücksicht auf persönliche Nachteile. Leider habe ich von ihm nicht gelernt, taktvoll zu sein.«

Als Reaktion auf den dominierenden Einfluß seines Vaters schwor sich der Teenager Bill Bontrager vier Eide, die ihn seinem

Vater so unähnlich wie möglich machen sollten. Er schwor, nie Rechtsanwalt zu werden, nie nach Elkhart zurückzukehren, nie etwas mit Politik zu tun zu haben und ein besserer Vater und Ehemann als sein Vater zu werden.

Der erste Schwur wurde zwei Semester lang durchgehalten. Bill wollte Ingenieur werden. Ohne sein eigenes Handeln dann zu verstehen, entschloß er sich, die Universität Purdue zu verlassen und an der Universität von Colorado Jura aufzunehmen. Seine Tante Grace lieferte einmal die Erklärung, alle Anwälte seien frustrierte Schauspieler, und ganz gewiß besaß Bill eine Antenne für das Dramatische. Auch liebte er die Rocky Mountains, die nach Ausmaß und Großartigkeit offensichtlich seinem eigenen Ehrgeiz und Eifer entsprachen. Dort trug er Cowboystiefel und Cowboykrawatten, so weit wie möglich vom Stil seines Vaters und seiner Heimatstadt entfernt.

Als er an einem Samstagnachmittag im Jahre 1960 Nixon-Aufkleber vor einem Fußballspiel verteilte, bemerkte er ein zierliches Mädchen mit einem gewinnenden Lächeln, das ebenfalls Nixon-Buttons verteilte. Sie hieß Ellen und war Studienanfängerin. Fünf Monate später heirateten sie. Neun Monate danach bekamen sie ihr erstes Kind. Als Familienvater mußte Bill alle möglichen Arbeiten annehmen, um auch die Studienkosten aufzubringen.

Sein zweiter Eid – nie wieder nach Elkhart zurückzukehren – löste sich nach Abschluß seines Jurastudiums in Luft auf. Er hatte eine Position als Mitarbeiter im Obersten Gerichtshof von Idaho angenommen. Nachdem er am Neujahrsabend eine reichliche Menge Eierlikör zu sich genommen hatte, steigerte er sich in eine heftige Auseinandersetzung mit seinem Vater über die Gründe hinein, warum er nicht nach Elkhart zurückkehren wollte. Typischerweise sah sich sein Vater nicht in der Lage, ihn um die Heimkehr zu bitten und die Mitarbeit in seiner Kanzlei anzubieten, denn das hätte Wärme und Liebe gezeigt; er mußte prinzipiell argumentieren. Aber nach zehn Tagen rief Bill in Idaho an und sagte ab. Dann telefonierte er mit seinem Vater und bat um eine Stelle in seiner Kanzlei.

So zogen Bill und Ellen nach Elkhart, und die nächsten zehn Jahre verliefen in vorhersehbaren Bahnen. Bills Fälle nahmen zu, ihr Einkommen stieg, sie konnten sich ein neues Haus in einem angenehmen Vorort kaufen.

Bills dritter Schwur – sich nicht mit Politik einzulassen – hielt vier Jahre vor. Dann wollte er für das Repräsentantenhaus kandidieren, aber sein Vater redete es ihm aus. Vier Jahre später, nach dem Tod seines Vaters, kandidierte Bill vergeblich für den Senat des Staates. Aber durch sein Engagement für die republikanische Politik wurde er vom Gouverneur in die staatliche Kommission für das Gefangenenwesen berufen, die Vorlagen für Gefängnisordnungen entwarf. Bill wußte nichts über Gefängnisse, stürzte sich aber mit üblichem Eifer in die Arbeit, studierte das Thema, besuchte Gefängnisse und gewann allmählich einen tiefen Einblick in das Gefangenenwesen und die Rechtsprechung.

Sein Interesse galt jedoch mehr der Politik als den Gefängnissen, und die Abende verbrachte er zumeist mit politischer Arbeit oder in kommunalpolitischen Versammlungen. So nagte langsam sein vierter Eid an ihm, ein besserer Vater und Ehemann zu sein als sein eigener Vater, denn es blieb wenig Zeit für seine Frau und Kinder.

Bill Bontrager wußte von dem Gott, der Himmel und Erde schuf, dem Allmächtigen, der dem Menschen genaue Lebensmaßstäbe gibt. Von einem liebenden Gott, der weinen kann, der enge Gemeinschaft mit seinen Kindern sucht, wußte er nichts. Mit anderen Worten: Bontragers Gott entsprach dem Bild seines Vaters. Bill respektierte und fürchtete ihn, konnte ihm aber niemals nahekommen.

Ellen war noch weniger im christlichen Glauben verwurzelt. Sie engagierte sich allerdings in einer Frauengruppe, die wöchentlich zum Bibelstudium zusammenkam. Bill bemerkte eine langsame Veränderung bei ihr. Sie hörte auf zu trinken und interessierte sich zunehmend für die Kirche. Manchmal schleppte sie ihn sogar mit. Bill freute sich, daß sie etwas gefunden hatte, das sie beschäftigte und glücklich machte – ihn selbst interessierte das jedoch nicht. Nichts lag ihm so ferne wie der Gedanke, er könne Gott brauchen.

Dann ereilte sie eine Tragödie. Bontragers Söhne, Danny und Richard, spielten in der Garage mit einem Chemiebaukasten, als die ganze Angelegenheit explodierte. Flammen umhüllten Gesicht, Brust und das rechte Bein des zehnjährigen Richard und überdeckten ihn mit Verbrennungen dritten Grades. Noch nach Tagen wurden Besucher erst dann zugelassen, wenn sie die Kleidung wechselten, sich duschten, keimfreie Krankenhauskleidung und Gesichtsmasken anlegten. Trotz dieser Umstände, die gewöhnlich mindestens eine halbe Stunde in Anspruch nahmen, erschien ein Besucher jeden Tag: Pfarrer Fred Finks von der Winding Waters Brüdergemeinde aus der Nachbarschaft der Familie Bontrager. Fred saß dort Tag um Tag und legte Puzzles mit Richard. Auch gab er Richard jeden Tag ein Rätsel auf, das am nächsten Tag gelöst sein sollte. Richard freute sich auf die Besuche des Pfarrers fast mehr als auf die seiner Eltern.

In dieser Zeit entdeckte Bill in Fred Finks und seiner Gemeinde eine Religion, die sich nicht auf moralische Grundsätze beschränkte; er fand Leben, das für andere da war, voller Kraft und freudiger Zuversicht. Das zog ihn an.

Vielleicht erklärt das, warum Bill im Frühjahr 1976 den höchst ungewöhnlichen Schritt unternahm und an einem Nachmittag das Sprechzimmer des Pfarrers aufsuchte, um einen persönlichen Rat über eine Richterstelle am Obersten Gerichtshof in Elkhart, die bald frei würde, einzuholen. Verschiedene Kollegen hatten ihn ermutigt, sich zu bewerben.

Das schien zunächst völlig abwegig. Obwohl noch nicht fünfunddreißig Jahre alt, verdiente Bill bereits erheblich mehr als ein Richter am Obersten Gerichtshof. Außerdem lagen gute politische Möglichkeiten vor ihm. Je länger er jedoch darüber nachdachte, desto mehr gefiel ihm der Gedanke.

Pfarrer Finks hörte sich das Für und Wider an, redete selbst aber wenig. Er empfahl Bontrager lediglich, die Sache mit seiner Frau zu besprechen und Gott um Wegweisung zu bitten. Bill ging nach Hause und überdachte die Angelegenheit mit Ellen – das Gebet sparte er aus. Dann gab er seine Kandidatur bekannt.

Als ein Republikaner mit dem Namen Bontrager konnte er im Bezirk Elkhart gar nicht unterliegen.

Im Januar 1977 zog dann der fünfunddreißigjährige Bill Bontrager mit seinem Bürstenhaarschnitt, den er sein ganzes Leben lang, und den Cowboystiefeln und Cowboykrawatten, die er seit den Tagen in Colorado getragen hatte, in die vornehmen Amtsräume des Richters im Obersten Gerichtshof zu Elkhart, Indiana, ein. Es hatte den Anschein, als sei er ein Leben lang auf dieses Amt zugesteuert. Seine Begabungen und Ausbildung fanden hier ein natürliches Betätigungsfeld, eine Arena, in der er seinen Glauben an Gesetz, Ordnung, Gerechtigkeit, absolute Moralmaßstäbe und persönliche Verantwortlichkeit demonstrieren konnte. Er konnte sich des Gedankens nicht erwehren, daß sein Vater doch stolz auf ihn sein könnte.

Bill hatte gedacht, die Arbeitszeit eines Richters würde ihm die nötige Zeit für seine Familie lassen (dieser vierte Eid), darin lag für ihn zum Teil die Anziehungskraft dieses Postens. Aber die Anzahl der Fälle nahm von Monat zu Monat dramatisch zu, und sein leidenschaftliches Engagement ließ die Wahl zwischen Familie und Arbeit immer schwerer werden. Bald schon verbrachte er zwölf und vierzehn Stunden täglich im Gericht und kam spät und erschöpft nach Hause.

An einem Oktoberwochenende wollte Ellen eine Konferenz ihrer Gemeinde besuchen. Bill wollte nicht teilnehmen; beten und seine Empfindungen anderen Gemeindemitgliedern mitzuteilen, entsprach nicht seiner Vorstellung von Entspannung. Aber an jenem Freitagabend brachte er die Fälle der Jugendkriminalität, die ihn gewöhnlich bis 20 Uhr beanspruchten, bereits um 18.30 Uhr zum Abschluß.

So hielt er bei der Kirche an, um Ellen zu erklären, er würde nach Hause fahren, sich etwas zu essen bereiten, ein wenig fernsehen und dann früh schlafen gehen. Auf der Suche nach seiner Frau grüßten ihn verschiedene Gemeindemitglieder so herzlich, daß er sich zum Bleiben überreden ließ. Zunächst hörte er lediglich zu. Dann teilte er zu seiner Verblüffung etwas von seinen eigenen Kämpfen mit. »Schließlich«, so formulierte er es später, »platzte ich auf wie eine überreife Tomate.« Und zum dritten Mal in seinem Leben weinte er vor anderen Menschen.

An jenem Abend begriff Bill Bontrager, daß er mehr brauchte als eiserne Prinzipien. Er brauchte Jesus. Darum öffnete er Christus sein Herz, und eine bemerkenswerte Freude und Frieden durchströmten ihn. Er fühlte den Ballast seines Lebens verschwinden und spürte die Gegenwart des Geistes Gottes. Richter William Bontrager war Christ geworden.

Dieses neue Leben in Christus veränderte nicht Richter Bontragers Einstellung zum Gesetz. Zu dem Zeitpunkt unterstellte er sich auch noch nicht der Herrschaft Christi. Aber seine Fähigkeit zum Mitleiden nahm zu. Er stand als Richter nicht in dem Ruf, bürokratisch und mechanisch Beweise abzuwägen, sondern galt als empfindsamer Richter, der mit offenen Augen das Gesetz auf den Einzelfall zur Anwendung brachte und dabei das ganze Rechtssystem und die Menschen, die sich darin verstrickt hatten, nicht aus den Augen verlor. Nach seiner Überzeugung bestand seine Aufgabe nicht allein darin, Strafen auszuteilen.

Mit diesen Prinzipien ging er das Strafrechtssystem in Elkhart mit aller Energie an – wenn auch nicht immer mit Takt. Bald schon beleidigte er Menschen in der Bewährungsabteilung, bei der Staatsanwaltschaft, der Sozialhilfeabteilung, dem Jugendgericht, dem Bezirksrat und den Bevollmächtigten des Bezirkes sowie im Schulsystem von Elkhart – den vielen Einrichtungen also, die Familien in Schwierigkeiten helfen sollen. Er forderte von diesen Einrichtungen methodische Verbesserungen, und einige befolgten das zögernd. Als er Richter wurde, fanden viele Verhandlungen erst achtzehn Monate nach der Tat statt; er verbesserte das auf unter fünf Monate. Zum ersten Mal seit Jahren sank die Jugendkriminalität, was zumindest teilweise damit zusammenhing, daß Richter Bontrager Schule schwänzen nicht ignorierte, sondern als ernstes Problem behandelte.

Aber Mindeststrafmaßen spielten eine zunehmende Rolle im Rechtssystem, und es stand nicht in seiner Macht, dies zu ändern. Wenn er auch den Ruf genoß, ein strenger Richter zu sein, der nicht lange fackelte, so glaubte Bill doch, daß Mindeststrafsätze das Konzept individueller Gerechtigkeit zerstörten. So mußte z. B. jemand, der zweier Betrugsdelikte überführt war, mindestens zwei Jahre ins Gefängnis. Im allgemeinen klang das vernünftig. Aber das Gesetz war so formuliert, daß jemand, der etwa im Abstand von zwanzig Jahren des Ladendiebstahls überführt wurde, mit zwei Jahren Gefängnis zu rechnen hatte. Dem Richter blieb nicht die Möglichkeit, Tat und Person individuell zu beurteilen. Weil er die Gefängnisse kannte, nahm Bontrager eine zweijährige Strafe keineswegs leicht. Im Gegenteil, es gab keine sicherere Methode, ein Leben zu ruinieren; denn die meisten, die länger als ein Jahr einsaßen, kamen verbittert, grausam und als aggressive Verbrecher wieder heraus. Darum wartete er nur auf eine Gelegenheit, um das Gesetz über Mindesthaftstrafen herauszufordern. Im Februar 1978 lieferte der Fall Fred Palmer diese Gelegenheit. Und als Bontrager Fred Palmer zu nur einem Jahr verurteilte, stellte er sich bewußt gegen die klare Sprache des Gesetzes. Der Staatsanwalt würde den Fall vor das Oberste Gericht des Bundesstaates bringen. Bontrager hoffte, seine Kühnheit würde auch den Obersten Gerichtshof ermutigen, jeden Menschen als Einzelperson vor dem Gesetz zu behandeln.

Als Fred Palmer an jenem Februartag nach dem Urteil den Gerichtssaal verließ, wurde er von einem Polizeiwagen zum

Aufnahme- und Untersuchungszentrum von Indiana gebracht, wo gerade vor ihm in der Schlange ein junger Mensch von seiner Angst vor dem Gefängnis erzählte. Auch in Fred stieg diese Angst hoch, doch er glaubte, der gleiche Gott, den er im Bezirksgefängnis von Elkhart kennengelernt hatte, würde auch jetzt bei ihm sein. Voller Mitleid mit dem verängstigten Jungen betete Fred: *Herr, schicke mich dahin, wohin auch dieser Junge geht.* Er hörte genau hin, als dem jungen Gefangenen die Wahl zwischen dem Gefängnis in Michigan City oder in Pendleton gegeben wurde – beide gleich schrecklich und überfüllt. Der Junge wählte Michigan City, und als Fred die gleiche Frage vorgelegt wurde, nachdem er die notwendigen Formulare ausgefüllt hatte, antwortete er: »Michigan City.«

Palmers Haft war hart, aber er studierte seine Bibel, lernte durch die Gefangenenmission freiwillig mitarbeitende Christen kennen und blieb in Kontakt mit dem jungen Mann, dem er gefolgt war. Durch Freds Bemühungen wurde dieser junge Mann, neben vielen anderen Häftlingen, schließlich auch Christ.

Sieben Monate später wurde Fred entlassen und ging nach Hause zu Loretta und Jamie nach Bristol, Indiana. Dort schloß er sich einer lebendigen Gemeinde an, fand Arbeit und vereinbarte einen Rückzahlungsmodus mit den Opfern, die er bestohlen hatte. Die meisten traten ihm zornig entgegen, doch als sie den neuen Fred Palmer kennenlernten, wurden auch sie umgestimmt.

Besonders Randy Brown hatte auf den Augenblick der Begegnung gewartet, nachdem er in hilflosem Zorn die geringe Strafe von einem Jahr zur Kenntnis genommen hatte. Zumindest konnte er durch dieses Wiedergutmachungsprogramm dem nutzlosen Exhäftling sagen, was er von ihm hielt.

Aber der Fred Palmer, dem er nun begegnete, schien kein Monster zu sein. Fred bat die Browns um Vergebung, erzählte ihnen von seiner Zeit in Vietnam, seinem Kampf mit dem Alkohol und der schlimmen Lage, in der sich seine Frau und das Kind zur Zeit des Verbrechens befunden hatten. Jetzt wollte er alles wiedergutmachen.

Randy entdeckte in ihm einen »Kerl wie ich«. Und er wollte zurückzahlen ohne zu wissen, welche Wiedergutmachung ihm auferlegt würde. Das brauchte Mut. Randy beobachtete Fred von innen, als er anfing, Holz zu hacken. Bald schon ging er nach draußen, um Fred zu helfen.*

Das Jahr nach Palmers Verurteilung verlief für Bill Bontrager ziemlich ereignislos. Sein Arbeitspensum und seine Bemühungen um eine Reform des Systems nahmen zu. Er und Ellen und die Jungen gingen zelten und verbrachten viel gemeinsame Zeit in der Gemeinde. Bill unterrichtete sogar eine Sonntagsschulklasse.

Gewöhnlich bereitete er sich darauf am Samstagabend vor, aber in einer Woche machte er sich gleich am Sonntagnachmittag nach dem Gottesdienst an die Arbeit. Er las den vorgeschriebenen Text durch: den Propheten Amos. Das sagte ihm nichts – ein trockener, verstaubter Sermon an ein unbedeutendes Volk vor fast dreitausend Jahren. Das Studienheft half auch nicht weiter. So griff Bill während der Woche immer wieder einmal nach der Bibel und versuchte, vor dem nächsten Sonntag eine sinnvolle Lektion zu erarbeiten.

Plötzlich aber, als er eines Abends mit dem Amostext vor sich in seinem Amtszimmer saß, wurden die Worte zu einem lebendigen Aufschrei gegen die Ungerechtigkeiten in den Gerichtshöfen und Palästen zur Zeit des Amos. Bill griff nach dem Stift hinter seinem Ohr und machte sich Notizen auf seinem Block. Seite um Seite füllte sich, als er in seinen eigenen Worten wiederholte, was der Herr damals zu Amos sagte:

> Ich fordere Gerechtigkeit und eine rechte Beziehung mit dir. Ich fordere Recht und eine mitleidsvolle Integrität allen gegenüber. Ich fordere, daß du dich an meine Maßstäbe hältst, und bestehe darauf, daß du anderen gegenüber das Rechte tust aus richtigem Grund. Das Bild von mir, das du dir zur eigenen Bequemlichkeit und Sicherheit selbst erdacht hast, ist Götzendienst. Du hältst die Gerechtigkeit für blind, aber meine Gerechtigkeit sieht alles. Sie bemüht sich leidenschaftlich, das Unrecht in Recht zu verwandeln. Sie verschreibt sich den Bedürfnissen anderer Menschen, besonders den Bedürfnissen derer, die nicht für sich selbst sorgen können.

* Es gab noch ein weiteres interessantes Ergebnis der Wiedergutmachung durch Fred Palmer: Ein anderes Opfer hieß Randy Yohn, als Hilfssheriff ebenfalls bei Freds Verurteilung anwesend. Als er Fred Palmer in der Zeit seiner Wiedergutmachung traf, erkannte Yohn, daß es einen »besseren Weg« als Gefängnis gab. Er wurde später Vorsitzender des Opfer-Täter-Versöhnungskomitees.

Sein Herz raste vor innerer Erregung, Bill warf seinen Stift weg, lehnte sich zurück und steckte eine Zigarette an. *Was ich mein ganzes Leben lang zu sagen versucht habe, steht genau hier,* dachte er. *Gott sagt es wirklich... ›laß Gerechtigkeit ihren Lauf nehmen...‹* Auf seine Weise hatte er in seinem kleinen Rahmen im Fall Palmer Gottes Maßstab für Gerechtigkeit hochgehalten, auch wenn er sich in Gegnerschaft zu dem Gesetz des Staates befand.

In den turbulenten Ereignissen der folgenden drei Jahre griff Bill Bontrager oft nach dem Propheten Amos. Die Worte des alten Hirten und Propheten wurden seine eigenen – ebenso der zornige Aufschrei.

Die Mühle der Gerechtigkeit mahlt langsam in Amerika. Ein Jahr verging. Palmer war entlassen, baute ein neues Leben auf, und die meisten Menschen hatten den Fall längst vergessen. Aber Bill Bontrager wartete. Der Oberste Gerichtshof von Indiana würde entweder das Gesetz über Mindeststrafen ändern oder seine Entscheidung aufheben.

Am Freitag, den 23. März 1979, brachte ihm dann seine Sekretärin Eloise die Tagespost mit einem umfangreichen Brief des Obersten Gerichtshofes obenauf. Seine ärgsten Befürchtungen wurden bestätigt: Das Gericht hatte nicht allein seine Entscheidung aufgehoben, sondern wies ihn an, Fred Palmer zurück ins Gefängnis zu schicken, wo er den Rest einer zehn- bis zwanzigjährigen Strafe abzusitzen hätte.

Eloise zuckte im Vorbüro zusammen, als die Faust des Richters auf den Schreibtisch donnerte. Kaffeetassen und Ascher klapperten, als er wie ein wütender Stier um den Schreibtisch kam. »Das reicht!« hörte sie ihn in zunehmender Lautstärke wiederholen. »DAS REICHT!«

Bill Bontrager war verletzt und zornig. Er ließ sich nicht gerne ins Unrecht setzen. Aber nicht allein verletzter Stolz reagierte in ihm. Die Tyrannei einer mechanistischen Rechtsprechung ließ ihn ergrimmen. Ein paar Männer in Indianapolis, die Fred Palmer nie kennengelernt hatten, schienen entschlossen, ihre Version von Gerechtigkeit durchzusetzen und Palmers Leben zu ruinieren, um dem Buchstaben eines Gesetzes zu genügen, ohne auch nur im geringsten die Rehabilitierung im Leben von Fred Palmer zu berücksichtigen. Für Bontrager hatte das nichts mit Gerechtigkeit zu tun.

Er griff nach dem Telefon und rief Fred zu Hause an. Der war sprachlos. Er konnte die Nachricht nicht fassen. »Ich habe meine

Strafe abgesessen«, sagte er immer wieder. »Ich zahle den Opfern zurück. Warum wollen die mich nun wieder in den Knast schicken?«

»Machen Sie sich keine Sorgen«, versicherte Bontrager. »Wir werden kämpfen!«

Mit diesen Worten überschritt Bontrager eine Grenzlinie, obwohl er das zu dem Zeitpunkt noch nicht erkannte. Er konnte nicht länger als unparteiischer Richter gelten, sondern hatte sich auf Fred Palmers Seite gestellt.

Bontrager schaffte die Heimfahrt in halber Zeit. Er sollte mit einer Gruppe Pfadfinder über das Wochenende nach Ohio fahren und hatte noch nicht gepackt. Jetzt schlug er die Haustüre hinter sich zu, rannte ins Schlafzimmer und warf Jeans, Hemden und Stiefel in einen alten Koffer, während er Ellen die Nachricht zurief.

»Das reicht!« rief er erneut. »Der Oberste Gerichtshof will Fred wieder ins Gefängnis schicken! Ich trete als Richter zurück!« Socken flogen durch die Luft und landeten im Koffer. »Ich habe für Montagmorgen eine Pressekonferenz einberufen«, fuhr er fort. »Ich möchte, daß du dabei bist. Ich kann in diesem System nicht weitermachen.«

Bill knallte den Kofferdeckel zu und rannte nach unten, Ellen dicht hinter ihm. »Tschüß«, schrie er. »Kümmere dich um alle Anfragen, okay?«

Am Montagmorgen summte es im Gericht von Elkhart wie in einem Bienenkorb. Neugierige und aufgeregte Sekretärinnen und Schreiber redeten miteinander; Anwälte gingen im Korridor der ersten Etage auf und ab wie erwartungsfrohe Väter. Im Amtszimmer von Richter Bontrager schufen Lampen, Fernsehkameras, Mikrophone und Reporter von Zeitungen, Radio und Fernsehen ein großes Durcheinander in zunehmender Hitze.

Bontrager saß hinter seinem Schreibtisch, die Hände hinter seinem Kopf gefaltet. Auf einer kleinen Couch saßen Ellen und ein junges Ehepaar.

Bontrager eröffnete der Presse, er würde sein Richteramt niederlegen. Er beschrieb den Fall Palmer und machte deutlich, daß er es nicht mit seinem Gewissen vereinbaren könne, Fred Palmer wieder ins Gefängnis zu schicken.

»Wenn das Gesetz Gottes und menschliche Gesetze in Konflikt kommen«, sagte er, »müssen wir uns für Gottes Gesetz entscheiden. Christus kümmerte sich um die einzelnen. Das müssen auch wir tun.« Und nach einer Pause: »Wenn ich schon wählen muß, dann will ich Gott treu bleiben und nicht dem Gesetz.« Der Mann, der ganz wie sein Vater in der Vergangenheit keine Gefühle zeigen konnte, sprach nun mit belegter Stimme und mußte seine Tränen zurückhalten.

Die Reporter erkannten eine große Story: Kleinstädtischer republikanischer Richter wirft seine Karriere weg, weil er sich um einen einzelnen kümmert, den das System mißhandelt. Welch eine »Einer-gegen-alle«-Schlagzeile!

Für Bontrager war es nun nicht ganz so einfach. Immer noch zornig und verletzt, wußte er, daß seine Vorliebe für dramatische Handlungsweise seiner Leidenschaft für Gerechtigkeit einen Streich spielen konnte. Seine Motive waren gemischt wie dieser ganze Fall. Aber eines wurde ihm ganz klar: Während sich die Medien auf Bontrager und den Obersten Gerichtshof und den Wortlaut des Gesetzes konzentrierten, mußte sich jemand um Fred Palmer und seine Familie kümmern. Schließlich standen in diesem juristischen Hickhack Menschenleben auf dem Spiel.

Bontrager ging hinüber zur Couch und setzte sich neben seine Frau. Seinen Arm legte er um den jungen Mann, der dort saß. »Dies ist Fred Palmer«, sagte er. »Sie sollten ihn alle kennenlernen. Er ist die Story, nicht ich. Bill Bontrager wird überleben; ich muß ja nicht in dieses höllische Gefängnis zurück.«

Am Abend bestimmte die Geschichte die Lokalnachrichten. Am folgenden Tag gab es bundesweite Schlagzeilen. Anrufe kamen aus allen Teilen des Landes, sogar aus Übersee. Aber Freunde in Elkhart bedrängten Bill aus einem anderen Grund. Sie wollten seinen Rücktritt verhindern. Selbst einige, die er beleidigt hatte, baten ihn zu bleiben, versuchten ihn zu überzeugen, daß er als Richter die Ungerechtigkeit besser bekämpfen könne als durch eine dramatische Geste.

Nach zwei turbulenten Wochen gab Bill bekannt, er würde bleiben. Nach dieser Entscheidung stürzte er sich in gewohnter Weise in seine Arbeit – lange Stunden, viele Fälle. Aber den Fall Palmer konnte er nicht vergessen. Er suchte nach einer legalen Strategie, um Fred aus dem Gefängnis herauszuhalten. Schließlich hatte der Mann seine Strafe abgesessen. Wenn der Oberste Gerichtshof nun entschied, daß er, der Richter, einen Fall falsch beurteilt hatte, warum sollte dann Palmer darunter leiden?

Im Juni wurde die Entscheidung des Obersten Gerichtshofes

offiziell bekanntgegeben. Palmer hatte sofort vor dem Gericht zu erscheinen, um wieder ins Gefängnis geschickt zu werden. Bontrager erteilte die Weisung, bewilligte Palmers Anwalt dann aber Aufschub. Dann ging er noch weiter. Er arbeitete mit Palmers Anwalt zusammen, leitete seine Strategie und half ihm, Informationen über das Gefängnis zu sammeln, zu dem Palmer geschickt werden sollte. Diese Handlungsweise sprengte die anerkannten Maßstäbe richterlichen Handelns.

Eines Tages stürmte der Staatsanwalt in Bills Amtszimmer, schloß die Tür und bezeichnete ihn in ganz unmißverständlichen Ausdrücken als hirnverbrannten Idioten. Er riskiere die Mißachtung des Obersten Gerichtshofes von Indiana und sei zu sehr emotional mit diesem Fall verwickelt.

»Es ist gar nicht so schwer, sein Fehlverhalten einzusehen, wenn man es mit einem Vorschlaghammer eingebleut bekommt«, bekannte Bontrager später.

Bill zog sich aus dem Fall zurück, und ein örtlicher Rechtsanwalt, Richard Sproull, wurde zum Sonderrichter gewählt. Er entschied, Palmer müsse ins Gefängnis zurück, urteilte aber gleichzeitig, eine solche Strafe sei offensichtlich ungerecht und grausam. Damit provozierte er praktisch einen neuerlichen Einspruch, den Palmers Verteidiger auch einreichte. Während der Fall zurück zum Obersten Gerichtshof ging, blieb Palmer auf freiem Fuß.

Die Räder der Rechtsprechung drehten sich zwei weitere Jahre, in denen das Gericht den Fall noch einmal von Grund auf untersuchte. Fred Palmer wuchs in seinem Christenglauben, machte Fortschritte als verantwortlicher Vater und Ehemann und bemühte sich weiter um seine Wiedergutmachung. Loretta und er erwarteten auch ihr zweites Kind.

Auch Bontrager machte Fortschritte als Christ in dieser Zeit und kehrte oft zum Buch Amos zurück. Er bedauerte, im Falle Palmer seine Grenzen überschritten zu haben, glaubte aber trotzdem, der Oberste Gerichtshof von Indiana würde seine Maßlosigkeit angesichts des richtigen Urteils, zu dem er gelangt war, übersehen. Palmer beruhigte er; das Gericht würde ihn nie ins Gefängnis zurückschicken.

Am 30. Januar 1981, einem Freitagabend, sprachen Bill und Ellen mit den Jungen gerade bei einem späten Abendessen über eine Skitour, als das Telefon klingelte. Ellen nahm den Hörer ab, reichte ihn dann aber zu Bill hinüber.

Am anderen Ende meldete sich der Staatsanwalt, der den Fall Palmer bearbeitete. Bill hörte einen Augenblick zu, dann hängte er, ohne ein Wort gesagt zu haben, mit kalkweißem Gesicht den Hörer ein.

Ellen und die Kinder fragten sich noch, was denn wohl geschehen sei, als die Türglocke läutete. Ellen öffnete und geleitete einen verlegenen Polizeibeamten zum Eßtisch.

»Tut mir wirklich leid, Ihnen dies geben zu müssen, Herr Richter«, bedauerte der Beamte und reichte Bill einen steifen Papierbogen. Das Dokument bestätigte den Anruf des Staatsanwaltes: Der Oberste Gerichtshof von Indiana hatte den Fall Fred Palmer abgeschlossen, Palmers Wiedereinweisung ins Gefängnis verfügt und Richter William Bontrager sowie Sonderrichter Richard Sproull der Rechtsbeugung beschuldigt.

Bill verschlug es völlig die Sprache, gelinde gesagt. Der Oberste Gerichtshof hielt ihn in einer Zwickmühle gefangen. Die gerichtlichen Kämpfe für Fred Palmer lagen hinter ihm; seine eigenen fingen jedoch gerade erst an. Und doch bestand in diesem Augenblick die größte Schwierigkeit für ihn darin, wie er Fred seine Wiedereinlieferung ins Gefängnis mitteilen sollte. Hundertmal hatte er Fred versichert, die Gerechtigkeit würde triumphieren. In dieser Nacht fand er keinen Schlaf, und früh am anderen Morgen konnte er den Anruf nicht länger hinausschieben.

Das Telefon klingelte wiederholt bei den Palmers. Fred schlief noch, Loretta stand unter der Dusche und Jamie sah sich einen Trickfilm im Fernsehen an. Immer noch halb verschlafen nahm Fred im Schlafzimmer das Telefon ab und hörte, wie Jamie gleichzeitig den Hörer vom Nebenapparat in der Küche hochnahm.

Mit tränenerstickter Stimme kam Bill sofort zur Sache. »Fred«, sagte er, »der Oberste Gerichtshof hat eine Entscheidung getroffen. Ihre Berufung wurde abgelehnt – und Sie sollen ins Gefängnis zurück.«

Fred spürte, wie sich sein Magen umdrehte. Dann begriff er, daß seine kleine Tochter Bills Worte gehört hatte, denn sie ließ den Hörer fallen und schrie hysterisch.

»Warten Sie«, schrie Fred ins Telefon. »Bill, warten Sie.« Er rannte in die Küche und nahm seine Tochter auf den Arm und versuchte sie zu beruhigen. Er betete laut, und langsam ließ ihr

Weinen nach. Jetzt stand auch Loretta bei ihnen, und Tränen strömten über ihr Gesicht, als sie die Nachricht hörte.

Schließlich hob Jamie ihren Kopf von Freds feuchter Schulter. »Es wird wieder alles gut werden, Daddy«, schluchzte sie. »Jesus hat es mir gesagt.«

Als Fred wieder zum Telefon ging, fuhr Bill fort: »Fred, Sie müssen sich stellen.«

»Ich werde hingehen«, antwortete Fred. »Geben Sie mir bis sechs Uhr heute abend. Die Familie muß sich darauf einstellen.«

Nachdem sie aufgehängt hatten, rief Fred zitternd noch einige Freunde an. Innerhalb einer Stunde war das kleine Eigenheim überfüllt mit Gemeindegliedern. Sie beteten, sangen, lasen in der Schrift und weinten.

Um 17.30 Uhr an jenem Nachmittag ging Fred Palmer zum Elkharter Bezirksgefängnis und stellte sich.

Eine Woche später erschien Fred Palmer im Gericht zur Urteilsverkündigung. Der Gerichtssaal platzte fast aus den Nähten mit Presseleuten, Mitgliedern von Palmers und Bontragers Gemeinden, Freunden und Fürsprechern. Verschiedene Opfer, einschließlich Randy Brown und Randy Yohn, befanden sich wieder im Gericht – diesmal auf Freds Seite. Ellen und Loretta saßen beieinander, ihre Gesichter, wie bei vielen anderen, tränenüberströmt.

Der Ablauf war kurz. Fred wurde in Ketten aus seiner Zelle vorgeführt. Bontrager wagte es nicht, viel zu sagen, er würde nicht an sich halten können. Er las einfach das Urteil vor – nicht weniger als zehn und nicht mehr als zwanzig Jahre – nach dem Willen des Staates. Dann führten die Beamten Palmer ab. Mindestens neun weitere Jahre Gefängnis warteten auf ihn.

Ellen ging hinaus, um Fred noch einmal zu sehen. Der Mann in Ketten und die Frau des Richters hielten sich still bei den Händen. »Es ist in Ordnung«, sagte Fred. »Sagen Sie Bill, daß ich es verstehe.«

Einen Monat später, im Februar 1981, befand der Oberste Gerichtshof von Indiana Richter William Bontrager der Rechtsbeugung für schuldig. Sie verurteilten ihn zu dreißig Tagen Gefängnis und einer Geldstrafe von fünfhundert Dollar, setzten dann die Gefängnisstrafe auf Bewährung aus. Weiter wurde eine gründliche Untersuchung seiner vierjährigen Richterzeit angeordnet. Dahinter stand die Drohung, ihn als Richter zu suspendieren und auch die Zulassung als Anwalt aufzuheben. Im November 1981 standen zehn Anklagen gegen ihn zu Buche.

Für Bill und seine Familie war 1981 ein qualvolles Jahr. Er amtierte trotz der drohenden Strafverfolgung und den sich auflaufenden Kosten weiter als Richter. Es kam noch hinzu, daß ein Computerfehler in der Gehaltsabrechnung ihn monatlich 700 Dollar kostete. Ellen verletzte sich am Knie und mußte das ganze Jahr über ärztliche Hilfe in Anspruch nehmen. Richard durchlitt eine erfolglose Hautverpflanzung.

Bill erwog verschiedentlich einen Rücktritt, entschied sich dann aber doch, dem Rechtsstreit seinen Lauf zu lassen. Auch seine Söhne drängten ihn, die Sache durchzukämpfen, denn auch sie hatten etwas über Prinzipientreue gelernt.

Ironischerweise stellte sich nun ein System gegen ihn, das Bill zu ändern versucht hatte, und drohte ihm Lebensgrundlage und Selbstwertgefühl zu nehmen.

Sein guter Ruf hatte gelitten. Er war ein verheißungsvoller Politiker und erfolgreicher Jurist gewesen. Der Klatsch stellte ihn nun als Unruhestifter dar, als einen Mann mit einem Hang zur dramatischen Selbstdarstellung, als einen quichottischen Typ, der gerne mit Windmühlen kämpfte. Ein Körnchen Wahrheit konnte er in diesem Klatsch allerdings erkennen; ihm waren Fehler unterlaufen, große Fehler. Hatte er letztlich der Sache der Gerechtigkeit gedient oder ihr eher geschadet? Hatte er Fred Palmer geholfen oder auch ihm geschadet? Er wußte es nicht. Mit Sicherheit konnte er nur sagen, daß das ganze Dilemma begann, als er sich für die gerechte Behandlung von Fred Palmer einsetzte. Zugleich vertiefte sich die Gewißheit, daß Gott diese Handlungsweise von ihm verlangte. Nach dem Buchstaben des Gesetzes hatte er sich allerdings zu sehr eingesetzt.

Der Fall Bontrager endete auf unerwartete Weise und eher undramatisch. Während die Angelegenheit noch beim Obersten Gerichtshof anstand, entwickelte sich völlig unabhängig davon eine Kontroverse der Jugendgerichtsbarkeit. Bontrager sah eine Auseinandersetzung kommen, die nur dem Ruf des Gerichts schaden würde. Daraufhin beendete er seinen Kampf und reichte im Dezember 1981 seinen Rücktritt ein. Seine Mitarbeiter weinten, als sie es erfuhren. Der Oberste Gerichtshof ließ seine Anklage fallen.

Fred Palmer saß weitere zwanzig Monate hinter Gittern, ehe er aufgrund einer besonderen Begnadigung durch Gouverneur Robert Orr frei kam. Nach weiteren sechs Monaten in einem Arbeitszentrum kehrte Palmer schließlich zu seiner Familie zurück.

»Manchmal fragten mich die Leute im Gefängnis«, berichtete er, »›wenn Gott so gut ist, warum hat er dich dann zurück ins Gefängnis geschickt?‹ und ich habe ihnen geantwortet: ›Gott hat mich nicht hierhergeschickt. Er hat Menschen erlaubt, mich hierherzuschicken, damit ich Leuten wie euch von Jesus Christus erzählen kann.‹

Seit ich an Jesus Christus glaube«, fuhr er fort, »sehe ich diese Dinge aus einem anderen Blickwinkel. Gott ist souverän. Auch im Gefängnis wohnte ich immer in meines Vaters Haus. Mit meiner Rehabilitierung hatte das Gefängnis nichts zu tun. Das tat Gottes Wort für mich.«

Bill Bontrager eröffnete eine Anwaltskanzlei in einem kleinen Haus in Elkhart. Das Geschäft läuft mühevoll, Reporter erscheinen nicht mehr. Sie sind auf lohnendere Geschichten gestoßen.

Manchmal fürchtet Bill, seine Zeit zu vergeuden. Einst war er Richter Bontrager, der für Ordnung in den Gerichten sorgte, dem Recht Gerechtigkeit abforderte. Für viele Menschen in Elkhart bedeutet das nicht mehr als ein Kapitel in der Vergangenheit. In seinen Tagträumen überlegt Bill manchmal andere Ausgangsmöglichkeiten. Er denkt über seine Fehler nach, sein persönliches Zukurzkommen, und ganz gewiß sieht er sich nicht als Heiliger oder Märtyrer.

Bill erkennt seine eigenen Erfahrungen als Teil eines göttlichen Planes: »Ich habe 1977 Christus kennengelernt und angenommen, aber weiterhin mein eigenes Schicksal in der Hand behalten. Erst im November 1981, als ich emotional völlig am Ende war, habe ich meine Zukunft Christus anvertraut. Ich habe ihn Herr sein lassen. Seither lehrte er mich Unterordnung und Geduld, die Notwendigkeit, sein Wort zu studieren und sein Angesicht im Gebet zu suchen. Er hat viel von meinem Zorn genommen; kurz: heute habe ich Frieden, *kenne Ihn* – darum betrachte ich alles das als Gewinn, was die Welt vielleicht als Verlust bezeichnen würde.«

Bills Gerichtsreporterin, Zo Ann Myers, glaubt seine Entscheidungen zu verstehen: »Er wurde Christ, als er noch Richter war, wissen Sie, und das erschwerte es für ihn. Er war ein Richter, der mitleiden konnte. Ich habe ihn in einem Fall von Jugendkriminalität erlebt. Nach der Urteilsverkündung riß er sich die Robe vom

Leibe und rannte hinter dem Jugendlichen, der abgeführt wurde, her. Er legte seinen Arm um seine Schulter und sagte: ›Deine Sache liegt mir am Herzen.‹ Und die Leute nahmen es ihm ab. Manchmal bewegte ihn eine Sache derartig, daß er mitten in einer Verhandlung nicht weitersprechen konnte.

Und er stand zu seinen Überzeugungen. Wenn nach seiner Sicht die Gesetzgebung im Widerspruch zu Gottes Gesetz stand, mußte er Gott gehorchen. Dabei liebte er seine Arbeit. Gegen Ende, als ihn die ganze Sache emotional schon völlig ausgelaugt hatte, hörte ich ihn gelegentlich sagen: ›Ich muß einfach tun, was ich für richtig halte, auch wenn ich darüber mein Amt verliere.‹«

So geschah es dann auch.

Was Sie auch von Bill Bontrager und seinen Überzeugungen halten, wie Sie auch seine leidenschaftliche Persönlichkeit und seine Fehler einschätzen, so bleibt doch völlig klar: Er sah etwas, das er nach Gottes Maßstäben für falsch hielt, und er tat etwas dagegen. Er ging das Risiko des Handelns ein.

Und er zahlte dafür. Gehorsam Gott gegenüber läuft nicht immer auf ein Happy-End hinaus. Aber warum sollten wir das auch annehmen?

17. Der radikale Christ

Wenn die ältere Generation – Anwälte, Gerichtsbeamte, Reporter – sich vor dem Bezirksgericht in Elkhart trifft, kommt das Gespräch nicht selten auf Bill Bontrager. Einige verstehen ihn, andere können es noch nicht und fragen sich, warum er sich so engagierte für einen, »der nur bekam, was ihm zustand«. Alte Politprofis haben es am schwersten, denn sie begreifen einfach nicht, warum ein konservativer Republikaner sich gegen seine Mitkonservativen am Obersten Gerichtshof des Staates stellen konnte. Ein Amtsinhaber hebt resignierend die Schultern und seufzt: »Nun, er ist schlicht und einfach *radikal* geworden.«

Eine großartige Charakterisierung. Leider hat dieses Wort in unserer Zeit unangenehme und sogar widerliche Bedeutungen gewonnen. Radikal, das ist etwas völlig Unamerikanisches, wie z. B. die gewaltsamen Proteste der sechziger Jahre, wo Universitätsgebäude zerbombt wurden, oder man verbindet damit irrblikkende Rechtsextremisten. Aber das Wort »radikal« wird vom lateinischen *radix* abgeleitet und bedeutet »die Wurzel« oder »das Fundamentale«. Somit bedeutet radikal, zur eigentlichen Quelle oder »zur Wurzel der Dinge« zurückzukehren.

In einer Zeit, in der Wertmaßstäbe von vergänglichen Vorstellungen eines säkularen Humanismus geformt werden, ist es tatsächlich radikal, auf dem Fundament göttlicher Wahrheit zu stehen, zur »Wurzel«, dem Wort Gottes, zurückzufinden.

Gläubige Christen haben viele Radikale in ihrem Familienstammbaum. Tatsächlich gibt es ungezählte davon im Reiche Gottes.

John Wesley argumentierte leidenschaftlich, daß es »keine Heiligung außer sozialer Heiligung (gebe)..., und die Verdrehung (des Christenglaubens) in eine isolierte Religion heißt, ihn zu zerstören«.[1] Nach seiner berühmten St.-Mary-Rede wurde Wesley als Radikaler abgestempelt. Wegen seiner zornigen, aber zutreffenden Charakterisierung seiner Fakultätskollegen in Oxford und ihres rückgratlosen Glaubens wurde er nie wieder eingeladen, dort zu sprechen. Später brachte er radikale Heiligung auf den Punkt, als er schrieb: »Öffentlich gegen all die Gottlosigkeit und Ungerechtigkeit, die unser Land überflutet, aufzustehen, ist eine der vornehmsten Möglichkeiten, Christus seinen Feinden gegenüber zu bekennen.«[2]

Wer meine Bücher gelesen oder Reden von mir gehört hat, weiß, welche tiefgreifende Wirkung William Wilberforce auf mein Christenleben hatte. Darum beziehe ich mich immer wieder auf sein radikales Christusbekenntnis in seinem kulturellen Umfeld und zitiere gerne aus einem Brief, den John Wesley an Wilberforce schrieb – damals jung im Glauben. Wesley, der nur wenige Tage später starb, beauftragte Wilberforce, einen radikalen Kampf gegen die Sklaverei zu führen. Seit sieben Jahren liegt ein Auszug dieses Briefes in meiner Bibel:

> Wenn die göttliche Macht Sie nicht erweckt hat, zu handeln wie Athanasius, *contra mundum,* dann sehe ich nicht, wie Sie Ihr herrliches Unternehmen durchstehen können, gegen diese abscheuliche Schurkerei anzugehen, diesen Skandal der Religion, von England und der menschlichen Natur. Wenn Gott Sie nicht für eben diesen Zweck erweckt hat, werden Sie durch die Gegnerschaft von Menschen und Teufeln ausgelaugt werden, aber wenn Gott für Sie ist, wer kann gegen Sie sein? Sind Sie alle zusammengenommen stärker als Gott? Oh, werden Sie nicht müde in Ihrem guten Werk! Gehen Sie voran im Namen Gottes und in der Kraft seiner Stärke, bis sogar die amerikanische Sklaverei, die abscheulichste unter der Sonne, vor ihr verschwinden wird.[3]

Wilberforce erhob sich, zuerst eine einzelne, einsame Stimme gegen das Hauptgeschäft des lukrativen Handels mit den Westindischen Inseln, das 5500 Seeleute auf 160 Schiffen beschäftigte und 6 Millionen Pfund Sterling jährlich brachte. Zwanzig Jahre lang kämpfte der radikale Wilberforce gegen die ökonomische und politische Macht des Britischen Empire. Später stand ihm eine kleine Gruppe von Christenfreunden zur Seite, bekannt als Clapham-Gruppe. Am Ende siegte die Gerechtigkeit, und im darauffolgenden halben Jahrhundert erfaßte eine mächtige Erweckung England und die westliche Welt.

Contra mundum. Gegen die Welt. Radikale.

So sind auch Männer wie Dietrich Bonhoeffer und andere Christen in Deutschland zu kennzeichnen, die den Mut hatten, gegen Hitler und seine abscheuliche Theorie von der Superrasse aufzustehen. Für viele von ihnen bedeutete dies Kerker und Tod. Radikal, das beschreibt gewiß auch Bill Bontrager.

Radikale Standpunkte – das bringt uns allerdings auch auf die außerordentlich schwierige und kontroverse Frage nach der Platzanweisung des Christen in Politik und Regierungsverantwortung.

Zunächst die Frage des zivilen Ungehorsams.

Der Fall Bontrager scheint darzulegen, daß Christen ihrer Regierung den Gehorsam verweigern müssen, wenn sie in Widerspruch zum Gesetz Gottes gebracht werden. Und doch fordert uns die Schrift eindeutig auf, dem Gesetz zu gehorchen und uns der Regierungsautorität zu unterstellen.[4] Ist dies nicht ein klarer Widerspruch?

Nein. Um den Konflikt zu lösen, müssen wir einen biblischen Hauptzweck der Regierung verstehen. Der Ursprung der Regierung geht zurück auf die erste Sünde der Menschheit, als Gott am Eingang des Paradieses einen Engel mit Flammenschwert postierte, um Adam und Eva, die rebellierenden ersten Menschen, vom Baum des Lebens fernzuhalten. Salopp gesagt, haben wir da den ersten Streifenpolizisten. Von da an macht die Bibel deutlich, daß Gott »Regierung« einrichtet, um die Sünde des Menschen aufzuhalten.*

Gottes Leute werden nicht deshalb ermahnt, sich der Autorität zu unterstellen, weil Regierungen an sich heilig wären, sondern weil die Alternative Anarchie ist. Die Menschheit würde sich in ihrer Sündhaftigkeit bald selbst zerstört haben.

Somit sind Regierungen biblisch begründet zur Aufrechterhaltung von Ordnung, aber gleichzeitig weist Francis Schaeffer darauf hin: »Gott hat dem Staat Autorität delegiert; er ist nicht autonom.«[5] Wenn also eine Regierung Gottes klaren Geboten zuwiderhandelt, überschreitet sie ihre Autorität. In einem solchen Fall ist der Christ nicht länger an Unterwerfung gebunden, kann sich vielmehr zum offenen und aktiven Ungehorsam gerufen sehen. Dr. Carl Henry** faßt die Verantwortung des Christen

* Regierung hat sich heute weit von ihrer biblischen Zweckbestimmung entfernt. Wenn heute Universitätsprofessoren staatlich finanziert oder Tabakernten kontrolliert werden, so begrüßenswert das auch scheinen mag, können wir uns nur schwer vorstellen, daß dies zur Einhaltung von Ordnung und Aufrechterhaltung von Gerechtigkeit notwendig ist. So mag ein Christ, der seine biblische Verantwortung gegenüber einer Regierung abwägt, ethische Unterscheidungen treffen zwischen einem biblisch gegebenen Regierungsmandat und der Ausübung illegitimer Funktionen.

** ein amerikanischer Theologe

zusammen: »Wenn sich eine Regierung über die Normen der zivilisierten Gesellschaft stellt, kann ihr der Gehorsam verweigert und kann sie angesichts des offenbarten Willens Gottes herausgefordert werden; wenn sie andererseits fordert, was das Gewissen ablehnt, sollte man die Regierung informieren und bereit sein, die Konsequenzen zu tragen.«

John Knox, der große schottische Rechtsgelehrte und Theologe, sprach sich für eine christliche Revolution unter solchen Umständen aus – zum Entsetzen der Christen im 16. Jahrhundert.[6]

Zudem liefert uns die Bibel einen klaren Präzedenzfall für zivilen Ungehorsam. Die Eltern des Mose finden Anerkennung ihrer Entscheidung, ihr Kind vor den ägyptischen Beamten zu verstecken. Das gilt auch für Daniel und seine Freunde, die sich nicht vor dem Standbild des Nebukadnezars verneigen wollten. In den Tagen nach Pfingsten weigerten sich Petrus und Johannes, den Anweisungen des Sanhedrin, der jüdischen Regierungsinstanz, nachzukommen, die den Jüngern untersagte, weiterhin von Jesus zu reden.[7]

Die meisten Fälle sind natürlich nicht so eindeutig, und deshalb kann eine solche Entscheidung nie leichthin oder automatisch getroffen werden. Aber wenn keine anderen Möglichkeiten zur Lösung gefunden werden, nach Gebet und Beratung mit anderen Christenbrüdern und -schwestern und nach sorgfältigem Schriftstudium, sollte ziviler Ungehorsam zur Anwendung kommen.

Die zweite schwierige Frage lautet, ob Männer und Frauen, die Christus treu sein wollen, ein öffentliches Amt übernehmen können.

Meine Antwort lautet: Ja. Denn wenn Christus nicht nur Wahrheit ist, sondern *die* Wahrheit des Lebens und aller Schöpfung, dann gehören Christen auf die politische Bühne, wie sie in alle legitimen Bereiche und Aktivitäten hineingehören, »damit die Segnungen Gottes in allen Lebensbereichen sichtbar würden«, um den großen puritanischen Theologen Cotton Mather zu zitieren. Es ist tatsächlich des Christen Verantwortung, dafür zu sorgen, daß Gottes Maßstäbe der Gerechtigkeit auch in der Regierungsarbeit aufrechterhalten werden. Dies kann innerhalb der Strukturen selbst erreicht werden oder auch von außen, indem öffentlicher Druck auf das System erzeugt wird.

Dies kann gelegentlich Formen annehmen wie bei Bontrager: öffentlicher Widerstand gegen das System.

Jetzt stellen wir die dritte und vielleicht schwierigste Frage: Können Christen entschiedene Fürsprecher der Gerechtigkeit und Moral sein, ohne dabei gleichzeitig die Trennung von Kirche und Staat aufzuheben?

Das Neue Testament ist eindeutig: Es soll keinen Zusammenschluß von Kirche und Staat geben bis zur Wiederkunft Christi, wenn das Reich dieser Welt »zum Königreich unseres Herrn und seines Christus« wird.[8] Schaeffer schreibt: »Wir dürfen das Reich Gottes nicht mit unserem Land verwechseln ... oder das Christentum in unsere Landesfahne verpacken.«[9]

Und doch tun Christen mitunter genau das, sie berufen sich auf Gott, um ihre eigenen politischen Vorurteile zu rechtfertigen, werden arrogant und sektiererisch und setzen ihre bevorzugte Regierungsform oder ihre politische Lieblingsrichtung mit dem Christentum gleich.

Politiker lassen sich gerne auf diesen Prozeß ein und drehen dabei oft geschickt den Spieß um, so daß die Christen, die meinen, einen Einfluß auf die Regierungsarbeit auszuüben, plötzlich entdecken, daß sie selbst manipuliert werden – zum Nutzen der Politiker. (Als einer, dessen Aufgabe es war, für die Nixon-Administration religiöse Führungspersönlichkeiten zu umwerben, kann ich bezeugen, daß diese Leute ebensowenig immun gegen die Schmeicheleinheiten der Macht sind wie andere.)

Ein durchblickender Zeitgenosse warnt: »Die Geschichte zeigt: Wenn die Gesellschaft die Religion umarmt, erwidert die Religion gewöhnlich diese Umarmung. Auf Anpassung folgt oft Vermischung und Auflösung. Wir akzeptieren einige Popularität, und im Bemühen um mehr Anerkennung geben wir Überzeugungen auf, die unpopulär sein könnten ... Damit ist unsere Identität als Christen bedroht.«[10]

Der Schlüssel zur Beantwortung dieser Frage liegt in der Erkenntnis, daß des Christen Ziel nicht Macht, sondern Gerechtigkeit heißt. Wir sollen versuchen, die Institutionen der Macht gerechter werden zu lassen, ohne durch den dazu notwendigen Prozeß korrumpiert zu werden. Dies erfordert eine feine Balance, und Gott selbst liefert unsere Vorgabe:

> In Anwendung seiner Allmacht hätte Gott den Aufstand Satans zerschmettern können. Aber es entsprach dem

> Wesen Gottes, Gerechtigkeit über die reine Macht zu stellen. Darum starb Christus, damit Gerechtigkeit, verwurzelt im Sein Gottes, zur Lösung würde ... Darum ist das Beispiel Christi – aufgrund der Bedeutung seiner Person – unser Maßstab, unsere Regel, unsere Meßlatte. Darum steht Macht nicht an erster Stelle, sondern Gerechtigkeit kommt in der Gesellschaft und im Gesetz zuerst.[11]

Nun sagen einige: Der gesunde Menschenverstand zeigt schon, daß man zunächst einmal Macht braucht, um Gerechtigkeit zu üben. Wie oft wurde dieses Argument angewandt, um die schrecklichsten Mißbräuche, die im Namen der Religion begangen wurden, zu rechtfertigen. Malcolm Muggeridge* hilft uns, dieses scheinbare Paradoxon zu verstehen: »Im Niedergang der Macht, nicht in ihrem Triumph, kann der Mensch ihr eigentliches Wesen erkennen, und im Bewußtsein seiner eigenen Unzulänglichkeit kann er angesichts eines solchen Niederganges am besten verstehen, wer und was er ist.«[12]

Bontrager lernte diese Lektion. Auch ich ... im Gefängnis.

Mein Leben lang strebte ich nach Wohlstand, Erfolg und Ruhm, weil darin – wie ich dachte – die Schlüssel zur Sicherheit und Macht lagen. Wie die meisten Kinder der großen Depression wurde ich von Erinnerungen an Schlangen beim Brotkauf beeinflußt, und von besorgten Eltern, die nicht wußten, wie das Geld für Lebensmittel und Miete reichen sollte. Der Glaube an den amerikanischen Traum trieb diesen Enkel von Einwanderern voran, und ich glaubte, mit Entschlossenheit und harter Arbeit an die Spitze gelangen zu können. Geld und Besitz waren die Schlüssel zu dem Reich, wo ich dann die Türen gegen Mangel, Angst und Unsicherheit schließen konnte.

Das Jurastudium vertiefte nur meine Überzeugungen über die Wichtigkeit des Privateigentums. (In den Nachkriegsjahren gab es viermal mehr Vorlesungen über Eigentumsrecht als über Personenrecht; übrigens wurden überhaupt keine Vorlesungen über Ethik angeboten.)

Dann machte ich die Erfahrung, daß eine Anwaltskanzlei wie jedes andere Geschäft geführt wurde: Die wünschenswertesten Mandanten waren diejenigen, die am meisten zahlen konnten. So verbrachte ich meine Zeit fast ausschließlich mit leitenden Fir-

* ein englischer Journalist

menangestellten oder anderen wohlhabenden Personen. (Wie bei über 98% aller Anwälte beschränkten sich meine Berührungspunkte mit dem Strafrecht oder den Armen und Unterprivilegierten auf die ein oder zwei gefürchteten Anweisungen pro Jahr, als Pflichtverteidiger zu fungieren.)

Nach meiner Überzeugung sollte das Gesetz – d. h. die Gerechtigkeit – den Besitz des einzelnen schützen und damit als letzte Schiedsstelle in einer merkantilen Gesellschaft dienen. Meine Aufgabe sah ich darin, meine Überzeugungsfähigkeiten im Kongreß oder den Gerichten für diejenigen einzusetzen, deren wirtschaftliche Interessen ich vertrat (und von denen ich, nicht zufällig, sehr gut bezahlt wurde). Gerechtigkeit wurde damit, kurz gesagt, die Summe der Regeln und Verhaltensweisen, die ich zu formen versuchte.

Als ich in die Politik ging, stellte sich mir keine wirklich andere Aufgabe, nur meine Klienten wurden die Politiker, denen ich diente, die politischen Überzeugungen, die ich geformt hatte, das Wahlprogramm und diejenigen, deren Wahlspenden oder Einfluß groß genug waren, um die Tore des Weißen Hauses für sie zu öffnen. (Gewöhnlich verspottete ich die Protestler, denen diese Tore verschlossen blieben. »Das Gesetz wird nicht auf den Straßen, sondern von der Regierung gemacht«, lautete eine beliebte Feststellung. Eine nette Umschreibung dafür, daß Gerechtigkeit von denen definiert wird, die am Hebelarm politischer Macht sitzen.)

Letztlich natürlich lieferte für mich die Justiz das Instrument, um diejenigen aus der Gesellschaft auszugrenzen und zu bestrafen, die es ablehnten oder unfähig waren, nach den Regeln zu leben, die Leute wie ich aufstellten. Dabei berief ich mich auf fundamentale Überzeugungen über persönliche Freiheit und glaubte als Schüler von Locke und Jefferson fest an die unveräußerlichen Rechte der Menschen und den Schutz persönlicher Freiheit. Aber meine Beurteilungsgrundlage (auch in den Fällen und bei den Personen, die ich vertrat) blieb dabei fast gänzlich subjektiv und damit auf gefährliche Weise durch jede Laune und Leidenschaft verwundbar. Je mehr ich lernte, um so gefährlicher wurde ich; je mehr Macht ich gewann, um so mehr gewann die Macht mich.

Ich war blind. Erst im »Zusammenbruch der Macht« habe ich sie und mich schließlich verstanden. Meine Sicht des Lebens wurde begrenzt durch die eleganten Vorhänge der Fenster im

Weißen Haus, mein Ausblick fiel auf grünen Rasen, sorgfältig gestutzte Hecken und die stolzen Fassaden der Häuser, in denen die Macht wohnte. Erst nachdem ich die Welt von der Unterseite sah, durch die Gitterstäbe eines dunklen Gefängniskäfigs und den Stacheldraht von Zwangslagern, konnte ich zum ersten Mal wirklich *sehen.*

Einen Meter weiter weg, auf der nächsten Pritsche im überfüllten, lauten Schlafsaal, lag ein ehemaliger Bankdirektor einer Kleinstadt, der nach seiner ersten Verurteilung wegen einer Steuerhinterziehung von $ 3000 drei Jahre absaß. Die tiefen Wunden jahrelanger, nutzloser Eingaben hatten sein Gesicht lang und hager werden lassen. In ihm begegnete ich dem ersten lebendigen Opfer des großen Wirtschaftskrieges, den ich gekämpft hatte. *Vielleicht war er über eine der Maschen oder Schlingen gestolpert, die ich in der Finanzgesetzgebung untergebracht hatte.* (Das Gefängnis steckte voller Leute, die nach von mir geschriebenen oder durchgedrückten Gesetzen verurteilt wurden; eben darum war mein Leben in jenen ersten Gefängnistagen ständig bedroht.)

Danach begegnete ich einem Mann in den Zwanzigern, dessen Gesicht andauernde Schmerzen widerspiegelte. Dieser Tankstellenbesitzer saß sechs Monate ab, weil er den Scheck eines Kunden über $ 84 angenommen hatte, der sich später als gestohlen erwies. Auch ein erstes Vergehen. Die übermäßige Strafe ging auf einen ehrgeizigen Staatsanwalt zurück, der sich einen Namen machen wollte, und einen Richter mit einem gemeinen Charakterzug und dem Ruf, impulsiv zu urteilen.

Ein mondgesichtiger schwarzer Junge mit traurigen Augen beharrte nachdrücklich darauf, seinen Urteilsspruch überhaupt nicht zu kennen. Natürlich stellte er sich dumm, um damit Sympathie und rechtliche Hilfe zu gewinnen, dachte ich und tat ihn ab. Nach einigen Tagen konnte ich mich zu meinem Erstaunen von seiner Aufrichtigkeit überzeugen. Ein Pflichtverteidiger hatte ihm 20 Minuten zur Verfügung gestanden und ihm eingeredet, sich der Hehlerei schuldig zu bekennen. Dann schleppte er den entsetzten und mit Handschellen gefesselten Mann vor einen Richter, der etwas von vier Jahren murmelte und mit dem hölzernen Hammer auf seinen Tisch schlug, ein Geräusch, das kein Angeklagter je vergessen wird. Dieser junge Mann, der nie ein Gefängnis von innen gesehen hatte, kämpfte die nächsten 30 Tage, zusammengeduckt in die Ecke einer Massenzelle in einem

Gefängnis in Tennessee, um sein Leben. Noch Wochen, nachdem er in unser Gefängnis überwiesen wurde, blickte er um sich wie ein geprügelter Hund.

Diese Männer bildeten keine Ausnahmen. Die meisten meiner Mitgefangenen waren arm; falls sie Geld gehabt hatten, wurde es durch die Prozeßkosten verschlungen. Obwohl nach einer volkstümlichen Vorstellung in diesen Gefängnissen mit geringeren Sicherheitsvorkehrungen nur Häftlinge aus »gehobeneren« Schichten einsitzen, um es sich einige Monate gutgehen zu lassen, begegnete ich nur wenigen, die es sich noch vor einem Jahr hätten leisten können, mich als Anwalt zu nehmen.

Dort also, umgeben von Verzweiflung und Leiden, sah ich erstmals mit den Augen der Machtlosen. Ich verstand langsam, warum Gott die Gesellschaft nicht aus der Perspektive der Mächtigen betrachtet, sondern mit den Augen der Kranken und Bedürftigen, der Niedergebeugten und Unterdrückten. Ich begriff, warum Gott in seiner Forderung nach Gerechtigkeit sich nicht durch leicht korrumpierbare Könige offenbarte, sondern durch bäuerliche Prophetengestalten, die in ihrer eigenen Machtlosigkeit Gottes Perspektive begreifen und weitergeben konnten. So lernte ich schließlich mit Solschenizyn sagen: »Segensreiche Gefängniszeit«, die in mein Leben trat. Denn nur im Zerbruch meiner eigenen, weltlichen Macht erkannte ich das Wesen der Macht, was sie mir angetan und was sie durch mich bei anderen angerichtet hatte. Macht, so lernte ich, konnte nicht mit Gerechtigkeit gleichgesetzt werden.

Aber der Christ, der radikal mit der Macht dieser Welt bricht, ist weit entfernt von Machtlosigkeit – ein weiteres Paradoxon des Königreiches Gottes. So könnte man meinen, Bill Bontrager habe durch die Niederlegung seines Richteramtes alle Möglichkeiten eingebüßt, das Rechtssystem seines Staates zu beeinflussen. Aber das muß nicht so sein. In Indiana nehmen Reformbemühungen ihren Fortgang. Zumindest legte seine Entscheidung denjenigen ein ungerechtes System offen, die dies sonst nie gesehen hätten. In meinem eigenen Leben wurde deutlich, daß Gott meine Machtlosigkeit gebrauchte, um viel mehr für Strafrechtsreformen zu tun, als ich das je in meinem einflußreichen öffentlichen Amt tat.

Wenn wir Gott wirklich lieben, müssen wir auch seine Gerechtigkeit lieben und entsprechend handeln. Mit einer heiligen, radikalen Position – nötigenfalls *contra mundum* – geben wir die Illusion der Macht auf und entdecken wirkliche Macht. Darin bestand gewiß eine der größten Entdeckungen von Alexander Solschenizyn im sowjetischen Gulag.

Wie die anderen Gefangenen arbeitete auch Solschenizyn auf den Feldern; seine Tage folgten dem Muster: zermürbende Schwerarbeit und langsamer Hungertod. Eines Tages schien die Hoffnungslosigkeit unerträglich. Solschenizyn erkannte keinen Sinn mehr im Durchhalten; sein Überleben würde schließlich doch nichts ändern. Er legte seine Schaufel nieder und wankte zu einer einfachen Holzbank. Er wußte, jeden Augenblick würde ein Aufseher erscheinen, um ihn zurückzujagen. Reagierte er nicht, würde dieser ihn wahrscheinlich mit seiner eigenen Schaufel erschlagen. Oft war das vor seinen Augen mit anderen geschehen.

Als er dort mit gebeugtem Kopf wartete, merkte er, daß jemand neben ihm war. Langsam hob er seine Augen. Neben ihm saß ein alter Mann mit zerfurchtem, völlig ausdruckslosem Gesicht. Vornübergebeugt fuhr der Mann mit einem Stock durch den Sand vor Solschenizyns Füßen und zeichnete mit sorgfältigen Strichen ein Kreuz.

Als Solschenizyn auf dieses Zeichen starrte, veränderte sich seine ganze Perspektive. Immer noch war er nur ein einzelner gegen das allmächtige Sowjetregime. Und doch wußte er in jenem Augenblick, daß alle Hoffnung der Menschheit durch das einfache Kreuz deutlich wurde – und durch diese Macht war alles möglich. Solschenizyn stand langsam auf, griff nach seiner Schaufel und ging an die Arbeit zurück – er wußte damals noch nicht, daß sein literarisches Werk über Wahrheit und Freiheit eines Tages die ganze Welt aufhorchen lassen würde. Diese Kraft fließt demjenigen aus Gottes Wahrheit zu, der bereit ist, sich gegen alle Hoffnungslosigkeit zu erheben. Das ist die Macht des Kreuzes.

Das heilige Volk

Sie lieben sich. Sie helfen stets den Witwen; sie retten Waisen, damit niemand ihnen ein Leides tut. Wenn sie etwas besitzen, geben sie freizügig dem, der nichts hat; sehen sie einen Fremdling, nehmen sie ihn zu Hause auf und sind glücklich, als sei er ein wirklicher Bruder. Sie betrachten sich nicht als Brüder im üblichen Sinne, sondern vielmehr als Brüder im Geist, in Gott.

ARISTIDES ÜBER DIE CHRISTEN
AN KAISER HADRIAN

18. Das heilige Volk

Auf der Höhe der Energiekrise im Jahre 1977 ordnete der Gouverneur von Virginia Energiesparmaßnahmen in nicht dringlich benötigten Gebäuden an. Es erstaunte niemanden, daß Kirchen ganz oben auf seiner Liste standen. In den Augen der Welt und auch für viele Kirchgänger ist die Kirche lediglich ein Gebäude, und ein teures, zu wenig benutztes dazu. Mit Ausnahme einiger Stunden am Sonntag und einer gelegentlichen Veranstaltung in der Woche steht das Gebäude leer. Warum sollte man es mit knapper Energie heizen?

Diese Leute betrachten die Kirche als eine weitere Institution mit eigener Bürokratie, von Pfarrern und Priestern geleitet, die wie Rechtsanwälte und Ärzte eben einer besonderen Berufsgruppe angehören (wenn auch nicht so gut bezahlt). Selbst wenn diese Einrichtung eine recht nützliche gesellschaftliche und erbauliche Funktion erfüllt, etwa wie eine Kunstvereinigung oder ein bürgerlicher Verein, könnten doch die meisten Menschen recht gut auch ohne diese auskommen.

In mancher Hinsicht ist die Kirche für ihr eigenes Image verantwortlich. (Es scheint eine allgemeine Tendenz zu sein, daß etwas schließlich zu dem wird, wofür man es hält.) Aber diese traurige Tatsache hat an Gottes Definition von Kirche und seiner Absicht für die Kirche nichts verändert. Aus biblischer Sicht ist die Kirche ein *Organismus,* nicht eine Organisation – eine *Bewegung*, nicht ein Denkmal. Sie ist nicht Teil der bürgerlichen Gemeinde, sondern eine völlig neue Gemeinschaft. Sie ist nicht eine ordentliche Versammlung, sondern stellt eine neue Ordnung mit neuen Werten dar, die sich oft im scharfen Widerspruch zu den gesellschaftlichen Werten befinden.

Die Kirche lockt nicht Menschen herbei, sie sendet sie aus. Sie zieht sich nicht neben anderen Vereinigungen in eine bequeme Nische zurück. Die Kirche soll der Gesellschaft vielmehr unbequem werden. Wie Hefe hebt sie die Masse empor, verändert sie von innen her. Wie Salz würzt und bewahrt sie alles, in das sie eindringt.

Aber wie Hefe aus vielen Partikeln und Salz aus vielen Körnchen besteht, so formt sich auch Kirche aus vielen individuellen

Glaubenden. Gott hat uns die Mitchristen gegeben; wir leben das Christenleben nicht alleine. Wir lieben Gott nicht alleine.

An Jesus glauben heißt, ihm zu folgen und in das »Reich Gottes« einzutreten, von dem er sagte, es sei »herbeigekommen«.[1] Das ist eine »neue Verpflichtung ... eine neue Kameradschaft, eine neue Gemeinschaft, auf Bekehrung gegründet«.[2]

Sehen wir doch, wie Aristides dem römischen Kaiser Hadrian die Christen beschrieb:

> Sie lieben sich. Sie helfen stets den Witwen; sie retten Waisen, damit niemand ihnen ein Leides tut. Wenn sie etwas besitzen, geben sie freizügig dem, der nichts hat; sehen sie einen Fremdling, nehmen sie ihn zu Hause auf und sind glücklich, als sei er ein wirklicher Bruder. Sie betrachten sich nicht als Brüder im üblichen Sinne, sondern vielmehr als Brüder im Geist, in Gott.[3]

Aristides beschrieb das Königreich Gottes, sichtbar geworden durch die Gläubigen.

Erstaunlicherweise war es Petrus – der jüdischste und am stärksten gemeindlich denkende von allen Aposteln – der mit Paulus über die Bescheidenheit stritt und sich gegen die Verkündigung der Guten Nachricht bei den Heiden in Cäsarea wehrte – der am schärfsten erkannte, was es mit dem neuen Königreich auf sich hatte. Er sprach die junge Gemeinde aus Gläubigen verschiedener Länder, Rassen und Sprachen der damals bekannten Welt als »das heilige Volk« an.[4]

Dabei handelte es sich nicht um eine von Petrus erdachte Schlagzeile für die Kirche; er nahm den Begriff aus der Schrift – aus Gottes Worten an Mose, als er Israel zu seinem »heiligen Volk« berief.[5] Damals stand Gottes Zelt unter seinem Volk, und er lebte mit ihnen. Heute erweist sich das Königreich durch die, in denen Christus wohnt. Schon Johannes Calvin bemerkte, es sei die vornehmste Aufgabe des Christen, das unsichtbare Königreich sichtbar zu machen.

Kann das geschehen? Können wir nicht allein geheiligte Menschen, sondern auch ein heiliges Volk sein? Ja, wir *müssen* es sein. Dazu jedoch gilt es, bestimmte Wahrheiten zu verstehen und auszuleben – was als Grundlage der Kirche betrachtet werden kann. Einige davon wurden mir am besten in einer Gemeinde illustriert, wo ich es vielleicht am wenigsten erwartet hatte – in Seoul, Korea.

Die Republik Korea, ein Land von 37 Millionen Einwohnern, ist überwiegend buddhistisch; es gibt lediglich 7 Millionen Christen, davon vielleicht 2 Millionen Evangelikale. Doch entdeckte ich zu meinem Erstaunen bei meinem ersten Besuch in Seoul im Jahre 1981 überall Anzeichen eines christlichen Einflusses: Wachsende christliche Gemeinden, Beachtung christlicher Werte und eine totale Offenheit dem Evangelium gegenüber. Mir wurde Zugang zu den Gefängnissen, sogar zu denen mit politischen Häftlingen, gewährt, dreimal konnte ich in überfüllten Gefängnisauditorien predigen, wonach viele Häftlinge ihren Glauben an Jesus Christus bekannten. Mir wurde erlaubt, mich mit amerikanischen Häftlingen zu treffen, die in Korea verurteilt worden waren; sogar völlig private Begegnungen mit Anführern von Dissidentengruppen waren möglich.

Den Höhepunkt der Reise bildete ein Sonntagmorgen-Gottesdienst in der Full-Gospel-Kirche in Seoul – was mich erneut erstaunte. Ich war skeptisch. Von dem phänomenalen Wachstum dieser winzigen Missionsstation mit einer handvoll Mitglieder Anfang der sechziger Jahre bis zur größten örtlichen Gemeinde zwanzig Jahre später – über 150 000 Mitglieder – hatte ich gelesen.

Mitgliedermaximierung habe ich nie als vorrangigste Aufgabe einer Gemeinde betrachtet, gewiß auch nicht als untrügliches Zeichen geistlichen Lebens. Reserviert beobachtete ich, wie die Mengen herein- und hinausströmten, Busse in langen Reihen auffuhren, Fernsehkameras und Techniker überall. *Sie predigen gewiß nicht das Evangelium*, dachte ich bei dem Gedanken, daß lediglich eine Nachahmung von Madison Avenue und Hollywood dies zustande bringen könnte, nicht aber der Heilige Geist. Beklommen erinnerte ich mich an Berichte über demonstrative Glaubensäußerungen dieser Gemeinde, stärker ausgeprägt als bei den meisten Pfingstkirchen in den Staaten. Ich freue mich über ein gelegentliches »Amen«, aber ...

Obwohl ich oft vor großen Versammlungen gesprochen habe, elektrisierte mich doch die mehr als zehntausendköpfige Menge und die Mitteilung, daß weitere fünfzehntausend in benachbarten Hallen über Fernsehen angeschlossen waren. Und hierbei handelte es sich lediglich um einen von sechs Sonntagsgottesdiensten!

Als ich mit der Predigt begann, die der leitende Pfarrer namens Cho zügig übersetzte, empfand ich eine Herzlichkeit, die mir von der Gemeinde entgegenschlug, ein mächtiges Wirken des Geistes. Mühelos konnte ich weitersprechen. Das Sprachhindernis, oft auch bei den besten Übersetzern ein Problem, wurde durch eine unmittelbare Gleichzeitigkeit zwischen dem Pastor und mir überwunden. Und obwohl ich vom weiteren Gottesdienst kein Wort verstand, teilte sich mir doch die Spannung und zu meiner Freude auch ein Geist der Anbetung mit. Es war eine geheiligte Zeit.

Anschließend traf ich mich mit Pastor Cho in seinem Studierzimmer. Der blasse, schlanke Mann machte einen scheuen und zurückgezogenen Eindruck, bis er zu sprechen anfing; dann ging ein wirklicher Funke von ihm aus.

»Sie leiten eine fantastische Gemeinde, Pastor«, sagte ich.

»O nein«, wehrte er das Kompliment ab. »Dies ist gar nicht die Gemeinde. Hier kommen wir lediglich einmal in der Woche zusammen. Diese Gemeinde findet eigentlich in den Häusern statt – zehntausend Zellen, wo sich Menschen regelmäßig überall in dieser Stadt treffen.«

Ich hatte einen naheliegenden Fehler gemacht. Nach meiner Vorstellung mußte das phänomenale Wachstum einer Gemeinde auf das Charisma und die Persönlichkeit des Leiters zurückzuführen sein, denn oft wachsen unsere amerikanischen Kirchen oder parakirchlichen Bewegungen durch die Persönlichkeit des Pfarrers oder Leiters. Aber dieses Muster offenbart lediglich eine christliche Anpassung an den Persönlichkeitskult unserer Gesellschaft.

Aber ein charismatischer Leiter ist nicht das Geheimnis der Lebendigkeit und Größe dieser Gemeinde in Seoul. Dabei ist Cho dynamisch und hervorragend begabt; aber das Wachstum dieser Gemeinde geht auf seine Schwachheit, nicht auf seine Stärke zurück. Die meiste Zeit seines Lebens ist Cho krank gewesen. Es wurde TB im Endstadium diagnostiziert, unter der Last der Arbeit brach er völlig zusammen und hatte verschiedentlich unter Magengeschwüren zu leiden. Das Konzept mit den kleinen Zellen wurde notwendig, weil Cho die Arbeit nicht bewältigen konnte. So beauftragte er Älteste, die Verantwortung für Gemeindeglieder in ihrer Nachbarschaft zu übernehmen. (Entgegen den tief verwurzelten Gewohnheiten seiner orientalischen Kultur berief Pfarrer Cho viele Frauen als Leiter solcher Gruppen.)

Diese Zellen, eigentlich Hauskirchen, evangelisierten ihre Nachbarschaft, fanden auch Wege zur praktischen Nachbarschaftshilfe, ermutigten zu geistlicher Disziplin und fingen so an zu wachsen.[6]

Ich tat innerlich Abbitte wegen meiner kritischen Haltung gegenüber Pfarrer Cho, als er mir erzählte, daß er trotz eines umsichtigen Systems der Leitungsautorität und Erarbeitung von Predigt- und Lehrmaterial für die Gruppen doch von 1964 bis 1973 niemals eine genaue Mitgliederzählung vorgenommen habe. Als er dann schließlich entdeckte, daß durch die in aller Stille geschehene Evangelisation der Hauskreise die Mitgliedschaft in der Zeit von 8000 auf 23000 angewachsen war, erstaunte dies Cho am meisten.

Das bringt uns zu einem Punkt, den ich als Grundprinzip für die Kirche betrachte: *Die glaubende Gemeinde muß durch das Wirken des Geistes von innen nach außen wachsen.* Eine auf solche Weise gebaute Gemeinde kann gegen alle Angriffe bestehen.

Im Wissen um die nordkoreanischen Divisionen, nur etwa 40 km nördlich von Seoul, weist Pfarrer Cho darauf hin, daß er plötzlich inhaftiert werden könnte, die Kirchentüren könnten geschlossen werden und alle Mitarbeiter über Nacht verschwinden. Aber die Gemeinde würde weiter wachsen. (Genau dies ereignete sich in China, wo sich die Gemeinde Jesu in den dunklen Jahren der Kulturrevolution und Verfolgungen dennoch vermehrfachte.)

Was wird in einer Gemeinde geschehen, wenn der Pfarrer festgenommen oder die Kirche zerstört oder geschlossen ist? Die meisten Gemeinden sind völlig vom Pfarrer und den anderen Mitarbeitern abhängig. Jay Kesler, internationaler Leiter von Jugend für Christus, sagte einmal: »Die westlichen Kirchen sind wie eine Profifußballmannschaft: 50000 sitzen im Stadion und beobachten 22 Männer, die sich bis zur Erschöpfung abrackern.« Nimmt man die 22 weg, gibt es kein Spiel.

Cho hat das in Seoul nicht einreißen lassen. Er glaubte an Gottes Auftrag, eine mündige Gemeinde zu bauen. So sah er es als seine besondere Aufgabe an, Laienmitarbeiter auszurüsten, damit sie den Gemeindedienst nach innen und außen tun können.

Dick Halverson, bekannter Pfarrer des amerikanischen Senates, unterstreicht, daß die »Zurüstung der Heiligen«, – womit alle Gläubigen gemeint sind – die zentrale Aufgabe jedes Pfarrers darstellt. »Nirgends in der Bibel«, schreibt er, »wird die Welt ermahnt, in die Kirche zu kommen. Jedoch ist der Gemeinde klar geboten, zur Welt hinzugehen... Dieser Dienst obliegt den Leuten auf den Kirchenbänken, nicht dem Mann auf der Kanzel.«

Damit, so fährt er fort, trifft sich die Gemeinde am Sonntagmorgen, um sich in erster Linie darauf vorzubereiten, diesen Dienst die Woche über in allen Lebensbereichen auszuführen.[7]

Damit sind wir beim zweiten Prinzip für die Gemeinde: *Sie muß Laien befähigen, Gemeinde in die Welt hineinzutragen.*

Die Befolgung dieses Prinzips könnte die Gespaltenheit so vieler Christen heilen. Fragen Sie einmal ein Gemeindeglied: »Welches ist Ihr Dienst?« Die Antworten gleichen sich alle: »Oh, ich bin Programmierer, aber jeden Donnerstagabend gehe ich zu den Gideons. Das ist mein Dienst.« Halverson nennt dies eine fatale Unterteilung in »Weltliches« und »Geistliches«. Es ist der Dienst jedes Gläubigen, in allen Lebensbereichen, auf dem Marktplatz oder zu Hause, jeden Augenblick, jeden Tages als Christ erkennbar zu sein. Das hat etwas mit täglicher Heiligung zu tun. Das heißt es im tiefsten, Gott zu lieben und seinen Frieden zu leben.

Natürlich hat die Kirche in Korea auch Probleme – und gelegentlich mag die Kritik an einer unguten Verbindung mit der Regierung angebracht sein. Trotzdem kennzeichnet die Gemeindeglieder eine intensive Bereitschaft zu geistlicher Disziplin. Viele von den Hauskreisen aus Chos Gemeinde und Gebetsgruppen anderer Kirchen treffen sich in den frühen Morgenstunden zum Bibelstudium und Gebet. Kaum ein koreanischer Christ würde seinen Tag ohne Bibel und Gebet beginnen. Weil dies so weit verbreitet ist, können sich auch viele Gebets- und Bibelstudiengruppen über die Mittagszeit in Fabriken und Bürogebäuden treffen.

Zur Full-Gospel-Gemeinde gehört ein Freizeitgelände mit dem Namen »Berg des Gebetes«, wo sich täglich tausend oder mehr Christen einfinden, um in winzigen, aus den Felsen gehauenen Höhlen auf Strohmatten kniend zu beten. Die dort keinen Platz mehr finden, füllen eine große Halle des Zentrums. Manche Arbeiter planen die erste Hälfte ihres zweiwöchigen Urlaubs ein, um an diesem Ort zu fasten und zu beten.

Wen wundert es da, daß die Christen trotz zahlenmäßig fünffacher Überlegenheit der Buddhisten heute den stärksten Einfluß auf das Leben in Korea ausüben? Leider kann dies trotz zahlenmäßig zehnfacher Überlegenheit der Christen in den Vereinigten Staaten nicht gesagt werden.

Darum gilt als drittes Grundprinzip für die Gemeinde: *Geistliche Disziplin – anhaltendes Gebet und ernsthaftes Studium des*

Wortes Gottes. Hierbei geht es um Sein oder Nichtsein, denn Gemeinden, die Wort und Gebet vernachlässigen, verfallen rasch. Gemeinden hingegen, die geistliche Disziplin üben, können von Gott gesegnet und gebraucht werden.

Große Erweckungen wurden in Zeiten geboren, als Christen ernsthaft beteten. Die Laienerweckung von 1858, die die westliche Welt ein halbes Jahrhundert lang beeinflußte, fing mit einer wöchentlichen Gebetsstunde an, die der Geschäftsmann Jeremiah Lanphier mit einer Handvoll Leuten in einem kleinen Zimmer der Old-North-Dutch-Kirche in New York hielt. Die Gruppe wuchs, und bald wurden tägliche Zusammenkünfte nötig. Andere Gemeinden folgten dem Beispiel, bis sich alle öffentlichen Versammlungsräume der Stadt regelmäßig füllten. Schon nach wenigen Monaten trafen sich täglich 10 000 Menschen mittags zum öffentlichen Gebet in den Straßen New Yorks. In zwei Jahren schlossen sich zwei Millionen bekehrte Menschen amerikanischen Kirchen an.

Wie eine Flut überschwemmte die Erweckung das Hudson-Tal und weiter nach Chicago, wo Dwight Moody gerade mit jungen Leuten zu arbeiten anfing. Dann sprang der Funke über den Atlantik nach Irland, Schottland, England und Wales und verbreitete sich wie ein Feuer über viele Teile Europas, dann weiter nach Südafrika und Indien. Es gab keine große Organisation für Evangelisation. Kommunikation verlief langsam; die Nachrichten liefen von einer Gebetsgruppe zur anderen, von Gemeinde zu Gemeinde, von Stadt zu Stadt. Diese Bewegung wurde weitergetragen von Eifer und Hingabe tausender Christen.

Ähnliche Hinweise können bei anderen mächtigen geistlichen Bewegungen vergangener Jahrhunderte entdeckt werden.

Hierbei wird auch deutlich, daß sich Erweckungen nicht geographisch begrenzen lassen. Denn die Gemeinde Jesu Christi ist nicht amerikanisch oder koreanisch, weder englisch noch deutsch. Es ist *eine* Gemeinde, *ein* Leib – *ein* heiliges Volk, das die willkürlichen geographischen und politischen Grenzen der Menschen überschreitet.

Dies führt uns zum vierten Grundprinzip für die Gemeinde: *Als ein heiliges Volk müssen wir uns von allem Provinzialismus freimachen und für die Einheit in Christus arbeiten.*

Ich muß bekennen, daß es vor meiner Bekehrung zu Jesus Christus einige häßliche Vorurteile in den dunklen Winkeln meines Herzens gab, besonders gegen Völker, mit denen Amerika in diesem Jahrhundert Krieg geführt hat. Aber auf meinen Reisen als Christ zu Christen anderer Rassen und Nationalitäten hat mir der Herr die schönsten Begegnungen gerade in diesen Ländern geschenkt. Der Heilige Geist kann alle Hindernisse hinwegräumen.

Darum ist das, was in der Gemeinde Jesu im äußersten Winkel dieser Erde geschieht, genauso wichtig, wie das Leben unserer örtlichen Gemeinde. Der Rest der Welt ist so weit entfernt wie die nächstgelegene mittellose Ghetto-Gemeinde in unserer Stadt oder so nahe wie die Hausgemeinde im Untergrund in China.

»Wenn ein Glied leidet, so leiden alle Glieder mit.«[9] Die große Massenbewegung zu den Vororten in den vergangenen drei Jahrzehnten läßt diese Wahrheit der Heiligen Schrift besonders dringlich werden. Expandierende neue Gemeinden der Mittelklasse umringen die Ghettos der Stadtzentren, wo die alten, fast verlassenen Kirchen ausbluten. Wie eine Armee im Rückzugsgefecht haben wohlhabende Vorortgemeinden die Verwundeten zum Sterben in den Herzen großer Stadtgebiete zurückgelassen – körperlich und geistlich.*

Auch unsere Gefangenenmission bemüht sich darum, Stadtkerngemeinden zu helfen, Mittel und Bedürfnisse zusammenzubringen. Gemeinden, deren Blick nur nach innen gerichtet ist, engen ihren Horizont immer mehr ein. Diejenigen aber, die mit Petrus begreifen, daß die Kirche Jesu Christi *ein* heiliges Volk ist, entdecken unvorstellbaren geistlichen Reichtum.

Die Presbyterianische Eastminster-Gemeinde in Wichita, Kansas, machte diese Erfahrung. Obwohl in Frank Kik ein begabter Pfarrer der Gemeinde vorsteht, teilen sich auch Laienmitarbeiter in die Leitungsverantwortung, und die »Heiligen werden zugerüstet«. Bekannte theologische Lehrer aus allen Landesteilen halten dort Seminare; Laien haben sich zu ernsthaftem Bibelstudium eingeschrieben; viele nehmen an Gebetsgruppen teil; die Gemeinde unterstützt aktiv Missionare in Übersee und diakonische Hilfsprogramme im eigenen Lande.

Nach meiner Überzeugung wuchs dies aus der bewußten Ent-

* Eine einfache Lösung dieses Problems wäre eine Patenschaft jeder Vorortgemeinde mit einer solchen Stadtzentrum-Gemeinde, um Leben und Lehre miteinander zu teilen. Dabei kann es enorme Auswirkungen geben, und gerade die gebende Gemeinde wird sehr gesegnet. Eine christliche Bewegung namens STEP hat sich dieser Aufgabe besonders gewidmet.

scheidung, mit einem natürlichen Provinzialismus zu brechen und die Einheit des heiligen Volkes in die Praxis umzusetzen.

Im Jahre 1975 legten die damals 850 Gemeindeglieder $ 500000 für einen dringlich benötigten Erweiterungsbau ihrer Kirche zusammen. Die Pläne des Architekten waren fast fertig, und die Gemeinde erwartete mit Spannung den Baubeginn.

Dann wurde eine Missionskonferenz in dieser Gemeinde durchgeführt, und ein Missionar von Guatemala zeigte Lichtbilder von der schrecklichen Zerstörung, die ein starkes Erdbeben in diesem Land vor zwei Wochen angerichtet hatte. Ganze Dörfer waren zerstört worden, alles lag in Trümmern, einschließlich der Kirchengebäude der kleinen, aber gesegneten Missionsarbeit.

Nach dem Lichtbildervortrag gab es eine lange, unbequeme Stille. Es war, als habe derselbe Gedanke alle Gemeindeglieder erfaßt. Dann sprach einer für alle: »Dies alles ist passiert, und wir sitzen hier und wollen eine halbe Million Dollar für ein neues Gebäude ausgeben.«

Ein anderer fügte leise hinzu: »Wie können wir uns einen Cadillac kaufen, wenn unsere Brüder und Schwestern in Guatemala nicht einmal einen Volkswagen haben?«

Die Gemeinde verwarf alle bisherigen Pläne, baute eine angemessene Mehrzweckhalle für $ 100000, beschloß, die übrigen $ 400000 mit einem zusätzlichen Darlehen von $ 500000 nach Guatemala zu leiten. Pfarrer Kik und zwei Älteste reisten selbst nach Guatemala, um den Bau von sechsundzwanzig Dorfkirchen und achtundzwanzig Gemeindehäusern zu leiten.

Aber die einzelnen Zellen in Gottes heiligem Volk sind nicht nur gerufen, finanzielle Mittel miteinander zu teilen, die Gemeinde soll sich selbst geben, am Hunger und Leid der Bedürftigen teilnehmen.[10]

Jesus teilte das Leid der Ärmsten; er litt für die ganze Welt. Sollten seine Leute, die Gott heute in der Welt sichtbar machen, nicht ebenso am Leid dieser Welt Anteil nehmen?

Mit Nachdruck: Ja. Erst wenn wir dahin gehen, wo Not herrscht, das Leid der Armen, Entfremdeten, Isolierten und Niedergedrückten zu unserer Sache machen, wird aus Gottes heiligem Volk auch ein liebendes Volk werden.

Eine kleine Gruppe von Christen in Jefferson City, Missouri, verdeutlicht, wie die Gemeinde auf diese Weise tatsächlich Gott liebt, den Frieden Gottes lebt.

19. Geteiltes Leid

Die »Schatten-Menschen« in Jefferson City fielen fast nicht auf in der Stadt. Sie erschienen für einen Tag oder zwei, gaben nur wenig Geld aus und verschwanden wieder. Sie schliefen unter Brücken, auf Parkbänken, auf leeren Parkplätzen; sie schliefen überall, wo sie eine Möglichkeit fanden.

Die Bürger von Jefferson City wußten um diese Schatten, schenkten ihnen aber weiter keine Beachtung, denn sie gehörten nicht zum normalen Lebensablauf dieser Stadt mitten in Missouri im Mittleren Westen.

Jeff City ist die Hauptstadt des Staates mit hübschen Geschäften, stillen Straßen, Hochschulen. Das leuchtende Gebäude der Legislative ist dem Kapitol in Washington nachgebaut und steht auf einem Steilufer mit Blick auf den Missourifluß. In der Stadt mit ihren 35000 Einwohnern stehen zahlreiche Kirchen.

Aber wenn man sich auf der East High Street einige Querstraßen vom Stadtzentrum entfernt, dann links abbiegt, steht man plötzlich vor einer hohen, grauen Mauer mit Wachtürmen. Diese Mauer umschließt die 18 ha des Staatsgefängnisses von Missouri. In diesem Hochsicherheitsgefängnis und drei anderen Haftanstalten in Jefferson City sind die Hälfte der Gefangenen des Staates Missouri untergebracht.

Die meisten von ihnen sehen niemals einen Besucher. Sie sind verloren für diese Welt, aus den Augen und der Erinnerung verschwunden. Die wenigen, deren Familienmitglieder zu Besuch kommen, haben die besten Chancen, nach der Entlassung straffrei zu bleiben. Darum ist den Gefängnisbehörden auch an Besuchern gelegen.

Die »Schatten-Menschen« sind die Frauen, Kinder, Freundinnen, Eltern – die Familien, die Besuche machen. Sie kommen von St. Louis und Kansas City, von weither also, oder auch von kleineren Städten überall im Staate. Die meisten leben von Sozialhilfe, und wenn sie ihre geringen Mittel ausgegeben haben, um nach Jeff City zu gelangen, können sie sich eine Übernachtung nicht mehr leisten.

So müssen die Besucher nach anderen Übernachtungsmöglichkeiten Ausschau halten. Wie die Frau, die den letzten Bus aus

Kansas City nahm und um zwei Uhr morgens auf dem wenig einladenden Busbahnhof in Kansas City ankam. Sie trug ihr sechs Monate altes Baby zu einem nahe gelegenen Hotel in der Innenstadt, schlich sich durch die Empfangshalle in eine Toilette, setzte sich mit ihrem Baby dort auf ein Toilettenbecken und wartete stundenlang, bis sich um acht Uhr die Tore des Gefängnisses für Besucher öffneten. Solange das Baby ruhig blieb, störte sie niemanden, und sie fühlte sich sicher. Sicher wie ein Schatten.

Andere fühlten sich weniger sicher – wie z. B die beiden Frauen, die mit ihren zwei kleinen Kindern kurz nach Einbruch der Dunkelheit ankamen. Sie fuhren zu einer der vielen Brücken – in Jeff City treffen vier Flüsse aufeinander – und suchten dort Zuflucht. Von der Autobahn nicht zu sehen und mit verschlossenen Autotüren, fühlten sie sich einigermaßen geschützt. Trotzdem wechselten sie sich für alle Fälle jeweils nach zwei Stunden mit der Wache ab.

In den meisten Fällen blieben die »Schatten-Menschen« unbelästigt. Aber sie fühlten sich ganz und gar nicht willkommen in der fremden Stadt, ohne einen Platz zum Schlafen, ohne warme Mahlzeit oder die Möglichkeit, ein Bad zu nehmen und Kleider zu wechseln. Sie fühlten sich gemeinsam mit ihren Angehörigen bestraft.

Aber Schatten sind nicht wirklich unsichtbar, und jemand sah in ihnen schließlich nicht nur eine Belästigung oder ein notwendiges Übel. Einige aufmerksame Mitmenschen aus örtlichen Gemeinden und Bürgerorganisationen fragten sich, wie sie diesen Leuten wohl beistehen könnten. Eine Gruppe traf sich einmal im Monat, um das Problem zu diskutieren, aber darüber verstrich ein ganzes Jahr.

In der Zwischenzeit fragte sich eine andere Gruppe – freiwillige Mitarbeiter unserer Gefangenenmission, die bereits mit Häftlingen zu tun hatten –, wie der biblische Auftrag »den Fremdlingen unter uns zu helfen« im Blick auf die »Schatten-Menschen« in Jeff City zu erfüllen sei. Sie luden Familienangehörige der Häftlinge zu sich nach Hause ein. Das war ein Anfang, aber bald stellte sich heraus, daß der Not so nicht begegnet werden konnte; es gab einfach zu viele Besucher.

Dann entwickelte Janice Webb große Gedanken. Als Baptistin hatte sie seit Jahren freiwillig in der Gefangenenmission mitgearbeitet. Dabei erfuhr sie von einem Gästehaus für Angehörige von Häftlingen in West Virginia. Janice, die Leute zur Arbeit motivieren konnte, dachte: »Warum könnte ein solches Gästehaus nicht auch in Jefferson City funktionieren?«

Um die gleiche Zeit nahm Schwester Ruth Heaney, eine Nonne, die in einer Regierungskommission für Strafrechtsfragen mitarbeitete und sich auch in der bürgerlichen Studiengruppe engagierte, Kontakt mit Janice Webb auf. Aus Schwester Ruths Sicht war Janice »die einzige logische Person, die Sache in den Griff zu bekommen«.

Im Mai 1980 bildeten die beiden Frauen den Vorstand des Agape-Hauses, entschieden sich also für einen Namen, ehe ein Haus in Sicht war. *Agape*, weil sie etwas von Jesus bedingungsloser fürsorgender Liebe aufleuchten lassen wollten, und *Haus*, weil sie sich einen Ort wünschten, an dem diese Liebe konkret würde.

Der Vorstand bestand aus Katholiken, Presbyterianern, Anglikanern, Methodisten und Baptisten. Sie gingen das Problem mit Elan an. Elan war damals alles, was sie aufweisen konnten, wie Janice sich nüchtern erinnert: »Wir hatten keinen Pfennig auf der Bank; die ganze Sache war ein Glaubensabenteuer.«

Aber Glaube und Begeisterung bewältigten die Aufgabe. Zuerst stießen sie ganz in der Nähe des Staatsgefängnisses auf eine alte Pension; das Haus verfügte über fast ein Dutzend Schlafzimmer, drei Küchen und ein Preisschild über $ 46000. In nur sechs Wochen brachte der Vorstand die Anzahlung von $ 5000 zusammen, und ein gläubiger Anwalt stellte seine Dienste für die geschäftliche Abwicklung zur Verfügung.

Die Mitglieder des Vorstandes und deren Gemeinden und Familien nahmen das muffige, alte Haus ein wie eine Befreiungsarmee – mit Hämmern, Sägen, Farbtöpfen, Tapeten und Putzeimern. Fünf Gemeinden teilten sich die Zimmer des oberen Stockwerkes. Die neuen Tapeten und der Schaukelstuhl der Presbyterianer in dem einen Zimmer wetteiferten mit der renovierten Decke, den hellen Farben und Trockenblumen der Methodisten in einem anderen.

Im Parterre brachte Schwester Ruth Hängepflanzen vor einem hellen Erkerfenster zum Gedeihen. Der lange Treppenaufgang wurde mit Postern geschmückt, auf denen Bibelverse standen. Eine riesige Familienbibel bildete den Blickfang in der Eingangshalle. Zwei Teenager von einer katholischen Oberschule tauchten an einem Samstag mit einem Schamponiergerät bewaffnet auf und attackierten Hektare von altem Teppichboden. Eine Gruppe Viertkläßler lieferte den Truppen frischgebackene Plätzchen.

Einer kleinen Gemeinde fiel ein besonders wichtiger Beitrag ein – unbegrenzter Nachschub von Toilettenpapier für das Agape-Haus.

Die Freunde im Vorstand wußten allerdings, daß ein Haus der Liebe mehr als diese Äußerlichkeiten brauchte. Bibelverse an den Wänden konnten das Wort Gottes nicht lebendig werden lassen. Das Haus konnte seinem Namen nur gerecht werden, wenn die Leute, die es führten, diesen Namen auslebten.

Schwester Ruth erklärte sich bereit, als stellvertretende Verwalterin zu arbeiten, und für die entscheidende Aufgabe der Verwalterin fand der Vorstand Miltred Taylor, eine kleine, stille, entschlossene Dame der Süd-Baptisten, die zu Hause in Süd-Carolina auf Gottes Führung wartete. Sie war bereit, Seinen wie auch immer gearteten Auftrag in Missouri auszuführen.

Am 2. November 1980 begrüßte Miltred Taylor die ersten Gäste im Agape-Haus und bot ihnen mit den sauberen Bettüchern, den Handtüchern und dem Zimmerschlüssel auch ein Neues Testament an. Der Übernachtungspreis betrug $ 3,00 – falls sie das bezahlen konnten. Wenn nicht, durften sie trotzdem bleiben.

Ohne Geld, Marktanalysen, Konferenzen oder Regierungsmittel hatten sich Gottesleute auf diese Weise den Armen und Gefangenen zugewandt. Trotz anfänglicher Skepsis freuten sich die meisten Bürger in Jefferson City über das Haus. Und bald sprach es sich unter den Menschen herum, die nun nicht länger ein Schattendasein führten.

Neue Gerüche füllten die alte Pension: Frische Farbe, Bohnen oder Makkaroni oder Wiener Würstchen, Zigarettenrauch und Nagellack. Auch neue Geräusche waren zu hören: Frauen erzählten, lachten, weinten; Kinder spielten und kreischten.

Nachts konnte man das Murmeln der Stimmen auch in der kleinen Wohnung hinten im Haus hören. Von Anfang an hatte es Miltred Taylor den Gästen klargemacht, daß ihre Tür immer offen stand. In den folgenden Monaten kamen immer mehr zu einer Tasse Tee und einem stillen Gespräch.

Ein Wochenendgast, der an Miltreds Tür klopfte, war eine Mutter, die ihren Sohn in einem der Gefängnisse besuchte. Sara redete nicht viel, fühlte sich aber offenbar wohl in Miltreds Gegenwart. Als sie am Sonntag nachmittag abreisen wollte, kam sie noch einmal bei Miltred vorbei und umarmte sie. »Danke, daß ich hiersein durfte«, sagte sie. »Sie ahnen nicht, wieviel mir dieses Haus bedeutet.«

Einige Tage später erhielt Miltred folgenden Brief von Sara:

> Liebe Schwester Miltred,
> ich sagte Ihnen schon, wieviel es für mich bedeutete, in Ihrem Haus zu wohnen. Aber das Wichtigste habe ich Ihnen nicht gesagt. Ich habe in der Bibel gelesen, die Sie mir am ersten Abend gaben, war aber zu krank und zu müde, um weit zu kommen. Seit Monaten hatte ich versucht, meinen Glauben zurückzugewinnen. Am nächsten Abend hatte ich noch $ 13, um nach Hause zu kommen, sah aber, daß Shirley noch ärmer dran war als ich, darum gab ich ihr die Hälfte davon, denn ich wußte, Gott würde mich versorgen ... Nun, ich ging glücklich zu Bett, weil ich mit Gottes Hilfe etwas für einen anderen tun konnte. Ich las noch weiter in der Bibel und kam dann zu der Seite mit Ihrem Übergabegebet, und ich betete und wurde von meinen Sünden reingewaschen! Ich betete noch viel, ehe ich einschlief.
> Am nächsten Tag sagte ich dem Herrn, wie krank und müde ich war, und ob er es nicht einrichten könnte, daß ich auf der Heimfahrt eine trockene Straße hätte, damit es nicht sechs Stunden dauern würde. Nach weniger als einem Kilometer hörte der Regen auf, und die Sonne schien auf der ganzen Strecke. Ich sang und lobte Gott auf dem ganzen Heimweg. Die Landschaft war noch nie so schön gewesen.

Miltred Taylor ging später nach Süd-Carolina zurück in der Hoffnung, auch dort in Columbia mit einem Agape-Haus zu beginnen. Wegen ihrer starken Beanspruchung in der Regierungskommission mußte auch Schwester Ruth die Arbeit aufgeben, blieb aber im Vorstand. Ihre Plätze nahmen Marietta Borden, eine freiwillige Mitarbeiterin der Heimatmission der Süd-Baptisten, und Lunette Bouknight, eine ehemalige Nonne, die achtunddreißig Jahre in einem katholischen Kloster gelebt hatte, ein.

Als Marietta zum Agape-Haus berufen wurde, verließ sie ihr Zuhause in New York und fuhr mit $ 500 in der Tasche und allen Besitztümern im Auto direkt nach Missouri.

Lunettes erster Besuch galt ihrer Freundin Miltred, um ihr einen Monat zu helfen. »Ich kam nicht mehr los«, erklärte sie heute. »Ich wußte, ich könnte im Kloster bleiben und mich um meine Seele kümmern. Aber ich wollte den vollkommenen Willen Gottes tun und wußte, daß ich diesen Menschen dienen sollte.«

Lunette und Marietta teilen sich die kleine Wohnung und auch sonst fast alles. Ihr Tag beginnt morgens um 5 Uhr mit Gebet und Bibelstudium – zuerst jeder für sich, dann gemeinsam. Der restliche Tag gehört den Aufgaben um sie herum: Einsammeln von schmutzigem Bettzeug, Abfallbeseitigung, Badezimmer reinigen, die Finanzen in Ordnung halten, Vorräte einkaufen, Gäste eintragen. Auch ihre Wohnungstür steht offen wie bei Miltred Taylor.

»Unsere Sache ist es, Samen auszustreuen«, erklärt Lu. »Wir wissen nicht, ob und wann viel davon geerntet wird, aber das ist Gottes Sache. Wir tun, was wir können.«

Lu und Marietta erleben nicht viele dramatische Bekehrungen, und nicht jeder, der zum Agape-Haus kommt, begreift etwas von ihrer Opferbereitschaft und Liebe. Für einige ist das Haus lediglich ein billiger Ort zum Übernachten. Sie zahlen – manchmal – und gehen wieder. Andere fragen sich, wo der Haken steckt, nehmen aber gerne die saubere, warme Bequemlichkeit an.

Lu und Marietta und allen anderen Mitarbeitern im Agape-Haus geht es um Liebe und Hilfe. Dabei spekulieren sie nicht auf Ergebnisse. Sie lieben Gott.

Das folgende Streiflicht trifft es genau:

Sherry, eine angenehme junge Frau mit dichtem, rotem Haar und ernsthaftem Wesen hörte von ihrem Mann Al vom Agape-Haus. Sie wollte gerade den Besuchsraum im Gefängnis verlassen, um noch vor Dunkelheit den Bus nach St. Louis zu erwischen, als er eine Pension erwähnte, in der Frauen und Freundinnen anderer Häftlinge übernachtet hatten. »Es ist eine Art Pension, aber sauberer, mit Küchenbenutzung«, meinte er.

Sherry ging daraufhin zum Haus hinüber, und obwohl es bereits belegt war, schufen die Mitarbeiterinnen Platz für sie. Nun kam sie bereits das dritte Wochenende, und sie fühlte sich wie zu Hause. Lu und Marietta begrüßten sie herzlich, erkundigten sich nach Al, machten sich mit sauberer Bettwäsche zu schaffen und waren immer zu einem Gespräch und zum Lachen bereit. Sherry brachte ihr Gepäck nach oben in ein Zimmer, richtete ihr Bett und bereitete dann ihr Abendessen vor. Mit einer Gruppe saß sie an dem großen Eßzimmertisch und schrieb ihren täglichen Brief an Al. Die anderen aßen und plauderten, als plötzlich Janes laute Stimme aus der Küche erscholl.

»Sherry«, schrie Jane, »komm' lieber hierher und stell die Hitze zurück, wenn du deine Bohnen noch genießen willst.«

Sherry schüttelte ihre Haare aus dem Gesicht, ließ den Kugelschreiber fallen und stand auf. Jane hatte recht; Schweinefleisch und Bohnen waren bereits festgebacken, aber bei ihrem Hunger fiel das nicht so sehr ins Gewicht. Sie lud die noch brauchbaren Bohnen auf einen großen Plastikteller, holte sich ihre Cola aus dem Kühlschrank und gesellte sich wieder zu der Gruppe am Tisch.

Patty, mit rosa Lockenwicklern im Blondhaar, erzählte gerade eine Geschichte, während sie dunkelroten Lack auf ihre langen Fingernägel auftrug. Marcia hielt ihre Tochter auf dem Schoß und löffelte Karotten und Kartoffelbrei in den kleinen Mund, und Brenda bürstete das drahtige Haar der kleinen LaVon.

Sherry aß die Bohnen auf, schob den Teller von sich und genehmigte sich eine Zigarette. *Man käme sich vor wie bei einem Samstagabend-Treffen in der Nachbarschaft, wenn man nicht genau wüßte, daß jede anwesende Person einen Ehemann oder Vater im nahe gelegenen Staatsgefängnis einsitzen hätte,* mußte sie lachend denken. Und auch bei diesen Frauen handelte es sich nicht gerade um unbeschriebene Blätter. Patty hatte verschiedentlich gesessen und arbeitete jetzt in einer Kneipe in Kansas City. Ihr Mann saß lebenslänglich. Marcias Sohn saß wegen Drogen. Von Brenda wußte Sherry noch nicht viel, denn im Besuchsraum des Gefängnisses hielten die Schwarzen und Weißen Distanz. Vielleicht würde sie später abends mehr über Brenda erfahren, denn sie teilte mit ihr und dem kleinen Mädchen ein Zimmer.

Sherry beobachtete Marietta, die mit sauberer Wäsche durchs Zimmer ging und Patty wegen ihrer perfekt lackierten Fingernägel ein Kompliment machte. Sherry konnte sich nicht erklären, was diese beiden Frauen motivierte. Natürlich wußte sie, daß sie religiös waren. Überall lagen Bibeln, und jeder neu Ankommende erhielt ein Neues Testament. Ihres hatte sie bisher nicht angeschaut. Schließlich hatte sie genug Probleme und wollte sich nicht auch noch mit Religion belasten. Jedenfalls jetzt nicht.

Eines weiß ich aber, dachte sie bei sich und zerdrückte ihre Zigarette im Aschenbecher. *Wenn es Gott gibt und er gut ist, dann muß er etwa so sein, wie diese Frauen im Agape-Haus, die den Frieden Gottes leben.*

20. Die Kirche und die vordersten Kampflinien

Das Agape-Haus entspricht einer Definition von Kirche, die wir dem Erzbischof von Canterbury und Bibelausleger William Temple verdanken: »Die einzige kooperative Gesellschaft der Welt, die zum Nutzen ihrer Nichtmitglieder besteht.«*

Allzuoft jedoch läuft die Strategie der Kirche, um diejenigen zu erreichen, die »nicht dazu gehören«, genau umgekehrt. Zunächst geht es um ein schönes Kirchengebäude in angenehmer Umgebung, weit weg von den Slumgebieten. Dann treten Komitees auf den Plan, die Konzerte, kalte Buffets, Bibelgruppen, Lichtbildervorträge und ähnliches organisieren. Sodann warten die Mitglieder mit Begeisterung darauf, daß alle Verlorenen und Bedürftigen erscheinen und sich ihnen anschließen.

Natürlich tun sie das nicht. Die Gemeinde zieht einige aus der Nachbarschaft an, die sich in ihrer bisherigen Gemeinde ohnehin langweilten, oder solche, die mehr »Status« wollen. Die Leute »da draußen« aber sind an dem schönen Gebäude und den fortschrittlichen Programmen nicht interessiert, würden sich ungeachtet aller angebotenen Attraktionen auch gar nicht wohl fühlen. (Und die Gemeindeglieder wären möglicherweise peinlich berührt, wenn diese Leute tatsächlich erschienen.)

Die kulturellen Hemmschwellen in unserer westlichen Gesellschaft sind gewaltig. Millionen leben unter Bedingungen, die sich eine typische weiße Gemeinde der Mittelklasse überhaupt nicht vorstellen kann. Die Familie im Ghetto lebt z. B. von einem Tag zum anderen, oft nur eine Sozialhilfezahlung von der Katastrophe entfernt; und wahrscheinlich handelt es sich um eine Familie mit nur einem Elternteil, wo ein oder mehrere Mitglieder bereits

* Eine unerwartete Bestätigung für die Mitarbeiter und den Vorstand des Agape-Hauses wurde uns im April 1982 von Präsident Reagan gegeben, als er die Agape-Haus-Arbeit als beispielhaft für die ganze Nation bezeichnete. Vor einer Versammlung von 150 leitenden Persönlichkeiten religiöser Organisationen im Weißen Haus lobte der Präsident das Agape-Haus als hervorragendes Beispiel von Freiwilligkeit und traf den Geist der Agape-Arbeit in seinen zusammenfassenden Worten: »Sie geben den Menschen ein Bett und ein Bad, aber gleichzeitig geht es tiefer – sie vermitteln die Zuversicht, daß sie jemandem etwas bedeuten.«

Opfer der grassierenden Probleme amerikanischer Innenstädte wurden: Kindesmißhandlung, Alkoholismus, Drogenabhängigkeit, Prostitution.

Aber wenn es der Gemeinde nicht gelingt, die Barriere einzureißen, verlieren beide Seiten. Diejenigen, die die Evangeliumsbotschaft der Hoffnung und die Realität der Liebe brauchen, gehen leer aus. Gleichzeitig evangelisiert die isolierte Gemeinde immer wieder die gleichen Leute, bis sie schließlich nur noch sich selbst unterhält.

Ist es nicht bezeichnend, daß Jesus sich kein Büro im Tempel einrichtete und darauf wartete, daß die Menschen zu ihm kamen? Er ging vielmehr zu ihnen hin – in die Häuser der verrufensten Sünder, an die Orte, wo er den Behinderten und Kranken, den Bedürftigen und Ausgestoßenen der Gesellschaft begegnete.

Ich bin nicht so naiv zu glauben, die Kirche könne über Nacht die kulturellen Gräben überwinden. Ich weiß jedoch, daß wir aus unseren abgeschirmten Kirchen hinaus und mit liebevollem Mitempfinden an die Stelle derer treten können, die uns brauchen. Unsere Gegenwart am Ort der Not redet mächtiger als tausend Predigten. Unser Dabeisein ist unser Zeugnis. Bis dahin sind unsere Rechtgläubigkeit, unsere Lehre nur Worte; unsere Liturgien und Chorgesänge klingen hohl.

Die Agape-Haus-Arbeit und ähnliche Dienste bringen das Evangelium dahin, wo die Menschen sind, befassen sich mit ihren Bedürfnissen, wie Jesus uns lehrte und vorlebte. Wenn wir Gott lieben durch unsere Liebe zum Nächsten, fallen scheinbar unüberwindliche Barrieren in sich zusammen, wie ich es im Jahre 1981 bei meinem ersten Besuch im Gefängnis von Indiana erlebte.

Nachdem ich in der Versammlungshalle im Rahmen eines Seminars unserer Gefangenenmission zu über zweihundert Häftlingen gesprochen hatte,* bat ich den Direktor, die Todeszelle besuchen zu dürfen. Ich wußte um die heikle Situation, denn Stephen Judy war gerade auf dem elektrischen Stuhl hingerichtet worden. Aber ich wollte gerne zwei Christen dort besuchen, mit denen ich im Schriftwechsel stand. Der Direktor stimmte zu und

* Auch in den Gefängnissen begegnen wir ständig kulturellen Problemen. Es kommen z. B. doppelt so viele Häftlinge, wenn wir uns nicht in der Kapelle, sondern im Versammlungs- oder Speisesaal treffen. Da spielt natürlich der Gruppendruck eine Rolle und die Angst, als »religiös« verschrien zu werden. Aber es geht auch um die Assoziation von Kapelle und »empfindungsloser« Kirche.

lud auch noch einige unserer Mitarbeiter ein. In einer Gruppe von etwa zwanzig machten wir uns auf den Weg durch den Irrgarten der Zellblöcke aus Beton zu den doppelt gesicherten Eisentoren, die zum Ort tiefster Verzweiflung führen – den Todeszellen –, dem Ende der Straße, wo Männer oft jahrelang von einem Gnadengesuch zum anderen leben. Die einzigen Auswege sind ein neuer Prozeß oder der Tod.

Der Direktor öffnete die Türen der Einzelzellen, und einer nach dem anderen tauchte langsam auf und ging hinüber zum Kreis unserer Mitarbeiter.

Über die Begegnung mit Richard Moore freute ich mich besonders. Ich war besonders froh, Richard Moore zu treffen. Seine Frau hatte mir so bewegende Briefe geschrieben. Dann saß dort auch James Brewer, ein junger Schwarzer, der trotz seines schweren Nierenleidens für die anderen Todeskandidaten ein Zeuge Jesu war. Ob nun sein Tod schnell durch Elektrizität von mehreren tausend Volt oder langsam durch Urinvergiftung kommen würde, James lebte im vollkommenen Frieden mit Gott, und sein gewinnendes Lächeln zeigte das auch.

Die begabte Gospel-Sängerin Nancy Honeytree, die oft mit uns in die Gefängnisse geht, spielte ihre Gitarre und sang einige Lieder. Ich sprach kurz. Dann faßten wir uns alle bei den Händen und sangen *Amazing Grace.*[1] (Nirgendwo erreichen die Worte dieses Liedes eine tiefere Bedeutung als in einer Gruppe von der Gesellschaft Ausgestoßener, verurteilt, für die schrecklichsten Verbrechen zu sterben.)

Ich stand unter Termindruck, darum verabschiedeten wir uns nach *Amazing Grace* und gingen wieder. Wir befanden uns gerade in dem käfigartigen Bereich zwischen den zwei massiven Toren, als wir feststellten, daß ein Mitarbeiter bei James Brewer in der Zelle geblieben war. Ich ging zurück, um ihn zu holen, denn der Direktor konnte die Automatik der Tore erst in Gang setzen, wenn wir alle draußen waren.

»Tut mir leid, aber wir müssen gehen«, sagte ich. Auf einer nahen Landebahn stand ein Flugzeug, das mich zu einem Treffen mit Gouverneur Orr nach Indianapolis bringen sollte. Der Mitarbeiter, ein kleiner Weißer, Anfang der Fünfzig, stand Schulter an Schulter mit Brewer. Der Gefangene hielt eine offene Bibel, und der ältere Mann schien einen Abschnitt zu lesen.

»O ja«, der Mitarbeiter schaute auf. »Geben Sie uns bitte noch eine Minute. Dies ist wichtig«, fügte er leise hinzu.

»Nein, tut mir leid«, unterbrach ich hastig. »Ich kann den Gouverneur nicht warten lassen. Wir müssen gehen.«

»Ich verstehe«, sagte der Mann immer noch leise, »aber dies ist wichtig. Sehen Sie, ich bin Richter Clement. Ich bin derjenige, der das Todesurteil über James hier gesprochen hat. Aber jetzt ist er mein Bruder, und wir wollen einen Augenblick miteinander beten.«

Wie erstarrt blieb ich in der Tür stehen. Es war unwichtig geworden, wen ich da warten ließ. Vor mir sah ich zwei Männer: Einer machtlos, der andere mächtig; einer schwarz, der andere weiß; einer hatte den anderen zum Tode verurteilt. Irgendwo anders als im Königreich Gottes hätte der Häftling möglicherweise den Richter mit seinen bloßen Händen umgebracht – es sich zumindest gewünscht. Nun hatten sie Gemeinschaft, und ihre Gesichter widerspiegelten einen unbeschreiblichen Ausdruck von Liebe, als sie miteinander beteten.

Obwohl er kaum sprechen konnte, erklärte mir Richter Clement auf dem Weg nach draußen, er habe seit dem Urteil vor vier Jahren jeden Tag für Brewer gebetet.

Nach dem Besuch im Gefängnis ließ der Richter seine Termine für den nächsten Vormittag absagen und nahm am Seminar unserer Gefangenenmission teil. Sein Zeugnis – und der Bericht über sein Zusammentreffen mit Brewer, der sich schnell in der Anstalt verbreitete – führte Dutzende zum Glauben an Christus.

Das Evangelium den Menschen dahin bringen, wo sie sind – Todeszelle, Ghetto, Nachbarschaft – das ist Evangelisation an vorderster Front. Das ist Liebe. *Darin liegt unsere Hoffnung, Barrieren wegzuräumen und das Bewußtsein der Gemeinschaft zu erneuern, daß wir füreinander da sind,* was ja unsere dekadente und unpersönliche Kultur aus uns herausgelaugt hat. Hier liegt die dringlichste Herausforderung für das heilige Volk, und sie bildet das fünfte und vielleicht wichtigste Prinzip.

Ein weiterer Bericht unserer Missionsarbeit unterstreicht diesen Punkt.

Im November 1981 brachte unsere Gefangenenmission sechs Häftlinge vom Eglin-Gefängnis in Florida nach Atlanta, Georgia. Es handelte sich um einen zweiwöchigen Urlaub, den diese sechs in Familien unserer Mitarbeiter verbrachten. (Es ist von Bedeutung, daß keine der Familien, die sich bereit erklärten, Häftlinge aufzunehmen, nach deren Hautfarbe oder dem Grund ihrer

Verurteilung fragte. Es handelte sich um zwei Schwarze, zwei Weiße und zwei Latinos.)

Jeden Morgen trafen sich die sechs zum Unterricht mit Mitarbeitern der Gefangenenmission in einem kleinen Raum der presbyterianischen Georgia-Avenue-Kirche, in einem viktorianischen Gebäude aus rotem Backstein, das noch vor einer Generation die stillen, baumbestandenen Straßen des Grant-Park-Gebietes überblickte. Jetzt lag die alte Kirche fast verlassen da, ein Opfer der Innenstadtzersetzung in Atlanta.

Nach dem Bibelstudium suchten die Männer die Häuser zweier älterer Witwen in der Nachbarschaft auf. Im Lehm unter dem Holzrahmenhaus liegend brachten sie Isoliermaterial an, reparierten, dichteten, strichen. Ihre Arbeit bildete einen Teil unseres Projektes Bürgerdienste, das verdeutlichen sollte, wie nichtgewalttätige Häftlinge für nützliche Projekte eingesetzt werden könnten, anstatt für $ 17000 Steuergelder im Jahr in den Zellen zu sitzen. Nach unserer Überzeugung bildet Wiedergutmachung, nicht Gefängnis, die biblisch vorgegebene Art der Bestrafung für diese Vergehen.*

Das Programm wurde ohne jeden Zwischenfall ein großer Erfolg. Die Häuser zweier Witwen konnten für einen Bruchteil der geschätzten Kosten von $ 20000 und auch ohne jeden bürokratischen Aufwand winterfest gemacht werden.** Die eigentliche Bedeutung des Projektes liegt jedoch jenseits einer Demonstration für nützliche Alternativen zum Gefängnis. Es geht zutiefst darum, was im Leben der beteiligten Menschen und in der Gemeinde geschah...

Eine der Witwen, Roxie Vaughn, 83jährig und blind, konnte es

* Siehe 2. Mose 21. Die Bibel fordert beharrlich Wiedergutmachung für Eigentumsdelikte. Im Alten Testament verschiedentlich. Im Neuen Testament finden wir das Beispiel von Zachäus, der vierfach zurückerstattete, was er unrechtmäßig nahm. Nirgendwo in der Schrift stoßen wir auf Gefängnisse, um Verbrechen zu bestrafen. Gefängnisse erscheinen als Orte der Verwahrung vor einem Prozeß oder zu politischen Zwecken. Gefängnisse als Mittel der Rehabilitation oder der Strafe nach der Verurteilung sind eine recht neue Erfindung, ein Ergebnis der von den Quäkern ausgelösten Reformen vor zwei Jahrhunderten. Das englische Wort »penitentiary« – Haftanstalt – wird von der Vorstellung der Quäker abgeleitet, der Delinquent müsse »penitent« – bußfertig, reumütig – sein, also selbstreformerisch Buße tun. Das erste Staatsgefängnis in Amerika, das Walnut-Street-Gefängnis in Philadelphia, Pennsylvania, wurde im Jahre 1790 eröffnet.

** Das Programm erregte landesweite Aufmerksamkeit und wurde seither oft kopiert.

vor Freude kaum fassen, als sie erfuhr, ihr winziges Zweizimmer-Haus sei für das Projekt ausgewählt worden. Die dünnen, mit Latten verkleideten Wände konnten den kalten Winterwind kaum aufhalten, und die Hälfte ihrer Sozialhilfe wurde von den Heizkosten verschlungen.

Aber als Roxie dann von den sechs Häftlingen erfuhr, packte sie kaltes Entsetzen. In den letzten zwei Jahren hatte es vier Einbrüche bei ihr gegeben. Man kann sich kaum vorstellen, welche Ängste so etwas bei einer alleinstehenden, alten und erblindeten Frau auslöst. Schließlich stimmte sie aber doch zu.

Schon am zweiten Tag bat Roxie die Männer herein und bot ihnen Plätzchen und Milch an. Dann beteten sie jeden Tag miteinander. Schon vor Ablauf der ersten Woche waren sie Freunde geworden. Eine Fernsehstation in Atlanta, die von dem Projekt erfahren hatte, hielt eine unvergeßliche Szene fest: Roxie an ihrer kleinen elektrischen Orgel, die sechs Häftlinge singend hinter ihr. Das Lied? Natürlich *Amazing Grace.*

In der Georgia-Avenue-Kirche fand ein Abschlußgottesdienst statt. Von überall in Atlanta strömten die Menschen herbei – Schwarze und Weiße, Reiche und Arme, Berühmte und Vergessene. Zwölf verschiedene Denominationen waren vertreten, dazu vier christliche Werke, die gemeinsam mit unserer Gefangenenmission das Projekt unterstützten. Die meisten arbeiteten zum ersten Mal miteinander. Die Versammlung glich einer frischen Brise, die durch den dunklen, muffigen Kirchenraum blies.

Es gab auch einige Tränen. Die Kinder einer gastgebenden Familie sagten immer wieder: »Mutti, laß Bob nicht ins Gefängnis zurückgehen.« Als die Männer der Gemeinde bezeugten, welche Bedeutung diese zwei Wochen für sie gewonnen hatten, als die Witwen vorgestellt wurden und einige Mitarbeiter sprachen, wischte sich mancher verstohlen die Augen.

An jenem Samstagnachmittag erhob sich die heruntergekommene, vernachlässigte, alte Kirche stolz in den grauen Novemberhimmel. Es war, als empfinde sie Stolz und Freude, weil sie endlich ihre Bestimmung gefunden hatte.

Organisation liegt im Wesen der Menschen. Wohl schon seit dem Turmbau zu Babel haben wir Hierarchien aufgebaut, Organisationsschemata erstellt, Zuständigkeiten und andere Strukturen festgeschrieben. Je weiter eine Zivilisation fortschreitet, um so ausgeklügelter werden die Organisationsformen.

Nun sind Strukturen zwar notwendig, sie sollen jedoch dienen, nicht herrschen. Die Wunder moderner Technologie haben jedoch eine Spitzfindigkeit in Systeme und Strukturen eingeführt, die der französische Historiker Jacques Ellul die »politische Illusion« nennt, die Fehleinschätzung nämlich, alle Probleme könnten durch Strukturen, sprich Institutionen, gelöst werden.[2] Damit gebiert jedes neue Problem eine weitere Institution.

Leider wurde auch die Kirche von dieser Denkart erfaßt, und wir handhaben Kirche als funktionales System (eines neben vielen anderen in der Gesellschaft), abhängig von Grafiken, Handbüchern, Plänen und Computer-Print-outs.

Aber die wahre Kirche wird nicht von menschlichen Strukturen zusammengehalten; sie ist nicht eigentlich Organisation. Sie lebt, ist vom Geist eines souveränen Gottes durchhaucht. Ihr Herz schlägt mit dem Herzen Gottes. Sie ist eins mit ihm und läßt sich vom Heiligen Geist bewegen – wo er will, und damit auch oft gegen menschliche Planungen.

Gott zu lieben ist nun die Lebensfunktion dieses lebendigen Organismus, von Gott geschaffen – um sich im Gehorsam Christi um andere zu kümmern, um zusammenzugehören, um die Gute Nachricht bei gleichzeitiger Auslebung zu verkündigen und den Frieden Gottes zu leben. Kirche und das Unsichtbare, sichtbar geworden.

Das erlebte ich in meiner Gefängniszeit. Einige von uns trafen sich jeden Abend zum Gebet, wir lasen die Bibel und ermutigten uns. Daraus wuchs ein Bibelkreis. Andere kamen hinzu, Männer übereigneten ihr Leben Christus, und die Teilnahme an den Gefängnisgottesdiensten nahm zu. Und dies nicht als Ergebnis cleverer Strategie, sondern der Heilige Geist wirkte – an einem Ort, wo Glauben und Religion verspottet, Gläubige mitunter verfolgt werden.

Meine Erfahrung verblaßt neben der nächsten Geschichte. Aber vielleicht wurde ich wegen meiner eigenen Gefängniserfahrung und den Erweisen der Kraft des Geistes, ohne menschliches Zutun, besonders inspiriert durch diese Männer, die es selbst erlebten, daß auch die Pforten der Hölle seine Gemeinde nicht überwältigen können . . .

21. Dies ist mein Leib

1966, Luftkrieg über Nord-Vietnam...

Es war Hauptmann Jeff Powells 42. Kommando. Er flog etwa dreißig Meilen südöstlich von Hanoi in einer *F-105 Thunderchief,* einem Überschallflugzeug, das beinahe die Hälfte seines Gewichtes an Munition transportierte. Sein Ziel war eine Brücke, eine lebensnotwendige nordvietnamesische Nachschublinie zwischen dem Hafen von Haiphong und dem Ho-Chi-Minh-Pfad.

Powell stieß durch eine Wolkendecke in dreitausend Meter Höhe, sichtete das Objekt, flog sein Ziel an und klinkte seine Ladung aus. Die Hälfte der Spannbetonbrücke zerbarst. Aber als er dann abdrehen wollte, reagierte sein Flugzeug nicht.

Das gibt es doch nicht, dachte er. *Ich habe ja gar nichts gehört.*

Der Himmel um ihn herum wurde in gleißendes Weiß getaucht, als der Brennstofftank unter dem linken Flügel explodierte. Ehe er um Hilfe funken konnte, mußte er den Schleudersitz betätigen.

Einen Monat später marschierte Jeff Powell, seiner Überlebensausrüstung beraubt, mit verbundenen Augen und mit Draht gefesselt bei Nacht durch die Dschungel und die dörflichen Regionen Nord-Vietnams. Seine Bewacher nutzten den Schutz der Dunkelheit, um nicht von amerikanischen Bombern oder Rettungsflugzeugen entdeckt zu werden. Benommen und fieberkrank wurde er einmal in einem großen Dorf als Hauptattraktion in einem Spottzirkus an einen Bananenbaum gehängt. Man bewarf ihn mit Steinen, und die Dorfbewohner urinierten über ihm. Später zeigten Propagandafilme und Fotos, wie er von einem kleinen Mädchen mit Spielzeuggewehr und im Schlafanzug abgeführt wurde.[1]

Einen Monat später, der Golf von Tonkin...

Hauptmann Terry Jones hatte die Zerstörung seiner *F-4 Phantom II* durch eine Rakete überlebt und stieg erst aus, nachdem er jeden Versuch, das Flugzeug wieder unter Kontrolle zu bringen, unternommen hatte. Als er nach unten schwebte, wußte er, daß er zwar lediglich eine Schnittwunde am Arm hatte, aber trotzdem packte ihn Entsetzen. Unter ihm versammelten sich erregte Dorfbewohner und Milizangehörige auf einem Reisfeld. Einige trugen Gegenstände, die wie Stöcke oder Macheten aussahen, andere hielten Gewehre.

Als Jones hinauf zu seinem Fallschirm und in den Himmel sah, fragte er sich: *Ob der Staffelführer meinen Absturz gesehen hat?* Unter ihm schwoll der Lärm an.

Sechs Wochen später fand sich Terry Jones in einem Bambuskäfig im Dschungel auf dem Bauch liegend wieder, die Füße in hölzernen Blöcken, die Arme auf dem Rücken mit nassen Seilen zusammengebunden. Nach dieser qualvollen Haft wurde er zu einem Tempel in der Nähe eines Reisfeldes gebracht und dort einem vietnamesischen Offizier übergeben, der einen anderen amerikanischen Piloten in Eingeborenentracht bei sich hatte. Jones' Landsmann blickte offenbar bereits auf einen längeren Leidensweg zurück – er trug einen Bart und schien völlig ausgemergelt.* Der Offizier eröffnete den beiden Gefangenen, sie würden nach Hanoi überführt und im Falle einer Kontaktaufnahme sofort hingerichtet.

Hanoi, im selben Jahr ...

So erreichten Jeff Powell und Terry Jones wie viele andere mit ihnen einen Ort, den die Angehörigen der amerikanischen Luftwaffe das »Hanoi Hilton« nannten. Es handelte sich um ein Gebäude mit dreieckigem Grundriß in der Größe eines Straßenblocks, umgeben von einem ausgetrockneten Burggraben und sieben Meter hohen Mauern, über die scharfe Glassplitter und elektrischer Stacheldraht liefen. Das Gefängnis stammte aus der Zeit der französischen Besatzung; eine Guillotine stand immer noch im Keller.

Auf den umliegenden Straßen flitzten Fahrräder hin und her, und die Hörner der Lastwagen gellten. Von dem Zellenblock, den man »Herzeleid« nannte, ertönte der Schrei eines Gefangenen in Einzelhaft: »O Gott!« Weil er außer seinem Namen, Rang, Dienstnummer und Geburtsdatum keine Informationen geben wollte, hatte man ihn rückwärtsgebeugt festgebunden, so daß sein Rückgrat jeden Augenblick wie ein trockenes Stück Holz brechen konnte.

Auch Jeff und Terry gingen durch »Herzeleid« – wie alle anderen –, wurden registriert und dann in einen anderen Teil des

* Zu der Zeit wog Hauptmann Powell noch etwa 50 kg, und Hauptmann Jones hatte bereits fast 20 kg abgenommen.

»Hilton« verlegt. Einige Gefangene landeten auch in Lagern. Häufigkeit und Schwere der Folter hingen vom Rang des Gefangenen ab und der Qualität der Informationen, die man sich von ihm versprach.

Allein, 1966–1970...

Major James Kasler kam mit gebrochener Hüfte im »Hilton« an. Von sechs Uhr früh bis 22 Uhr wurde er geschlagen – jede Stunde, vier Tage lang. Er blutete aus vielen Kopfwunden, Rücken und Gesäß glichen einer rohen Fleischmasse durch die vielen Schläge mit Keilriemen. Sein Mund war so geschwollen, daß er ihn nicht mehr öffnen konnte, ein Trommelfell war bereits geplatzt. Wenn Kasler völlig konzentriert das Vaterunser betete, konnte er die Schmerzen für eine kurze Zeit wegblocken.

Als der Morgengong ertönte und die Lautsprecher im Lager die »Stimme von Vietnam« übertrugen, wußte Norman McDaniel, daß es 5.30 Uhr sein mußte. McDaniel faltete sein Mosquitonetz zusammen und schaltete die Propaganda mit einem Bibelvers aus, an den er sich erinnerte: »Siehe, ich bin bei euch alle Tage bis an der Welt Ende.«

Captain James Ray, am Muttertag 1966 abgeschossen, hatte nun zwei Jahre Einzelhaft hinter sich. Jeden Tag gab es zweimal Kürbissuppe mit einem Klumpen Schweinefett. Seine Zelle teilte er mit Ameisen, Eidechsen, Mosquitos und Fliegen. So konnte man leicht seinen Glauben verlieren, aber manchmal empfand er auf geheimnisvolle Weise, daß er nicht alleine war. Seine Familie und Freunde in der Gemeinde in Texas beteten für ihn.

Der unsichtbare Leib...

In seiner Zelle im »Herzeleid« konnte Howard Rutledge die Schritte des Aufsehers und das methodische Öffnen der Zellentüren hören. Rutledge zählte bis drei, dann kam er an die Reihe. Der Schlüssel drehte sich, und die Tür schwang auf. Rutledge kniete sich wie im Gebet vor seinem Häscher nieder und ergriff die beiden Schüsseln, die auf dem schmierigen Betonfußboden abgesetzt wurden. Nach dem Essensempfang stand er in Habachtstellung vor dem Wärter. Er wäre sonst bestraft worden. Als sich die Tür schloß, trug die Zugluft den Geruch von Exkrementen herein, der ihm den letzten Appetit nahm. Er saß auf seinem Betonbett und hielt eine Hand über der Schüssel mit dem undefinierbaren Gemüse, um die Schaben wegzuhalten. Als er auf dem harten Brot kaute, spürte er Sand zwischen den Zähnen.

Der Aufseher kam wieder zur Tür, und die erste von zwei Mahlzeiten war damit beendet. Ein Gong ertönte, alle mußten sich zwei Stunden lang hinlegen. Regelmäßig wurde durch das Loch in der Zellentür die genaue Befolgung kontrolliert. Rutledge lag im Halbschlaf, bis ein weiterer Gong ertönte, der das Hinlegen verbot; die nächsten sieben Stunden mußte er stehen oder sitzen.

Rutledge vernahm ein leises Pfeifen aus der Zelle gegenüber. Harry Jenkins pfiff ein Kinderlied, um darauf aufmerksam zu machen, daß es etwas mitzuteilen gab.

Rutledge stellte sich mit seinen nackten Füßen auf die Zementblöcke rechts und links neben der Tür und zog sich zu dem eisenvergitterten Fenster über der Tür hoch.

»Howard«, flüsterte Jenkins.

»Ich bin hier«, raunte Rutledge zurück.

»Mir ist eine weitere Geschichte eingefallen«, sagte Jenkins schnell.

»Welche denn?«

»Ruth und Naomi. Wie Naomi alles verlor, was sie hatte – ihren Mann, ihre Söhne, ihre Ländereien.«

»Ich kann mich an einiges erinnern.«

»Ruth war Naomis Schwiegertochter. Ruth blieb Naomi treu und verließ sie nicht. Sie gingen in ein fremdes Land.«

»Was geschah dann?« fragte Rutledge.

»Ich kann mich nicht erinnern.«

In der Nebenzelle hustete ein Gefangener und kündete damit den herannahenden Aufseher an. Rutledge stieg wieder vom Block herunter.

In seiner Zelle hin- und herlaufend dachte er an Jenkins' Geschichte. Wie hieß doch gleich die Person, die Ruth und Naomi geholfen hatte? Nach drei Stunden beschäftigte er sich immer noch gedanklich mit der Geschichte. Als Zehnjähriger hatte er sie im Kindergottesdienst kennengelernt. Auch während der zweiten und damit letzten Mahlzeit des Tages dachte er über die Geschichte nach. Es gab Seetangsuppe und Schweinebauchfett. Die »Stimme von Vietnam« meldete sich um 20.30 Uhr wieder über die Lautsprecher mit einer Gute-Nacht-Propaganda, die eine halbe

Stunde dauerte. Danach kletterte Rutledge wieder zu der Öffnung hoch und flüsterte: »Jenkins.«

Nach einer Pause: »Was denn?«

»Boas.«

»Ich weiß, es ist mir gerade eingefallen.«

Langsam verbesserte sich die Kommunikation zwischen den Häftlingen. Sie entwickelten einen morseähnlichen Code, preßten die Ohren an die Wand und wickelten sich in Decken ein – wenn sie welche hatten –, um den Geräuschpegel niedrig zu halten. Das Alphabet wurde auf eine kleine Lochkarte übertragen, wo jeder Buchstabe durch die Anordnung von vertikalen und horizontalen Klopfzeichen angegeben war. Hatte ein Gefangener den Code erlernt, befand er sich »auf Leitung«. Über dieses Netz erinnerten sich die Männer an Schriftverse und lernten sie auswendig, erfuhren auch Namen und Nummern aller Gefangenen in dem Zellenblock. Sie erfuhren, wenn jemand verlegt oder gefoltert wurde; so konnten sie miteinander ihr Leid teilen.

Eines Sonntagmorgens, als die Aufseher ihnen eine Chance gaben, klopften die dienstältesten Offiziere in jedem Zellenblock fünfmal an die Wand und gaben damit den Gefangenen in Einzelhaft und auch den anderen das Zeichen zum Gottesdienst. Dieses Signal war der »Kirchenruf«.

Jeder Gefangene betete für sich das Vaterunser, den 23. oder 100. Psalm. Es folgte lautloser Liedgesang und persönliches Gebet.

Am Ende des Gebäudes saß ein neuer Häftling in Einzelhaft. Jeden Morgen hielt er sich durch Standlauf fit und erschütterte damit das ganze Gebäude. Nachdem der neue Mann den Code gelernt hatte, rannte er plötzlich auf eine eigenartig ungleichmäßige Weise hin und her. Sieben Männer am anderen Ende des Zellenblocks entschlüsselten die Botschaft des Joggers: »Ich hebe meine Augen auf zu den Bergen, von denen mir Hilfe kommt. Ich hebe meine Augen auf ...«

Der sichtbare Leib ...

Nach einem erfolglosen Befreiungsversuch der Amerikaner am 21. November 1970 entschlossen sich die Nordvietnamesen, aus Sicherheitsgründen alle Angehörigen der Luftwaffe aus den Lagern zurück ins »Hanoi-Hilton« zu verlegen. Um Raum zu schaffen, wurden neue Zellen von alten abgetrennt; die Männer wechselten von Einzelhaft in riesige Massenzellen, die 40, 50 und 60 Gefangene aufnahmen. Der neue Zellenblock wurde »Camp Einheit« genannt. Anders als die Zellen in »Herzeleid« verfügten die Zellen in »Camp Einheit« über große, vergitterte Fenster, die das Tageslicht hereinfluten ließen.

Die Bedingungen verbesserten sich ein wenig. Manchmal durften die Gefangenen die Zellen verlassen – nicht nur um verhört und gefoltert zu werden. Gelegentlich zog man sie zur Arbeit heran, was die Last der Langeweile erleichterte. Sie entleerten die acht Liter fassenden Toiletteneimer, wuschen Schüsseln und säuberten den Hof. Wenn sie baden oder ihre eigenen Kleidungsstücke waschen wollten, mußten sie dazu Abwasser benutzen.

Jahrelang hatten sich diese Gefangenen eine Bibel erbeten, bis Dezember 1970 aber nicht einmal eine gesehen. Dann brachte der englischsprechende Vernehmungsoffizier eine Bibel in Zelle vier, und die Männer versammelten sich um dieses Bibelbuch. Jeff Powell las die Weihnachtsgeschichte laut vor, danach verschiedene Psalmen, dann die Bergpredigt. Die Männer wußten nicht, wie lange die Bibel in ihrem Besitz sein würde, darum schlug James Ray 1. Korinther 13 auf und lernte das Kapitel auswendig. Zwei Stunden lang durfte die Bibel in der Zelle bleiben.

Unter der Bedingung, daß alle Auflagen eingehalten würden, erlaubten die Nordvietnamesen jeweils bis zu zwanzig Männern, zu einem Gottesdienst zusammenzukommen. Diese fanden im Gefängnishof statt, wobei verstellbare Bambuswände die Sicht von den Zellen verstellten. Dort feierten sie nun Gottesdienste, und der englischsprechende Verhörleiter kontrollierte alles, was gesagt und getan wurde.

Mehr als einmal wichen die Gefangenen vom vorgegebenen Schema ab und zitierten Schriftverse, die nicht zugelassen waren. Wenn dies geschah, sprengte der Aufseher den Kreis der Männer, schüttelte wütend seinen Kopf und jagte sie zurück in ihre Zellen.

Eines Sonntagmorgens stimmte James Ray im Kreise der Männer die Doxologie an. Dann betete er: »Wir danken dir, Herr, für deine Bewahrung und Barmherzigkeit. Danke, daß du uns zusammengeführt hast.« Acht Männer bildeten daraufhin einen kleinen Chor und sangen: »Heilig, heilig, heilig, Herr, allmächtiger Gott, früh am Morgen soll mein Lied dich preisen.«

Die offensichtliche Entschlossenheit der Gefangenen, am Gottesdienst festzuhalten, verursachte immer wieder große Probleme.

Wenn z. B. ein Aufseher Choralgesang in den Zellen hörte, rannte er zum englischsprechenden Verhörleiter, der dann den Befehl ausgab: »Keine politischen Versammlungen!«

»Dies ist nicht politisch.«

»Ihr seid zu viele. Politische Versammlungen sind verboten.«

»Bleiben Sie hier, dann merken Sie es. Dies ist keine politische Versammlung.«

»Wenn Ihr weitermacht, gibt es Einzelhaft.«

»Nehmen Sie doch an der Zusammenkunft teil. Sie hat nichts mit Politik zu tun.«

»Nein.«

Trotz Einzelhaft, Folter, Drohung und Bedrängnis behielten die Gefangenen doch den längeren Atem und erreichten nach und nach mehr Freiheiten in »Camp Einheit«.

Im Frühjahr 1971 gaben die Nordvietnamesen drei Gefangenen die Erlaubnis, eine Stunde wöchentlich die Bibel abzuschreiben. James Ray war einer von ihnen. Er saß auf einem Schemel an einem Holztisch und fing mit der Bergpredigt an. Der Aufseher beobachtete ihn argwöhnisch und stützte immer wieder seinen Ellbogen auf den Vers, den Ray gerade abschreiben wollte. Wenn sich der Ellbogen hob, schrieb Ray so schnell, daß sich seine Hand verkrampfte. Wenn der Aufseher gerade nicht seinen Ellbogen auf die Seite hielt, versuchte er Ray mit unsinnigen Fragen zu belästigen. In den fünf Wochen, die für dieses Projekt vorgesehen waren, konnte Ray viel mehr als nur die Bergpredigt abschreiben.

Jeden Tag, wenn er die kostbaren Worte zurück in die Zelle brachte, schrieben Rays Zellengenossen ihrerseits die Passagen auf primitive Weise ab: Auf Toilettenpapier, mit Tinte aus Backsteinstaub und mit Federkielen. Die Abschriften erwiesen sich als notwendig, weil Ray jeweils die Texte der vergangenen Woche abliefern mußte, ehe er neue abschreiben durfte. Die Verse wurden auch von verschiedenen Gefangenen sofort auswendig gelernt.

Ostern 1971 . . .

Hauptmann Tom Curtis wachte früh auf und las noch einmal die Notizen und Verse durch, die er gemeinsam mit James Ray am Abend vorher zusammengestellt hatte. Curtis blickte über die schlafenden Mitgefangenen. 28 Männer. Alles Flieger. Wie hatten sie nur an diesem Ort überleben können?

Als das Sonnenlicht die westliche Mauer des Zellenblocks erreichte, ertönte auch der Morgengong. Einige der Männer streckten vorsichtig ihre schmerzenden Glieder, als sie aufstanden. Noch waren nicht alle unten vereint.

Gegen 10 Uhr stand Curtis vor der tristen, östlichen Mauer und fing mit dem Gottesdienst an. Die Männer sammelten sich im Halbkreis vor ihm. Es war Ostersonntag.

Ein Quartett sang *Das altrauhe Kreuz,* und dann stimmten sie alle ein in *Amazing Grace.* Curtis las eine Version der Leidensgeschichte Christi, die mehr oder weniger fehlerhaft aus dem Gedächtnis der Männer entstanden war. »Und als sie ihn gebunden hatte, führten sie ihn hinweg und übergaben ihn Pontius Pilatus. Und sie zogen ihm das Gewand aus, setzten eine Dornenkrone auf seinen Kopf, spien ihn an und schlugen ihn. Und sie riefen: ›Kreuziget ihn‹.«

Als er den vertrauten Worten lauschte, erinnerte sich Curtis an ihre gemeinsamen Erfahrungen: Gebunden, gekettet, angespuckt, geschlagen, an Bäume gehängt, gesteinigt.

Irgend jemand reichte Curtis einige Stücke Brot, mühsam der Ration des Vortages abgespart. »Und er nahm das Brot, und als er gedankt hatte, brach er es und gab es seinen Jüngern und sprach: ›Nehmet, esset, dies ist mein Leib, für euch gebrochen. Dies tut zu meinem Gedächtnis.‹«

Das Brot wurde weitergereicht und schweigend gegessen.

Dann sprach Curtis weiter: »Dies ist mein Blut, für euch vergossen.«

Diese Männer wußten um das Blut, dachte Curtis. Ihr eigenes Blut aus offenen Wunden, von Schlägen, geplatzten Trommelfellen, ausgerissenen Fingernägeln – Blut, das durch alle notdürftigen Bandagen sickerte. Jetzt dachten sie an Christi Blut, für sie vergossen.

Die Tasse mit sorgsam aufbewahrter Seetangsuppe wurde weitergereicht. Jemand summte leise *Amazing Grace.*

Als Curtis die Tasse an seine Lippen setzte, stiegen ihm Tränen auf. Er fragte sich, ob sie irgendein Recht hatten, ihr Leid mit dem Leiden Christi zu vergleichen. Aber war nicht ihre Anwesenheit an diesem Ort, ihr Überleben trotz allem ein Zeichen der Gegenwart Christi? Er erinnerte sich, daß Christus gesagt hatte, er selbst würde seine Kirche fest gründen, und die Pforten der

Hölle könnten sie nicht überwältigen. Sie bildeten einen Teil dieser Kirche, einen Teil des gebrochenen Leibes Christi in jeder Hinsicht.

Ja, Christus hatte überwunden; hier waren sie versammelt und beteten ihn im Dschungel einer wahnsinnigen Welt an. Im Vertrauen auf ihn wurde ihnen das Vorrecht zuteil, etwas vom Tod, vom Grab und der Auferstehung des Herrn zu verdeutlichen – von seiner Gegenwart, seiner Gemeinde –, an einem Ort, der sonst die Hölle gewesen wäre. Sie durften den Frieden Gottes erfahren und ihn leben.

Gott lieben

Wer sein Leben festhalten will, wird es verlieren. Wer es aber um meinetwillen verliert, der wird es gewinnen.

Jesus an seine Jünger

22. Leben und Tod

Die Gemeinde Jesu Christi ist lebendig und verändert die Welt – wo einzelne Glaubende ihm gehorchen, sein Wort ausleben, ihn lieben, in seinem Frieden leben, ob nun im »Hanoi Hilton« oder in einem tristen Altenpflegeheim in Georgia, wo ich eine bemerkenswerte Frau kennenlernte.

Aufmerksam wurde ich auf Myrtie Howell, als uns ein Häftling aus einem Gefängnis in New Hampshire schrieb und um Fürbitte für ihre Gesundheit bat. Unsere Gefangenenmission hatte diesen Mann und Frau Howell als Briefpartner zusammengeführt, was wir bei Tausenden von Häftlingen und freiwilligen Mitarbeitern tun.

»Bitte beten Sie für Großmutter Howell«, flehten die kindlichen Schriftzüge, »denn sie ist sehr krank und stirbt vielleicht. Niemand hat mich jemals so geliebt wie sie. Ich warte sehnlich auf ihre Briefe, sie bedeuten so viel.«

Die Mitarbeiter in unserem Büro schlossen Frau Howell in die Fürbitte ein. Einige Monate später erhielt ich einen Brief von der Dame selbst, in dem sie über die Häftlinge berichtete, mit denen sie im Briefwechsel stand, von ihren Problemen und ihrem allgemeinen Befinden.

Sie schloß: »Der Briefwechsel mit den Häftlingen hat meine letzten Tage mit Freude erfüllt.« Ein ermutigender Gedanke. Aber dann folgte die seltsame Bitte, ich solle einmal auf ihrer Beerdigung sprechen. Ihren Pfarrer hatte sie bereits gebeten, mich in dem Falle zu benachrichtigen. »Mir wird das nicht helfen«, schrieb sie, »aber meiner Gemeinde wird es die Augen öffnen für die Notwendigkeit der Gefangenenmission.«

Ich antwortete Frau Howell und erinnerte sie daran, daß die Tage unseres Lebens gezählt und allein dem Herrn bekannt sind. Darum könne ich nicht gut das Versprechen abgeben, auf ihrer Beerdigung zu predigen, weil niemand den Zeitpunkt wisse ... Es war schon ein etwas peinlicher Brief, muß ich sagen.

Ein Jahr lang erreichten uns regelmäßig Myrties Briefe – immer zuversichtlich und gewöhnlich noch mit einer Gabe von ihrem kärglichen Einkommen (einmal gab sie einfach ihren Sozialhilfescheck von $ 67,90 an uns weiter). In jedem Brief berichtete sie von »ihren Jungs« und bat häufig um mehr Namen für ihre Korrespondenzliste. Wir stellten einmal fest, daß sie mit siebzehn Häftlingen im Briefwechsel stand. Keine geringe Aufgabe für eine neunzigjährige Dame. Keine geringe Aufgabe für irgend jemanden, denn schon der Gedanke eines Briefwechsels mit Häftlingen erschreckt die meisten Menschen halb zu Tode – Christen eingeschlossen. Sie haben Visionen von gefährlichen Kriminellen, die nun ihren Namen und ihre Adresse kennen, um sie in dem Augenblick zu mißbrauchen, wo sie wieder draußen sind. Warum verhielt sich diese alte, offensichtlich kranke Dame so anders? Warum hat sie sich mit 91 Jahren so liebevoll um andere gekümmert?

Ich erhoffte mir eine Antwort auf einem Seminar unserer Gefangenenmission, das neben einer öffentlichen Veranstaltung für Juni 1981 in Columbus, Georgia, geplant war. Myrtie lebte in Columbus. Darum schrieb ich ihr und lud sie zu der Veranstaltung ein. Sie antwortete sofort und erklärte mir, daß sie wegen einer nie ganz ausgeheilten Hüftverletzung nur mit Stöcken gehen könne und nicht wage, eine überfüllte Stadthalle zu besuchen.

»Aber«, schrieb sie, »ich habe den tiefen Wunsch, Sie kennenzulernen, und stütze mich dabei auf Psalm 37,4.«* Ich steckte den Brief ein, ohne die Schriftstelle nachzulesen, und schalt mich selbst, weil ich so unempfindsam gewesen war, sie zu einer öffentlichen Veranstaltung einzuladen.

Der Seminartag erwies sich auch diesmal als außerordentlich ausgefüllt, aber ich wußte schon am Morgen, daß ich einen Besuch bei Myrtie Howell einfach einplanen mußte, deren Briefe so starkes Mitempfinden für inhaftierte Männer zeigte, denen sie nie begegnet war.

Myrtie wohnte in einem verrußten, alten Backsteingebäude im Stadtzentrum von Columbus, das vor einigen Jahren in ein Altenheim verwandelt worden war. Die Eingangshalle glich dem Warteraum eines Krankenhauses, wirkte jedoch noch deprimierender. Es gab keine Worte der Ermutigung, die den Eindruck gemildert hätten, keine neckenden Scherzworte, keine jugendlichen Stimmen, keinen Ausdruck der Hoffnung. Statt dessen sah ich Reihen von Rollstühlen vor einem Fernseher; Menschen saßen zusammengekrümmt auf erbsensuppenfarbenen Plastikso-

* »Habe deine Lust am Herrn; der wird dir geben, was dein Herz wünscht.«

fas und Stühlen mit längst verblichenen Farbmustern. Der grelle Ton wurde von noch grelleren gelben Wänden zurückgeworfen. Die meisten dösten vor sich hin oder starrten ins Leere. Andere blätterten ziellos in alten Illustrierten oder beobachteten die Eingangstür wie Wachposten im Dienst. Als ich durch den Eingangsraum ging, lief es mir kalt über den Rücken.

Nachdem ich mich beim Empfang eingetragen hatte, nahm ich den Fahrstuhl zu Myrties Etage. Der Korridor war mit ausgefranstem, farblosem und abgetretenem Material belegt, das Jahre schlürfender Schritte hinter sich hatte.

Dann klopfte ich an ihre Tür. »Herein, nur herein«, rief eine feste, elastische Stimme.

Myrtie begrüßte mich mit einem herzlichen Lächeln und lehnte sich in ihren Schaukelstuhl zurück. Ihr weißes, flockiges Haar war adrett frisiert, die blauen Augen blitzten hinter den dicken, mit schwarzem Horn gefaßten Brillengläsern, und ihre Wangen glühten vor Lebendigkeit. *Diese Frau bereitet sich nicht gerade aufs Sterben vor,* dachte ich.

»Entschuldigen Sie, daß ich sitzen bleibe«, lächelte sie und deutete auf die Krücken neben ihrem Stuhl. »Ich kann es gar nicht glauben, daß Sie wirklich hier sind ... Ist es nicht so, daß unser Herr wirklich Herzenswünsche erfüllt?« Sie lächelte und schaukelte weiter, und ich mußte mich einfach zu ihr hinabbeugen und sie umarmen. Es war ein Augenblick der Unmittelbarkeit, wie ihn Christen oft bei ihrer ersten Begegnung erleben.

Ich nahm ihr gegenüber in einem Sessel mit Spitzendeckchen auf den Armlehnen Platz. Myrties Appartement verfügte über ein einziges Fenster und war nicht größer als ein bescheidenes Hotelzimmer. Die Möblierung bestand aus einem Bett, einem Schrank, einem Spiegel, einem kleinen Fernseher, den zwei Sesseln und einem zerbrechlichen Schreibtisch, bedeckt mit Bibeln und Auslegungen und einer Unmenge Korrespondenz. Fotos umrahmten den Spiegel über dem Schreibtisch. Ich hatte schon Gefängniszellen mit mehr Annehmlichkeiten gesehen.

Ungeachtet der Umgebung ging etwas Königliches von Myrtie aus, die ihre Hände im Schoß gefaltet hielt und die Schultern unter dem Schaltuch aufrecht hielt.

Ich wollte ihr für ihren treuen Dienst danken, aber noch ehe ich den ersten Satz beendet hatte, winkte sie freundlich lächelnd ab und unterbrach mich protestierend.

»O nein, Sie haben mir geholfen. Diese letzten Jahre sind die erfülltesten meines ganzen Lebens gewesen. Ich danke Ihnen – und am meisten danke ich Jesus«, die letzten Worte sprach sie mit großer Ehrfurcht.

Ich wußte, daß es Myrtie trotz dieses einsamen Lebens in trister Umgebung, trotz Behinderung und ständiger Schmerzen damit ernst war. Ich empfand einen geistlichen Tiefgang bei dieser Frau, wie ich ihn nicht oft erlebe. Ich bat sie, mir von ihrem Leben und auch ihrem geistlichen Werdegang zu erzählen.

1890 in Texas geboren, kam Myrtie bereits mit drei Jahren nach Columbus, Georgia; mit zehn Jahren arbeitete sie in einer Mühle für zehn Cents am Tage.

»Wir wuchsen arm auf«, seufzte sie und fügte hinzu, sie habe nur ein Jahr die Schule besuchen können. Die Eltern kümmerten sich nur wenig um ihre religiöse Erziehung, aber schon mit zehn Jahren wußte sie, daß es einen Gott gibt, spürte seine Hand über ihrem Leben und wollte »ihr Bestes tun, um ihm zu gehorchen«. Als 16jährige schloß sie sich einer Gemeinde an.

Mit siebzehn verheiratet, bekam sie im folgenden Jahr ihr erstes Baby und zwei weitere in schneller Folge. Ihr mittleres Kind, ein Sohn, starb mit zwei Jahren. Die Erfahrung von Todesfällen engster Verwandter wurde zum Schmelztiegel für Myrties Glauben. In den späten 30er Jahren lebte Myrties Mutter und Schwiegervater bei ihnen. Im Dezember 1939 starb Myrties Mutter. Im darauffolgenden Januar fiel Myrties Mann einem Unfall zum Opfer; zwei Wochen später starb auch der Schwiegervater.

Tränen standen bei der Erinnerung in Myrties Augen. »Ich fühlte mich wie Hiob. Es schien mir, als habe Satan ein Gespräch mit dem Herrn gehabt, in dem er sagte, wenn er nur an Myrtie herankommen dürfe, dann würde sie ihren Herrn schon aufgeben. Aber ich stützte mich nur noch stärker auf meinen Herrn.«

Der Tod ihres Mannes brachte auch den Verlust des Hauses mit sich, und Myrtie mußte wieder arbeiten gehen. Zunächst handelte es sich um Heimarbeit für die Mühle, »dann führte ich zwei Jahre lang ein Textilgeschäft. Danach ein kleines Café. Ich habe immer etwas unternommen, um mich durchzubringen. Ich wollte schließlich auch gut für meine Kinder sorgen.« So arbeitete Myrtie, bis Alter und nachlassende Gesundheit sie zwangen, in dieses »Alte-Leute-Haus« umzusiedeln, wie sie es nannte.

Der Tod ihres jüngsten Sohnes, die schlechte Gesundheit des

Ältesten und die eigene Einweisung in dieses Heim führten zu einer geistlichen Krise. So viele ihrer Lieben waren gestorben, und sie konnte für die anderen nichts mehr tun; wozu lebte sie eigentlich noch? Sie wollte am liebsten auch sterben.

»Herr, was kann ich denn noch für dich tun?« betete sie eines Tages aus tiefstem Herzen. »Wenn du mich holen willst, dann bin ich bereit. Ich möchte sterben. Nimm mich heim.«

»Ich fühlte, daß ich sterben würde«, fuhr sie fort. »Aber dann redete der Herr ganz deutlich zu mir: ›Schreibe den Gefangenen.‹ Drei Wörter: Schreibe den Gefangenen. Stellen Sie sich das vor! Da will ich sterben, und der Herr sagt: ›Okay, Myrtie, bleibe noch und schreibe den Gefangenen.‹

Er hätte nicht deutlicher zu mir sprechen können, wenn er genau vor mir gestanden hätte. Zunächst hatte ich Angst. Ich sagte: ›Herr, wie soll ich Gefangenen schreiben? Ich bin so ungebildet, mußte mir selbst Lesen und Schreiben beibringen. Und ich weiß rein gar nichts über Gefängnisse.‹

Aber es gab keine Zweifel. Ich mußte es tun, sonst hätte ich mich im Ungehorsam von meinem Herrn entfernt.«

Myrties Berufung erschien mir noch wunderbarer, nachdem ich erfuhr, daß sie bis dahin überhaupt nichts von unserer Gefangenenmission oder ähnlichen Einrichtungen wußte. Sie hatte in keiner Weise an solche Möglichkeiten gedacht.

Aber sie gehorchte dem Befehl Gottes und folgte dem für sie besten Plan. Sie wußte, es gab in Atlanta ein Gefängnis, und sie schrieb einen Brief, den sie so adressierte:

»Gefängnis, Atlanta, Georgia.« Und der Brief lautete:

> Lieber Häftling,
> ich bin eine Großmutter, die Sie liebt und sich Gedanken über Sie macht, denn Sie sind an einem Ort, wo Sie eigentlich nicht sein wollten.
> Meine Liebe und mein Mitgefühl gehören Ihnen. Ich bin bereit, mit Ihnen in einen freundschaftlichen Briefwechsel zu treten.
> Wenn Sie von mir hören wollen, schreiben Sie bitte. Ich werde jeden Brief beantworten.
>
> Als Freundin in Christus
> Großmutter Howell

Der Brief erreichte wohl den Anstaltsgeistlichen, denn Myrtie erhielt acht Namen von Häftlingen, denen sie schreiben konnte. Pfarrer Ray, der eine umfangreiche Gefangenenmission betreibt, schickte ihr zusätzliche Namen. So handelte auch unsere Gefangenenmission, als wir mit ihr in Kontakt kamen.

Myrtie schrieb seither Hunderten von Häftlingen, bis zu vierzig gleichzeitig, ein »Eine-Frau-Missionswerk«, das Gefängnisse überall in Amerika erreicht.

Ihre Strategie ist einfach: »Wenn ich einen Brief bekomme, lese ich ihn, und wenn ich ihn beantworte, bete ich: ›Herr, du weißt, was ich sagen soll. Nun sage es durch mich.‹ Und Sie wären erstaunt, welche Briefe Er manchmal schreibt!

Sein Geist wirkt. Ich gehorche. Ich möchte nichts schreiben, was von mir selbst kommt. Wie er mich führt, so schreibe ich.

Aber die eigentlichen Segnungen sind die Antworten«, fuhr sie fort und deutete auf einen Stapel Briefe auf ihrem Schreibtisch. »Schauen Sie sich diese an«, sagte sie und reichte mir lachend ein Paket. Als ich die Seiten überflog, stieß ich immer wieder auf ähnliche Sätze:

> Liebe Großmutter... habe mich so gefreut über Ihren Brief... Als es hieß, ich hätte einen Brief bekommen, glaubte ich, man wollte mich foppen... Ich konnte es gar nicht fassen, aber es war so... Ich habe niemanden, der sich um mich kümmert, nur der Herr und Sie... Ich bin jetzt in Einzelhaft, darum kann ich Briefe schreiben... Warum habe ich so viel Angst, Großmutter? Warum antwortet Gott nicht auf meine Gebete?... Ich freue mich so, daß jemand da draußen sich um mich kümmert... Heute will ich damit anfangen, jeden Tag für Sie zu beten bis ans Ende meines Lebens... Bitte schreiben Sie bald wieder... In Liebe, Joe... In Jesu Liebe verbunden, David.

Ein Brief mit der Unterschrift »Enkeltochter Janice« lautete:

> Liebe Großmutter,
> Deinen Brief habe ich erhalten. Es hat mich so traurig gemacht, als Du schriebst, Du würdest wohl nicht mehr sehr viel länger leben. Ich wollte eigentlich warten und Dir dann eines Tages erzählen, was Du mir bedeutest, aber

jetzt habe ich mich doch anders entschlossen. Ich werde es Dir jetzt sagen.
Du hast mir all die Liebe und Fürsorge geschenkt, die ich jahrelang vermißt habe und die meine ganze Lebenseinstellung verändert haben. Durch Dich habe ich gelernt, daß es sich lohnt zu leben, daß nicht alles schlecht ist. Du sagst immer, dies sei alles Gottes Werk, aber ich glaube, daß Du den Dank verdienst.
Ich habe nicht gedacht, daß ich noch einmal für jemanden Liebe empfinden könnte, aber ich weiß, ich liebe Dich so sehr wie meine eigene Großmutter.

»Gott segne Sie, Myrtie«, sagte ich und legte den Brief wieder zurück auf ihren Schreibtisch.

»Oh, der Herr hat mich ja schon so wunderbar gesegnet, Mr. Colson. Seit ich den Häftlingen schreibe, mache ich die schönsten Erfahrungen meines Lebens.

Und wissen Sie, als ich mein Leben wirklich in die Hand Gottes legte, da hat er für alle meine Bedürfnisse gesorgt. Dinge klären sich, ehe ich auch nur daran denke.«

Als ich nach den Bibelkommentaren auf ihrem Schreibtisch fragte, erzählte mir Myrtie, wie sie den Tag verbringt. Sie behauptete, eigentlich gar nicht viel zu tun, nur den Häftlingen zu schreiben, die Bibel zu lesen und zu studieren, zu beten und einige christliche Programme im Fernsehen zu verfolgen. Dazwischen wird sie zu den gemeinsamen Mahlzeiten in den Speisesaal getragen. Myrtie betonte, ihre Zeit verfliege schneller und angenehmer als je zuvor.

Gegen Ende meines Besuches gab mir Myrtie noch einen Rat: »Mr. Colson, denken Sie immer daran, der Herr will keine Leute haben, die aufgeben. Gelegentlich sagt mir der Teufel, daß ich zu alt werde, mich nicht mehr richtig erinnere . . . In dem Punkt muß ich ihm recht geben. Aber wir dürfen trotzdem nicht auf ihn hören. Sonst schiebt er uns im Handumdrehen in die falsche Richtung. Dann denke ich daran, was der Herr gesagt hat, und ich kann nicht aufgeben. Und«, fügte sie mit einer mahnenden Handbewegung in meine Richtung hinzu, »und Sie können das auch nicht.«

Damit beschenkte mich Myrtie Howell wiederum mit ihrem wunderbaren Lächeln, das ihr erfülltes Leben widerspiegelte.

Wir beteten miteinander, umarmten uns noch einmal, und ich

versprach ihr, wir würden uns wiedersehen, und dachte dabei an den wunderbaren Gedanken, der C. S. Lewis so kostbar war: Christen sehen sich nie zum letzten Mal.

Zwei unserer Mitarbeiter warteten unten am Empfang, um mich zur nächsten Veranstaltung zu begleiten. An der Eingangstür drehte ich mich noch einmal um und blickte in die Halle zurück. Nein, die Szene hatte sich nicht verändert.

Mit leiser Stimme sagte ich: »Seht euch das an. Nichts ist geblieben –«

»Nur noch das Warten auf den Bestattungsunternehmer«, fügte mein Begleiter hinzu, wurde dann aber sehr schnell ernst, als er begriff, daß dieser schlechte Scherz überhaupt nicht lustig war.

Der Anblick überwältigte mich fast – der erbarmungslose Abgrund der Verzagtheit, Verzweiflung und Leere. In den Gesichtern sah ich keinerlei Freude. In den eingefallenen Augen lag vielmehr so etwas wie Ärger, Ärger über die Familien, die sie dort zurückgelassen hatten; Zorn auf das Schicksal, das ihnen so übel mitspielte; Ärger über die nachlassenden Geisteskräfte und die mürbe werdenden Knochen; Ärger über ihr unterbrochenes Lieblingsprogramm im Fernsehen, oder weil jemand beim Mittagessen vor ihnen bedient wurde. Und auch die Eifersucht, daß jemand, der es noch weniger verdient hatte als sie, überleben und beobachten würde, wie sie selbst hinausgetragen wurden – es sei denn, sie konnten lange genug durchhalten, um sich darüber zu freuen, daß es andere zuerst getroffen hatte.

Die Lage dieser Menschen griff mir ans Herz. Sie klammern sich verzweifelt an etwas, das sie nie besaßen, versuchen ein Leben zu retten, das für so viele nur ein schlechter Scherz war: siebzig oder achtzig oder neunzig Jahre Freude, Niederlage, Schmerzen und Vergnügen, und jetzt das Warten auf die kommende Dunkelheit. Warten. Warten – damit diese sinnlose Existenz aufhört. Und was kam dann? Nichts? Oder eine Fortsetzung dieser Hölle? Wenn es keinen Gott gibt, oder wenn man ihn nicht erkennen kann, warum sollte man überhaupt leben?

Aber gleichzeitig saß dort oben Myrtie Howell mit ihrem herzlichen einundneunzigjährigen Lachen der Freude und des Triumphes. Bereit zu leben. Bereit zu sterben. Wahrscheinlich saß sie schon wieder an ihrem Schreibtisch und schrieb an Gefangene!

Aber auch Myrtie hatte die Hölle kennengelernt, die diese Welt sein kann. Sie hatte Einsamkeit und Schmerzen gekannt, wußte, was es hieß, ungeliebt zu sein, ein Zuhause zu verlieren und die Familie, wußte um den Trott einfacher Arbeiten zum Überleben.

Myrtie jedoch hatte etwas begriffen von der Eitelkeit und Sinnlosigkeit eines Lebens ohne Gott, der Leere eines selbstsüchtigen Lebens. Sie verstand sehr wohl, daß sie aus sich selbst die Fragen nicht beantworten konnte: Warum wurde ich geboren? Wozu habe ich gelebt? Wohin gehe ich? Darum schrie sie zu Gott um Befreiung aus dieser Hölle auf die einzig mögliche Art und Weise – indem sie ihr Leben aufgab, um sein Leben zu gewinnen. Ja, Myrtie hatte vor langer Zeit den eigentlichen Widerspruch des Lebens begriffen.

Ich wandte mich von der trostlosen Empfangshalle ab und ging durch die Tür in einen warmen Julitag hinein. Ich atmete die frische, saubere Luft ein, um meine Gedanken zu ordnen. Aber die Erinnerungen an diesen Tag blieben und würden auch bleiben. Denn in diesem Altenheim in Georgia schenkte mir Gott eine unvergeßliche Vision von Himmel und Hölle. Den Himmel der Lebensgemeinschaft mit Gott. Die Hölle eines Lebens ohne ihn.

Und Gott schenkte mir ein letztes Mosaikteilchen für die Antwort auf meine Frage, was es bedeutet, Gott wirklich zu lieben: Myrtie Howell. Ihr Leben wurde geprägt von Glauben, Bußfertigkeit, Gehorsam, Heiligung, heilendem Helfen und Dienst.

Myrtie Howell wußte, was es hieß, Gott zu lieben und seinen Frieden zu leben.

In der Arena: Eine Allegorie

An einem späten Frühlingsabend saß ich in meiner Bibliothek und blätterte in der Endfassung dieses Manuskriptes. Nach Monaten der Arbeit gefielen mir endlich Aufbau und Ausführung, und das letzte Kapitel machte mich besonders glücklich. Myrtie Howell veranschaulicht wirklich, worum es geht. Ein passender Abschluß für ein Buch mit dem Titel: Den Frieden Gottes leben.

Gedankenverloren lehnte ich mich auf meinem abgewetzten, ledernen Schreibtischstuhl zurück, verschränkte die Hände hinter meinem Kopf und dachte über die Leute nach, deren Geschichte ich festgehalten hatte. Bilder aus meinem eigenen Leben stiegen vor mir auf, als ich über meine geistliche Pilgerreise bis hierher nachdachte.

Ich weiß nicht, wie lange meine Gedanken wanderten, aber meine Träumereien wurden plötzlich durch das schrille Klingeln des Telefons auf dem Schreibtisch unterbrochen. Dave Chapman rief an, ein alter Freund, der in einem anderen Bundesstaat lebte. Dave hielt sich nicht lange mit der Begrüßung auf und ließ mich wissen, er sei in der Stadt, am Flughafen, habe einige Stunden Zeit bis zum Anschlußflug an die Westküste. Er wollte mich unbedingt sehen.

Schon nach zwanzig Minuten fuhr ein Auto vor, ich hörte eine Tür schlagen und dann auch schon die Klingel.

Dave war ganz der alte geblieben – sandfarbenes Haar, tief gebräunt, ein jungenhaftes Aussehen, das einen Mann zwischen dreißig und sechzig nicht wesentlich verändert. Auch an seiner typischen Kleidung hatte sich nichts geändert: leichter, heller Anzug, Hemd aus englischem Tuch, Seidenbinder und weiche, bequeme Treter.

Ich führte David in meine Bibliothek zu dem hochlehnigen Stuhl aus Ahornholz vor meinem Schreibtisch. Er könne nur wenige Minuten bleiben, meinte Dave, und der Stuhl würde ihm helfen, sein Versprechen einzuhalten.

»Okay, Dave, was steht an?« fragte ich und kämpfte gegen ein Gähnen an. Ich nahm mir nicht die Mühe, den Papierberg zwischen uns wegzuräumen, die sauber getippten Kapitel von *Den Frieden Gottes leben.*

Dave schoß los wie ein Boxer aus seiner Ecke, wenn der Gong ertönt. Seine innere Beteiligung ließen Wörter ineinanderpurzeln, und er stieß immer wieder mit dem Zeigefinger auf meinen Schreibtisch, um seine Worte zu unterstreichen, wie etwa ein geschickter Strafverteidiger auf das Holzgeländer vor der Jury klopft.

Bisher kannte ich Dave Chapman als ruhigen, erfolgreichen Geschäftsmann, der sich nicht sonderlich aufregte. Konservativ, vielleicht etwas förmlich, gewiß kein Paket Dynamit. Was konnte ihn bloß so verändert haben? Trotz der persönlichen Probleme, von denen er mir erzählte, erfüllte ihn eine Lebendigkeit und bemerkenswerte Sicherheit. Dabei schien sein Unternehmen gefährdet, die erst kürzlich erworbene politische Macht in Frage gestellt, auch seine Freunde und alles, was ihm bisher wichtig gewesen war, stand auf dem Spiel. Seine Stimme klang ruhig, seine Augen blickten entschlossen. Ich war fasziniert.

»Einen Augenblick bitte, langsam!« rief ich und setzte mich steil auf. »Ich will die ganze Geschichte vom Anfang bis zum Ende hören. Laß dir Zeit und erzähl alles.«

Und dann hörte ich zwei Stunden lang hingerissen zu, als Dave Chapman von den bemerkenswerten Ereignissen in seinem Leben in den letzten beiden Jahren erzählte. Als er geendet und das Dilemma erklärt hatte, lehnte sich Dave so weit zurück, wie es der unbequeme Stuhl zuließ, und wartete auf meine Reaktion. Aber ich konnte nur die Berge von Papier auf meinem Schreibtisch anstarren.

»Nun, was meinst du?« forderte er schließlich.

»Was ich meine? Du willst wirklich wissen, was ich denke?« stieß ich hervor. »Ich glaube, du hast gerade einen neuen Abschluß für mein Buch geliefert!«

Das hatte er wirklich. Wenn ich auch mein Buch als runde Sache ansah, mit rotem Faden und biblisch-theologischer Grundlage, als krönender Abschluß die Geschichte von Myrtie Howell, so spielt das Leben oft anders, als Bücher es wollen. Das Leben ist nicht logisch oder vernünftig oder ordentlich. Das Leben ist zumeist ein großes Durcheinander. Und Theologie muß in diesem Durcheinander gelebt werden.

Autoren können Bücher über Gott und Menschen schreiben, aber trotz aller Verdeutlichungen und Illustrationen bleibt es eine blasse Meinung, wenn es nicht Leben widerspiegelt. Und das Leben spielt sich nicht auf der Sonnenseite ab, sondern auf erdigem Feld, wo Menschen verwundet werden und trotzdem bis zum letzten Atemzug kämpfen.

Darum entschloß ich mich, dieses Buch mit Dave Chapman abzuschließen.

Dave ist kein außergewöhnlicher Mensch. Nun, das stimmt auch wieder nicht. Er steht für mich und für Sie auch; er steht für Dutzende von Menschen, die wir kennen – kein Held oder Heiliger nach den Maßstäben dieser Welt, kein Experte für geistliche Fragen. Dave Chapmans Geschichte ist unsere Geschichte; seine Kämpfe und Entscheidungen begegnen auch uns täglich. Darum erzähle ich seine Geschichte so nach, wie er sie mir an jenem Abend im Frühling erzählte in den Stunden, als die Dämmerung der Nacht wich. Ich erinnere mich nicht, ob Dave an jenem Abend noch sein Flugzeug erreichte. Ich bin ihm auch seither nicht wieder begegnet.

Daves Geschichte nahm an einem warmen Sommerabend 1979 ihren Anfang.

Er kam verspätet nach Hause. Dave leitete seine eigene Steuerberatungsfirma, die einige der größten Unternehmen des Staates vertrat, und er mußte jetzt nicht mehr Tag und Nacht selbst arbeiten. Aber diese Zusammenkünfte seiner Frau konnte er immer weniger ertragen. Die Arbeit bot ihm also eine willkommene Fluchtmöglichkeit.

Daves Frau Kay war vor einigen Jahren Christin geworden. Danach evangelisierte sie ihren gesamten Freundeskreis. Sie war dabei auf das für sie brauchbare Arbeitsmodell gestoßen, alle drei Monate bekannte christliche Redner zu Dinnerpartys einzuladen. Diese Abende erwiesen sich als so erfolgreich, daß der Pfarrer darum bat, Kays Partys als Teil des missionarischen Programms der Calvary-Gemeinde zu übernehmen. Da Kay ohnehin nicht mehr wußte, wen sie einladen sollte – alle ihre Bekannten waren entweder »gewonnen oder geflohen«, wie Dave es ausdrückte –, stimmte sie dem zu und gab nun alle drei Monate an einem Donnerstagabend einen Empfang mit Punsch und Gebäck für immer wieder andere Gäste, die von der Gemeinde eingeladen wurden. Der Redner wohnte dann über das Wochenende bei Familie Chapman und veranstaltete noch ein Seminar in der Gemeinde.

Als Dave an diesem Donnerstag verspätet nach Hause kam,

hatte der bekannte Theologe Dr. Jack Newman die fünfzig Gäste bereits eine Stunde lang mit einem Vortrag über den historischen Hintergrund der Evangelien fasziniert. Jetzt gab es Erfrischungen und die Möglichkeit zu Gesprächen.

Dave grüßte die Leute beiläufig, bahnte sich einen Weg von der Küche zum Eßzimmer, griff nach einem Becher mit Eistee und zog sich in den äußersten Winkel des Wohnzimmers auf eine bequeme, kleine Couch zurück. Beim Teetrinken beobachtete er den Star des Abends, von einem Halbkreis seiner Bewunderer umgeben.

Jack Newman war ein großer, schlanker Typ mit einem langen, dunkelgetönten Gesicht und schwarzem Haar, das an den Schläfen grau wurde. Seine großen, tiefliegenden Augen und die klassische Nase bildeten ein Profil, das auf Intelligenz und Esprit schließen ließ. Irgendwie bewirkte die lockere Gelassenheit dieses Mannes aufgekratzte Nervosität bei den Leuten um ihn herum.

Dave bemerkte, wie weit Lucy bei ihrem schallenden Gelächter ihren Mund öffnete; wie duckmäuserisch Stan wirkte, der nicht stillstehen und dem Mann in die Augen sehen konnte; wie nervös andere darauf warteten, mit ihren Fragen zu beeindrukken. Die ganze Szene führte auch bei Dave zu innerer Anspannung; er wünschte, die Leute würden alle sein Haus verlassen.

Viel später, die Gäste waren gegangen, zeigte Kay ihrem Gast sein Zimmer, der sich dann völlig erschöpft ins Schlafzimmer zurückzog. Dave war noch zu aufgedreht zum Schlafen. Er saß auf einem bequemen Sofa im Wintergarten hinter dem Haus und hielt einen Teller mit übriggebliebenem Gebäck auf dem Schoß.

Zu seinem Erstaunen hörte er Fußtritte, und Dr. Newman trat aus der offenen Verandatür zu ihm hinaus.

»Sie werden nach alldem ein bißchen frische Luft gebrauchen können«, bemerkte Dave.

»Ja, es ist ein wunderbarer Abend, und mir ist dieser Wintergarten schon vorhin aufgefallen«, antwortete Newman. »Ich habe immer bedauert, daß wir so etwas nicht zu Hause haben.« Newman hatte wie Dave Jackett und Binder abgelegt, und sein weißes Hemd hob sich scharf gegen die Dunkelheit ab.

»Setzen Sie sich, Doktor. Nach einem langen Tag freue ich mich immer, wenn ich hier durchatmen kann.« Dave deutete auf den Korbsessel auf der anderen Seite des kleinen Glastischchens. Newman sank dankbar in die bequemen Kissen. Einige Augenblicke hörten die beiden Männer schweigend dem Zirpen der Grillen zu.

»Sie können die Leute aus der Gemeinde nicht so ganz leicht verkraften, nicht wahr?« bemerkte Newman.

»Nein«, antwortete Dave gedehnt. »Nicht immer. Aber das ist nicht der Grund, warum ich Ihrem Vortrag heute nicht zuhörte. Ein Klient hielt mich im Büro fest. Es tut mir leid. Alle sagten, Sie seien großartig gewesen.«

»Ich habe beobachtet, wie Sie heute abend Ihren Gästen begegnet sind«, ignorierte Newman Daves Entschuldigung. »Sie schauten in die Ferne, als lauschten Sie irgendeiner sphärischen Musik. Gleichzeitig beobachteten Sie die Leute sehr gründlich. Was ging in Ihren Gedanken vor?«

»Ich glaube, ich habe sie nur in ihrem Verhältnis zu Ihnen beobachtet. Auf mich wirken sie manchmal wie aufgescheuchte Hühner.«

»Sie sahen aus, als sei etwas nicht in Ordnung. Dann nahm ich mir vor, nach Möglichkeit mit Ihnen zu sprechen. Wollen Sie mir sagen, was es war?«

»Nun, ich dachte nicht, daß man mir das ansehen könnte«, lachte Dave ein wenig gezwungen. »Natürlich kann ich Ihnen davon erzählen. Bei Ihrer Erfahrung in Kirchendingen und so können Sie mich vielleicht verstehen. Das wäre gut, denn ich selbst kann es nicht verstehen. Immer dann, wenn ich mich in der Nähe dieser Leute aufhalte, gerate ich in eine schlechte Stimmung.«

»Welche Art von schlechter Stimmung ist das?« fragte Newman.

»Ich weiß nicht, ob ich es beschreiben kann. Es ist fast so, wie Sie sagten – als lauschte ich entfernter Musik. Ich kann einfach keine Verbindung zu dem finden, was um mich herum vorgeht. So fühle ich mich eigentlich immer.«

»Dieses Gefühl kenne ich, Dave«, nickte Newman.

»Tatsächlich?«

»Ja. Jeder kennt das. Nicht jeder erfährt es in gleicher Weise, aber früher oder später kommt fast jeder an einen Punkt in seinem Leben, wo das Gefühl der Sinnlosigkeit sehr stark ist.«

»Und es wird schlimmer, wenn ich in der Nähe dieser Leute bin«, fuhr Dave fort. »Das bringt mich schon zum Nachdenken über diese ganze Sache. Das Christentum meine ich. Vielleicht haut es wirklich nicht hin. Für mich.«

»Sie sagen das so, als könnte ich beleidigt sein.«

»Warum nicht. Sie haben Ihr ganzes Leben auf die Religion gesetzt. Und nun erzähle ich Ihnen, es könnte ein Holzweg sein.«

»Wenn es das wäre, glauben Sie dann wirklich, es würde mir lieber sein, wenn Sie es mir nicht klarzumachen versuchten?«

Das traf Dave. Nach seiner Vorstellung betrachteten religiöse Menschen das Leben nicht realistisch genug. Newman schien anders – unerschrocken –, eine Qualität, die Dave bei Geschäftspartnern schätzte. Er mochte Menschen, die nicht in Panik gerieten.

»Wie wurden Sie denn Christ, Dave?« fragte Newman. »Von Ihrer Frau hörte ich, daß Sie beide vor einigen Jahren zur Gemeinde kamen.«

»Jaaah, Kay gehört natürlich zur Gemeinde. Sie singt schon morgens unter der Dusche die Doxologie, rennt dann zu einer Bibelstudiengruppe, zu einem Rettet-die-Heiden-Club, zur Chorprobe, zu etwas, das man »prüde Protestanten« nennen sollte, und nimmt sogar an einer christlichen Gymnastikgruppe teil, falls Sie das glauben können! Und Seminare! Ihre Vorträge werden gewiß in Ordnung sein, aber bei all den Vorträgen über ›Familienleben‹, ›körperbewußt leben‹, ›gemeinsam leben‹ hat sie überhaupt keine Zeit mehr für *unser* Leben.«

»Aber wie steht es mit Ihnen, Dave?« bohrte Newman. »Sie müssen den Christenglauben doch auch einmal ernsthaft erwogen haben.«

»Ich weiß nicht. Vielleicht habe ich das. Aber ich kann überhaupt nichts Großartiges berichten. Erinnern Sie sich an die Zeit, als Carter Präsident wurde? Wiedergeburt hieß damals die ganz große Masche. Kay war mittendrin – jeden Abend bei einer Evangelisation oder einer Gebetsversammlung. Sie fing an, über den Teufel oder die Hölle zu reden und schrieb fromme Slogans auf eine Tafel in der Küche. Gelegentlich fand ich die Bibel auf meinem Schreibtisch, eine ganz bestimmte Seite aufgeschlagen. Wenn ich ehrlich sein soll, anfangs hat mich das die Wände hochgetrieben.

Dann traf ich jemanden im Club. Er hatte sich, wie ich auch, ganz nach oben gearbeitet. Er kartete und zechte mit den erfolgreichsten Leuten. Aber eines Tages entdeckte ich ihn nicht mehr an den Spieltischen. Rasch änderte sich seine ganze Einstellung. Das einstige Nervenbündel schien völlig ruhig und ausgeglichen zu sein. Und zu allem Überfluß fing er auch noch an, Saft zu trinken.

Ich fragte ihn, was denn los sei. Er antwortete: ›Ich habe mich für Jesus Christus entschieden und ihm mein Leben übereignet.‹ Ich dachte, mich tritt ein Pferd – eine ähnliche Sprache hörte ich ja die ganze Zeit über von Kay.

Ich wollte dieses Gerede von Gott nicht, schon gar nicht im *Country-Club.* Aber ich respektierte seine Entscheidung, und er schien mir auch aufrichtig zu sein. Monate vergingen. Kay entspannte sich etwas, und ich hatte auch nichts dagegen, wenn sie mir gelegentlich ein Buch unterschob. Ich lese eigentlich nicht viel, aber ein Buch fesselte mich derartig, daß ich es in zwei Nächten durchlas. Ich besuchte meinen Freund vom Club, und wir redeten bis zwei Uhr morgens. Er redete so von Christus, daß ich ihn verstehen konnte. Er redete von seiner eigenen Beziehung zu einem Gott, den man erfahren kann. Wir beteten miteinander, und dann ging ich wieder nach Hause.

Ich konnte nicht schlafen, auch nicht nach einigen kräftigen Schlucken. Es war ein Abend wie heute – warm und frisch zugleich. Darum ging ich nach draußen und starrte in die Dunkelheit, hinauf zu den Sternen. Und in dem Augenblick wußte ich mit bisher nie gekannter Gewißheit, daß es einen Gott gibt. Und ich betete ein Gebet, das mein Freund mir mitgegeben hatte.

Vielleicht erwartete ich ein Freudengeschrei der Engel, daß die himmlischen Kanonen Salut schießen würden. Aber nichts geschah – bis auf die Tatsache, daß sich im Laufe der nächsten Wochen ein neues Empfinden einstellte. Es fiel mir leicht, die Martinis beim Mittagessen wegzulassen. Mein Spieldrang verlor sich. Ihr Prediger würdet wahrscheinlich sagen, daß ich von diesen Dingen ›erlöst‹ worden war.

Als ich meinem Freund erzählte, was geschehen war, gliederte er mich sofort in eine Gebetsgruppe ein, die sich wöchentlich in einer Bank traf. Natürlich freute sich Kay ungemein, als ich es ihr erzählte. Wir schlossen uns der Calvary-Gemeinde an und nahmen am Gemeindeleben teil. Kaum war ich getauft, sollte ich schon bei einigen Komitees den Vorsitz übernehmen.

Aber es ist wie bei einer Liebesaffäre, die ihren Gang nimmt. Heute weiß ich nicht mehr, ob ich wirklich die Liebe Gottes empfand. Das heißt nicht, daß ich wieder trinke oder so. Ich fühle einfach nichts mehr. Und ich frage mich, ob man Gott überhaupt erkennen kann.«

Dave hatte die ganze Zeit in die Nacht hinausgeblickt. Jetzt drehte er sich langsam um und schaute seinen Gast an. »Ich bin nicht einmal mehr sicher, was glauben heißt, ob ich je Glauben hatte.«

»Glauben heißt: vertrauen und handeln – handeln im Gehorsam gegenüber den Befehlen Christi –, auch wenn man nicht sieht, wohin es läuft«, antwortete Newman.

»Diese Art von vereinfachender Antwort kann man von euch Burschen öfters hören; da kann ich nur das Handtuch werfen. Ich breche schließlich keine Gebote. Was ist also mit mir nicht in Ordnung?«

»Sind Sie da ganz sicher?«

»Nun gut. Ich bin zwar nicht sündlos, aber Gott weiß ja, daß wir in diesem Leben nicht vollkommen sein können. Ich habe wirklich alles zu halten versucht, was die Kirche fordert. Kann ich noch mehr tun?«

»Ich will Ihnen keine simplen Antworten geben, Dave, aber Jesus hat sich ja eindeutig geäußert: ›Liebe deinen Herrn von ganzem Herzen, von ganzer Seele und von ganzem Gemüt, und deinen Nächsten wie dich selbst.‹«

»Nun«, meinte Dave zögernd, »das versuche ich ja. Ich gehe ja zur Kirche und all das – tun wir das nicht, weil wir Gott lieben? Und niemand kann wirklich genau sagen, was es mit dem ›Nächsten‹ auf sich hat – darüber hat es in unserer Gemeinde ziemlich viele Diskussionen gegeben. Sie wissen schon, der Barmherzige Samariter und das alles. Wo passe ich da ins Bild?«

Newman saß einige Augenblicke ganz still da, die Ellbogen auf den Knien, die Hände gefaltet. »Dave, der Umstand, daß Sie sich mit diesen Fragen herumschlagen, ist eigentlich ein gutes Zeichen. Es bedeutet doch, daß Sie wirklich Gott lieben wollen.«

»Stellen Sie das doch ab. Das müssen Sie mir nicht sagen. Daß sich die Christen auch immer wieder verpflichtet fühlen, ermutigend zu wirken!«

»Dann lassen Sie mich so fragen: Lieben Sie Ihre Frau?«

»Ja, sehr sogar. Man bleibt heutzutage ja nicht zusammen, wenn man das nicht tut.«

»Hat es in Ihrer Ehe jemals eine Zeit gegeben, wo Sie sich fragten, ob Sie Ihre Frau überhaupt lieben?«

»Ja, gewiß. Das ist normal.«

»Wie änderte sich das wieder?«

»Ich weiß nicht, vielleicht einfach die Zeit.«

»Aber Sie blieben Ihrem Eheversprechen und Ihrer Frau treu, ungeachtet Ihrer Gefühle, nicht wahr?«

»Ja. Ich habe Glück gehabt, bin nie richtig in Versuchung gewesen.«

»Mir geht es um mehr«, beharrte Newman. »Sie haben doch versucht, Kay so sehr wie möglich zu lieben, ungeachtet Ihrer Gefühle.«

»Nun, gewiß. Auch wenn es nicht immer leicht war.«

»Richtig«, stimmte Newman zu. »Jetzt müssen Sie es lernen, es bei Christus ebenso zu halten. Sie haben ihm etwas versprochen – ihm Ihr Leben zu überlassen, ihn zu lieben und ihm zu gehorchen. Das tun Sie nun ohne Rücksicht auf Gefühle. Und je mehr Sie sich darin üben – ihm zu gehorchen –, um so mehr werden Sie auch Ihre Liebe zu ihm und seine Liebe zu Ihnen spüren. Genau wie Sie das bei Kay getan haben.«

»Wo fange ich aber an? Ich bin ja überhaupt nicht sicher, daß es funktionieren wird.«

»Der Apostel Johannes sagt: ›Dies ist die Liebe zu Gott, daß wir seine Gebote halten.‹ Ziemlich direkt, nicht wahr? Aber die Gebote können Sie nur befolgen, wenn Sie Ihnen auch bekannt sind. Darum fangen Sie mit seinem Buch, der Bibel, an.«

»Bibelstudium fällt mir schwer«, antwortete Dave. »Es scheint immer etwas dazwischenzukommen.«

»Sie können Zeit finden, wenn Sie wirklich wollen«, sagte Newman mit Nachdruck. »Sie werden nie erfahren, was Gott will, wenn Sie sich nicht ernsthaft mit seinem Wort befassen. Wenn Sie aber anfangen, das zu tun, was er Ihnen durch sein Wort klarmacht, dann erfahren Sie seine Liebe.«

Dave Chapman hatte keine Vorstellung davon, wohin ihn dieser einfache Gedanke führen würde, aber die direkten Worte Newmans ließen ihn hoffen, und er entschloß sich, das Bibelstudium wieder aufzunehmen. Zu diesem Zweck stand er einige Wochen lang eine halbe Stunde früher auf. Automatisch gratulierte er sich selbst zu dieser Leistung, wenn er sich auch kaum auf den Text konzentrieren konnte. Seine Gedanken eilten voraus zur Arbeit des Tages. Die Studienpläne, die Newman empfohlen hatte, schienen auch ziemlich anstrengend. Schließlich war er Anfänger. Darum beschränkte er sich auf das, was er gerne seine »Zielpunkt-Methode« nannte. Er las einen Lieblingsabschnitt, etwa aus der Bergpredigt oder 1. Korinther 13, und unternahm von da Ausflüge nach vorwärts oder rückwärts in der Hoffnung, schließlich auf diese Weise durch überlappende Kreise die ganze Bibel zu lesen.

Aber er schien nicht weiterzukommen. Die Verlockung nahm zu, länger zu schlafen. Darum las er die Bibel nach der Arbeit. Mit der Konzentration sah es da aber noch schlechter aus. Er fing an zu lesen, aber die Stille seines Büros verleitete seine müden Gedanken zu Traumreisen.

Er unternahm einen Versuch, die Bibelstudiengruppe der Männer seiner Gemeinde zu besuchen, die sich jeden Freitag zum Frühstück trafen. Aber wenn ein Genie wie Newman fehlte, wuchs in Dave der Widerstand gegen jede Art von Belehrung. Seine Einstellung war ihm selbst zuwider, doch konnte er nicht umhin zu fragen, woher Stan oder Bill ihre seltsame Auslegung des Apostels Paulus hatten. Dann brachten sie auch immer wieder zeugnisablegende Gäste angeschleppt. Dave erinnerte sich an einen, der über sein sündiges Leben mit Wein und Frauen und den schließlichen Zusammenbruch seines bisher erfolgreichen Unternehmens erzählte. Eines Tages las er ein Buch von irgendeinem wiedergeborenen Fußballprofi, der sein Leben Jesus übereignete, und schwups, preist den Herrn, hörte er auf zu trinken und sich herumzutreiben. Und, schwups, ging es mit seinem Geschäft voran wie nie zuvor. Eine sofortlösliche Religion nannte das Dave. Alles nach einem Muster, alles Blabla.

Dann kam einer dieser besonderen Tage. Zuerst bekleckerte er sein Hemd mit dem Frühstücksei, hatte einen Disput mit Kay über die Dosierung der Stärke in der Wäscherei, entdeckte, daß Kays Wagen, den er benutzen mußte, kein Benzin mehr hatte, was einen weiteren Disput auslöste – die Frau mied Tankstellen wie die Pest –, und kam eine halbe Stunde zu spät ins Büro. Seine Sekretärin begrüßte ihn mit der Nachricht, der Revisor seines wichtigsten Kunden habe gerade angerufen und *gefordert,* Dave müsse sofort nach Erscheinen zurückrufen. Am liebsten hätte Dave seine Sekretärin angeschrien, weil sie den Mann nicht in der Leitung behalten hatte, erkannte jedoch, daß der Anruf ihr schon genug zusetzte, und dabei gehörte sie nicht zu den leicht erschütterbaren Typen.

Dave ging in sein Büro und nahm hinter dem ovalen, großen Holztisch Platz. Er atmete einige Male tief durch. Irgendwo hatte er gelesen, wie gut dies für die innere Ruhe und Sammlung sein soll. Dann rief er zurück. Er wurde nicht mit dem Revisor, sondern direkt mit dem Präsidenten von Fairway verbunden. Noch nie in seinem Leben hatte Dave einen derart aufgebrachten Menschen am Telefon gehabt.

Einer von Daves tüchtigsten jungen Mitarbeitern, Brad Pelouze, hatte ohne Rücksprache mit irgend jemandem bestimmte Betriebsvermögenswerte einer Firma, die Fairway übernommen hatte, nicht anerkannt. Bei der abschließenden Buchprüfung wurde der Inventarposten um $ 100000 reduziert – oberflächlich betrachtet keine große Sache. Aber im Endeffekt wurden dadurch die Gewinne pro Anteil unter die magischen $ 10 gedrückt, die Fairways Aktionäre brauchten, um neue Papiere anzubieten. Fairway würde ein weiteres Jahr warten müssen, um die sieben Millionen Dollar für neue Investitionen aufzubringen.

Fairways Präsident befand sich in einem unbeschreiblichen Zustand. »Machen Sie sich keine Gedanken darüber, wie Sie es wieder gutmachen könnten«, antwortete er auf Daves Einlassungen. »Dazu werden Sie keine Gelegenheit mehr haben. So lange werden Sie nicht mehr im Geschäft sein.«

Pelouze war ohne Zweifel ein törichter Fehler unterlaufen. Einmal war er zu bürokratisch vorgegangen, und dann hatte er den Revisor nicht über seine Maßnahme informiert. Das Management entdeckte die Sache erst, als die Unterlagen schon den Behörden vorlagen. Zu spät für eine Überarbeitung. Pelouze hatte nicht einmal die einschlägige Literatur zu Rate gezogen. Dort hätte er leicht auf die Unnötigkeit seiner Entscheidung stoßen können.

Kurze Zeit später saß Pelouze, ein schmächtiger, junger Mann, Dave gegenüber. Ein- oder zweimal hob er sein aschgraues Gesicht, um Dave anzusehen, dann starrte er wieder aus dem Fenster, als wolle er irgendwo in der Ferne einen neuen Arbeitgeber ausmachen.

Dave ersparte ihm nichts. Nach einigen schneidenden Eingangsbemerkungen wurde er bitterböse. Dann schlug er ein Standardwerk der Steuerberatungspraxis auf. »Schauen Sie her«, schrie Dave. »Sehen Sie das hier? Sie brauchen kein Universitätsstudium, Mr. Pelouze, um dies zu lesen. Jeder Schuljunge kann es lesen. Aber Sie scheinen zu denen zu gehören, bei denen die Bildung die Intelligenz überrundet hat.«

Als Dave am Abend nach Hause fuhr, spürte er an seinem steifen Hals und den Schultern jede Anspannung des Tages. Schlimmer noch: Seine Gedanken spulten immer wieder die Szene mit Brad Pelouze ab. Er wünschte sich, alles noch einmal, und zwar anders, machen zu können. Und plötzlich flossen seine rachsüchtigen Worte in einen anderen Drehbuchtext ein: »Du nennst dich Christ, Chapman, und du kennst nicht einmal die Bibel?« Er dachte plötzlich an seine eigenen Mühen mit der Fachliteratur. Seine »Zielpunkt-Methode« hätte da wohl nicht funktioniert. Auf die Art und Weise hätte er sein Steuerrechtsexamen gewiß nicht bestanden. Blätterte er nicht einfach in der Bibel wie in einer Zeitschrift, hier und da, je nach Gefühl etwas herauspickend? Er sehnte sich nach großartigen Ergebnissen in seinem Christenleben, gab sich jedoch nur mittelmäßige Mühe. Entweder mußte er das ändern oder ganz aufgeben.

Die Sache mit Pelouze führte Dave zu einem gründlichen Bibelstudium. Der frühe Morgen war die logische und beste Zeit für ihn, dies zu tun, darum stand er nun eine Stunde früher auf und befaßte sich gründlich mit dem Abschnitt für den Tag. Zwei Abende in der Woche arbeitete er an einem systematischen Bibelkurs der Navigatoren, den Newman empfohlen hatte.

Ein Teil seines Planes sah vor, daß Dave jeden Morgen drei Psalmen las. Dabei machte er die Entdeckung, daß ihn nur Teile der Psalmen ansprachen; es gab viele, bislang völlig vernachlässigte Passagen, die er nicht einmal gelesen hatte. Als er diese Abschnitte in Angriff nahm, erlebte er eine erste große Überraschung: Die Schreiber dieser »Loblieder« waren scharfsinnige und intelligente Männer gewesen; sie sprachen den Verstand genauso an wie das Herz. Als er das erste Gebot in den Psalmen entdeckte, löste das den zweiten Schock aus: Ein Gebot in den Psalmen? Aber da stand es, klar wie das Tageslicht, und er hatte sich nie auch nur im geringsten darum gekümmert: »Wie lange wollt ihr noch das Recht verdrehen und für die Schuldigen Partei ergreifen? Verteidigt die Armen und die Waisenkinder, sorgt für das Recht der Wehrlosen und Unterdrückten! Befreit die Entrechteten und Schwachen, reißt sie aus den Klauen ihrer Unterdrücker!« (Psalm 82,2–4).

Waren das nicht Gedankengänge liberaler Traumtänzer, die er bisher immer als Leute bezeichnet hatte, die »mit beiden Beinen fest in der Luft« stehen? Aber er konnte sich der Tatsache nicht verschließen, daß nach Auskunft der Schrift Gott alle die verurteilt, die sich nicht an dieses Gebot halten.

Obwohl innerlich beunruhigt, konnte Dave nicht erkennen, wie er dieses Gebot befolgen sollte. Es paßte nicht in die moderne Weltordnung. Die »Armen« brauchten schließlich keinen

Steuerberater. Er kannte überhaupt keine armen Leute. Und wie sollte er jemand verteidigen? Er war weder Richter noch Anwalt.

Dann stieß er in den Psalmen auf eine Fülle von Hinweisen über die Reichen und die Armen. Nach den Psalmtexten hing es zumindest teilweise davon ab, wie jemand die Armen behandelte, ob er als gerechter oder schlechter Mensch galt.

Dave spendete bereits großzügig für die Gemeinde und andere christliche Zwecke. Als ehemaliger Schatzmeister der Gemeinde wußte er, daß er wahrscheinlich mehr gab, als sonst jemand in der Gemeinde. Aber darum schien es irgendwie in den Psalmen nicht zu gehen. Es verwirrte Dave, wie die Botschaft der Bibel ihn manchmal regelrecht ärgerte.

Trotzdem erkannte Dave die Wahrheit der biblischen Aussagen. Er las eine Schrift, die Newman vor einigen Jahren verfaßt hatte, und die Argumente des Theologen überzeugten ihn. Er verstand, daß die Bibel von Gott war – sein Wort – und absolut zuverlässig. Das setzte ihm aber um so mehr zu.

Zu der Zeit fiel Dave die mangelhafte Leistung eines Mitarbeiters seiner Firma auf. Jim Rutledge arbeitete seit Jahren in Daves Firma, bediente Addiermaschinen und Kleincomputer und übertrug Zahlen auf endlose Listen. Jim hatte scheinbar ganz zufrieden vor sich hingearbeitet, auch wenn Mitarbeiter, die er selbst anleitete, an ihm vorbei befördert wurden. In letzter Zeit fehlte Jim häufig, außerdem arbeitete er langsam und zunehmend fehlerhaft.

Dave zog einige diskrete Erkundigungen ein und bestellte Rutledge dann zu sich. Früher hätte Dave den Mann einfach entlassen, aber die Psalmen und die lange Firmenzugehörigkeit des Mitarbeiters ließen ihn nach einem Ausweg suchen.

Jim Rutledge erschien in Daves Büro wie zu seiner Hinrichtung. Seine blutunterlaufenen Augen starrten ausdruckslos, er sah bleich aus.

»Setzen Sie sich doch, Jim«, empfing ihn Dave, und sein Mitarbeiter ließ sich in einen Sessel auf der anderen Seite von Daves großem Schreibtisch fallen. Rutledge nahm seine Brille ab und steckte sie ein, als könne ihn diese Maßnahme unsichtbar machen.

»Jim, ich habe Sie hierhergebeten, weil ich – in allem Ernst – in letzter Zeit über Ihre Leistungen enttäuscht bin. Und wir sind ja einen langen Weg miteinander gegangen.« Dave nannte dann einige Dinge beim Namen. Jim saß still auf seinem Platz, machte keinerlei Einwände, sah Dave auch nicht in die Augen.

Schließlich sagte Dave: »Schauen Sie, Jim, ich weiß um Ihr Problem mit dem Alkohol. Ich hatte es selbst befürchtet. Andere haben es bestätigt – auch Ihre eigene Familie.«

Rutledge blickte erschrocken auf, in seinen Augen blitzte so etwas wie Abwehr auf, aber Dave fuhr fort, ehe er etwas sagen konnte: »Ich lasse Ihnen keine Wahl, Jim. Sie werden eine Entziehungskur machen. Sie brauchen Hilfe.«

»Dann reiche ich hiermit meine Kündigung ein, Dave«, antwortete Rutledge. »Sie wissen nicht, was das kostet. Mindestens $ 4000 im Monat – meine Frau hat sich einmal erkundigt. Das kann ich einfach nicht bezahlen.«

»Ich werde die Rechnung übernehmen«, unterbrach Dave. »Es wäre viel kostspieliger für mich, wenn ich auf Ihre Erfahrung hier verzichten müßte.«

Rutledge schnappte nach Luft, versuchte zu sprechen, aber Dave kam ihm zuvor und wurde nun persönlicher: »Ich weiß in etwa, was Sie durchmachen, Jim. Ich habe einmal einen ähnlichen Kampf gekämpft. Es wird nicht einfach, aber Sie können es schaffen. Ich weiß, daß Sie es können. Ich habe ein Sanatorium mit allerbesten Empfehlungen ausgesucht.«

»Wie lange?« Jims Hände zitterten, als er sich eine Zigarette anzündete.

»Einen Monat. Auch zwei, wenn es nötig ist.« Dave hielt einen Augenblick inne. »Wie wird Ihre Familie das aufnehmen?«

»Das geht in Ordnung. Sie wissen ja nicht ... Jean wird sehr erleichtert sein. Sie hat in diesem Jahr so viel durchgemacht ... Ich habe damit gerechnet, daß sie mich verläßt.«

»Nun, es ist alles vorbereitet, meine Sekretärin hat die nötigen Informationen. Gehen Sie doch bei ihr vorbei und dann nach Hause zu Ihrer Familie. Morgen um 17.00 Uhr werden Sie im Sanatorium erwartet.«

Rutledge nahm seine Zigarette in die Linke und ergriff Daves ausgestreckte Hand. Tränen standen in seinen Augen, und er drehte sich schnell um und verließ das Büro.

Auf seinem Heimweg dachte Dave mit einem Hochgefühl an dieses Gespräch zurück. Dann überdachte er noch einmal die finanzielle Seite. Die Versicherung der Firma würde keine Entziehungskur übernehmen. Eigentlich wollte er die Sache aus eigener Tasche bezahlen, fragte sich aber dann, ob das klug sei.

Dabei fiel ihm eine Lösung ein. Das Firmengebäude war sein persönliches Eigentum; die Firma zahlte ihm Miete. Das hatte sich seit Jahren auch steuerlich gelohnt. Er würde einfach die Miete erhöhen und damit Rutledges Rechnung zahlen; tatsächlich übernahm dann die Firma auf diese Weise den Betrag. Die Miete lag zwar schon recht hoch, und bei jeder Erhöhung beschnitt er auch den Gewinnbeteiligungsplan der Firma, aber ähnliche Manöver hatten auch schon in der Vergangenheit ihren Zweck erfüllt.

Wie oft eigentlich? fragte eine Stimme. *Nachdem du diesen Trick so häufig gespielt hast, ist die Gewinnbeteiligung mehr Theorie als Wirklichkeit.* Die älteren Mitarbeiter wußten einiges davon und ließen ihren Unmut gelegentlich laut werden – aber sie wußten nicht die Hälfte. Früher hatte er sein Gewissen übergangen; jetzt wollte das nicht mehr gelingen.

Er stellte sich vor, wie er Kay von seiner guten Tat für Rutledge berichtete, aber irgendwie hatte die Sache an Glanz verloren. Still und nachdenklich saß er beim Abendessen. Den ganzen Abend versuchte er, sich aus der Situation hinauszurationalisieren. Schließlich ließen sich keine Unregelmäßigkeiten nachweisen. Als Steuerberater konnte er die Sache durchaus vor dem Finanzamt rechtfertigen. Aber die Gedanken blieben: Auf vollkommen legale Weise hatte er seine Mitarbeiter bestohlen.

Am nächsten Morgen ließ Dave die Psalmen aus. Er wollte einmal nichts über die Armen hören und statt dessen im Lukas-Evangelium weiterarbeiten. Er schlug das 19. Kapitel auf. Da las er zuerst die Geschichte von Zachäus, dem reichen Zolleintreiber. Er erinnerte sich vom Kindergottesdienst her an diese Geschichte. Damals hatten sie ein Lied gelernt über Zachäus, der auf einen Baum stieg, um Jesus zu sehen. Jetzt las er, wie Jesus sich selbst zu Zachäus einlud und wie die Leute murrten, als Jesus sich mit diesem Sünder abgab.

Doch der Kindergottesdienst hatte Dave auf das nun folgende überhaupt nicht vorbereitet: »Aber Zachäus wandte sich an den Herrn und sagte zu ihm: ›Herr, ich verspreche dir, ich werde die Hälfte meines Besitzes den Armen geben. Und wenn ich jemand betrogen habe, werde ich ihm das vierfach zurückgeben.‹

Da sagte Jesus zu ihm: ›Heute hast du mit deiner ganzen Familie die Rettung erfahren.‹«

Dave schlug die Bibel zu, als habe sie gebissen. Einen Augenblick lang saß er ganz still und sah vor sich hin. Dann öffnete er zögernd die Bibel noch einmal und las den Abschnitt erneut.

Die Bedeutung lag auf der Hand: Er sollte nicht nur für Rutledges Rechnung aufkommen, sondern auch Wiedergutmachung leisten für das Geld, das er in gewissem Sinne von seinen Mitarbeitern gestohlen hatte. Er überschlug sofort, was ihn das kosten würde. Den bestellten Mercedes könnte er sich dann unmöglich leisten. Erst in der letzten Woche hatte er Kay grünes Licht für eine Eigentumswohnung in Florida gegeben. Die Verschiebung dieser Anschaffung würde er ihr erklären müssen. Bisher hatte er Kay über ihre Finanzen kaum Erklärungen abgegeben. Und jetzt wollte er nicht gerne mit einem Schuldbekenntnis beginnen.

Dave hatte nicht geahnt, wie dicht unter seiner ruhigen Oberfläche die Panik lag. Es war ihm nie bewußt geworden, wie sehr seine Sicherheit von einem gutgepolsterten Bankkonto abhing, wie abergläubisch er im Grunde in Gelddingen war. Geld zurückzugeben, ging dem Finanzfachmann in ihm einfach gegen den Strich. Er sah sich bereits von allen möglichen Leuten und den »guten Dingen des Lebens« abgeschnitten und mittellos sterben, ohne Hinterlassenschaft für seine Kinder. Völliger Ruin, Verpflegung in einem Armenhaus, Menschen, die von hohen Gebäuden sprangen – solche Bilder sah er plötzlich vor sich.

Am nächsten Morgen las er wieder die Psalmen, wenn auch mit ziemlicher Anspannung. Vielleicht war die Bibel gar kein so freundliches Buch. Psalm 37,25 glättete seine Hysterie etwas: »Ich habe ein langes Leben hinter mir; nie sah ich einen, der Gott die Treue hielt, von ihm verlassen, und nie seine Kinder auf der Suche nach Brot. Alle Tage kann er freigebig leihen, und seine Kinder geraten gut.«

So war es doch auch. Weder er noch Kay oder die Kinder würden Bettler werden, wenn er den Gewinnbeteiligungsplan zu dem machte, was er von Anfang an sein sollte. Aber das eigentliche Problem lag woanders, wie er klar erkannte. Er sah die geistliche Dimension in den Worten über die Armen. Die Reichen stützten sich in ihrer Sicherheit auf ihren Reichtum; die Gerechten jedoch konnten großzügig geben, denn ihre Zuversicht lag in Gott begründet. Solange er sich auf sein Bankkonto als eine Art Versicherung verließ, konnte er Gott nie völlig vertrauen und würde darum auch die Fülle seiner Segnungen nicht erfahren.

Er mußte das in Gottes Augen Richtige tun – was sich auch immer für ihn und seine Familie daraus ergeben würde.

Dave leistete Wiedergutmachung, was nicht allein eine gesunde

Erschütterung seines persönlichen Vermögens bedeutete, sondern ihm auch Verlegenheiten und Demütigungen einbrachte. Manchmal fragte er sich, ob er den Überblick verlöre, und wußte, daß auch manche seiner alten Freunde so dachten. Aber nach Abschluß der Aktion fanden sie sich nicht im Armenhaus wieder. Ein neues Gefühl der Freiheit erfüllte ihn, und er begriff, daß er sich auf eine Art und Weise veränderte, die er früher nicht für möglich gehalten hätte.

Auch Kay war glücklich, was ihn eigentlich überraschte. Er fühlte sich schuldig, weil sie unter seinen moralischen Kreuzzügen leiden mußte. Aber als er ihr zögernd seine Gedanken und sein Handeln erklärte, sah sie ihn mit ihren dunklen, großen Augen an und sagte: »O Dave, ich bin so stolz auf dich.«

Seither standen sie zueinander, wie damals auf der Hochzeitsreise.

In den folgenden Monaten bemerkte Dave eine weitere Veränderung seiner Perspektive. Er konnte plötzlich zornig werden im Blick auf die physische und psychische Gewalttätigkeit in der Welt. Tatsächlich nahm sein Zorn täglich zu. Als er diese Empfindungen mit Kay diskutierte, empfahl sie ein Gespräch mit Dr. Newman. Dave informierte Newman telefonisch über die Ereignisse in seinem Leben.

»Es sah aus, als kämen die Dinge in meinem Leben langsam in Ordnung, aber jetzt bin ich erneut beunruhigt – und zwar über Dinge, die ich nicht beeinflussen kann. Bislang las ich lediglich das *Wall Street Journal* und vermied den weinerlichen Sensationalismus, der für Schlagzeilen in den Tageszeitungen sorgt. Wer braucht das schon! Aber plötzlich klappt das nicht mehr. Ich muß wissen, was in der Welt geschieht, und dann lese ich über betrunkene Autofahrer, über den Umsatzboom der Abtreibekliniken, wie sich arbeitslose Männer und Frauen das Leben nehmen, über Straßenkriminalität, über die Drogenszene, und ich kann nicht sagen: ›Gott sei Dank, meine Lieben und ich, wir haben nichts damit zu tun.‹ Es beunruhigt mich und macht mich zornig. Aber es ist so sinnlos, wenn ich innerlich koche.«

Newman sagte eigentlich nicht viel, nur dies: »Denken Sie über alles, was Sie mir erzählt haben und was Ihnen mehr und mehr bewußt wird, nach, Dave. Etwas Besonderes kommt auf Sie zu. Das ist oft der Fall, wenn man an diesem Punkt in seinem geistlichen Wachstum angekommen ist. Halten Sie Ihre Augen offen. Und nehmen Sie sich Lukas 19 vor.«

»Sie meinen Zachäus. Ich habe das nicht erwähnt, aber der Text hat mich ja gerade –«

»Nein, mir geht es um den Abschnitt, in dem Jesus über Jerusalem spricht.«

Als Dave aufgelegt hatte, schlug er das Kapitel auf. Es war nach dem triumphalen Einzug Jesu in Jerusalem, und da heißt es: »Als Jesus nahe hinzukam, sah er die Stadt und weinte über sie und sprach: Wenn doch auch du erkenntest zu dieser Zeit, was zum Frieden dient! Aber nun ist's vor deinen Augen verborgen.«

Tränen standen in Daves Augen, und er erinnerte sich an die vielen Stellen im Alten Testament, wo er von Jahwes Zorn gelesen hatte. Der Gott des Alten Testamentes und Jesus Christus bildeten eine Einheit, natürlich – der Zorn des Vaters und die Tränen des Sohnes gehörten zusammen.

Plötzlich verstand Dave. Er verspürte Zorn auf diese Welt, weil er langsam die Welt aus Gottes Blickwinkel sah. Bisher hatte er sie mit den Augen des Eigennutzes und der Selbstbehauptung betrachtet. Aber Gottes Standpunkt forderte Gerechtigkeit für alle, für die Gesellschaft. Dave hatte Gottes Gerechtigkeit, sein Urteil über sein eigenes Leben gefürchtet und fürchtete es noch. Aber diese Furcht schien unbedeutend angesichts einer gegen Gott rebellierenden Welt.

Dave dachte wieder an das erste Gebot, das er in den Psalmen gefunden hatte, und dem er trotz aller Wiedergutmachung immer noch nicht gehorchte: »Verteidigt die Armen und die Waisenkinder, sorgt für das Recht der Wehrlosen und Unterdrückten.« *Eines Tages,* dachte er, *wird sich hierfür eine Gelegenheit bieten. Laß sie mich nicht versäumen.*

Sechs Monate später erschien ein ungewöhnlicher Gastredner in Daves morgendlicher Bibelgruppe in der Bank. Keith Marks, ein Endzwanziger mit Lederjacke und dichten, roten Locken, die über seinen Kragen fielen, ein ehemaliger Häftling und jetzt Direktor der Gefangenenmissionsarbeit in seinem Bundesstaat. Dave kannte natürlich die Gefangenenmissionsarbeit, die er seit Jahren mit erheblichen Beiträgen förderte, aber über Gefängnisse hatte er nie wirklich nachgedacht. Marks zitierte sattsam bekannte Statistiken über die zunehmende Kriminalität in Amerika und führte aus, daß es unvorstellbare Mengen von Geld verschlingen würde, genug Gefängnisse für alle diese Kriminellen zu bauen. Als Alternative nannte Marks, die »nichtgewalttätigen« Häftlinge aus den Gefängnissen herauszunehmen und in Rehabilitationshäuser zu verlegen, wo sie auch Wiedergutmachung für ihre Taten leisten könnten.

Dave hörte zwar interessiert zu, stufte Marks' Vorschlag allerdings als zu fantasievoll ein. Ein Einbrecher konnte schließlich nicht als Pfadfinder betrachtet werden; er war ein Verbrecher. Wie sollte eine solche Person Wiedergutmachung leisten?

Nach dem Vortrag stellte Dave dem Redner genau diese Frage. Keith war klug genug, diesen Unmut aufzufangen. Er lud Dave zu einer Bibelstudiengruppe der Gefangenenmission im Staatsgefängnis am folgenden Dienstagabend ein. Dieses Gefängnis ließ sich in zwanzig Minuten von Daves Büro aus erreichen.

Zunächst wollte Dave ablehnen, dachte dann aber: *Warum nicht?*

Dave erlebte das Gefängnis als eine unwirkliche und feindliche Welt. Das Schlagen der schweren Eisentore, der Gestank von Urin, Zigaretten und Desinfektionsmitteln, die argwöhnischen, harten Gesichter der Aufsichtsbeamten und die Scheinwerfer auf den Wachtürmen zerrten an seinen Nerven. Viel später, längst wieder zu Hause, konnte er immer noch seine eigenen hallenden Schritte auf den kahlen Gängen widerhallen hören.

Aber durch diese äußeren Dinge hindurch wurde Dave Chapman an diesem Abend etwas deutlich – und ließ ihn fast die Kontrolle über sich verlieren. Etwas in der Bibelarbeit löste diese Gefühle aus. Dave und Keith saßen mit den Männern im Kreis in einem alten Klassenzimmer, und jeder der grauuniformierten Häftlinge hatte sich Dave vorgestellt. *Jeder von ihnen hatte einen Namen.* Irgendeine Mutter oder ein Vater hatten voller Stolz »Richard« oder »Heinz« gerufen ... *Jeder von ihnen hatte einen Namen.* Dave saß bei ihnen und dachte den ganzen Abend nur über diese schlichte Tatsache nach.

Dave ging am nächsten Dienstag wieder hin, auch am übernächsten und ... Marks bat ihn nicht, das Bibelstudium zu leiten, darum setzte er sich einfach zu den Männern, beobachtete und hörte ihnen zu. Die meisten glichen den Burschen, mit denen er zur Schule gegangen war, die dann aber andere Wege gingen; harte, rauhe Typen, immer zu einem Kampf aufgelegt, die noch in Schwierigkeiten kamen, ehe sie die Schule aufgaben.

Bald schon wurden diese Männer Einzelpersonen mit Namen und Persönlichkeit. Dino sah aus wie jemand, der sieben Jahre heroinsüchtig gewesen war, was auch stimmte, aber er war einer der komischsten Typen, die Dave je kennengelernt hatte. Ein älterer Mann mit leiser, fast unhörbarer Stimme gefiel Dave besonders. Fitzgerald sprach leise, war aber nicht schüchtern und hielt sich die wenigen Minuten, die nach der Zusammenkunft zur Verfügung standen, in Daves Nähe auf und enthüllte nach und nach seine Geschichte. Er war ein Erfinder gewesen, ein Bergsteiger und leitender Ingenieur bei Boeing. Dave prüfte das nach und stellte fest, daß Fitzgerald die Wahrheit sagte. Er saß wegen Steuerhinterziehung, wobei es um eine Summe von $ 2000 ging, eine unvorstellbar geringfügige Summe in Daves Augen, dem bei den Steuererklärungen seiner Kunden sicher Dutzende von Malen Fehleinschätzungen in ähnlicher Höhe unterlaufen waren.

Fitzgerald wurde das Opfer eines verrückten Systems. Dino hingegen war sein eigenes Opfer geworden; er galt als unverbesserlicher Fixer, der selbst im Gefängnis alles spritzte, was er nur in die Hände bekommen konnte.

Dave begegnete auch Männern, die durch ihre Bekehrung zu Christus eine unvorstellbare Veränderung erlebten. Einer von ihnen, Louis Lincoln, ein riesiger Schwarzer mit Tscherokesen-Haarschnitt, saß für Mord, aber Dave hätte nicht gezögert, ihn als Babysitter zu empfehlen. Louis gehörte zu den Lebenslänglichen, freute sich aber seines Lebens in einer Weise, die Dave seine eigene Undankbarkeit gegenüber Gott auf schmerzliche Weise bewußt machte.

Ein großer, linkischer Bursche mit kürbisfarbenen Sommersprossen erweckte wegen seiner schutzlosen Vergrämtheit Daves besondere Aufmerksamkeit. Rick war bei seinen Großeltern aufgewachsen, nachdem seine Mutter ihn als Klotz am Bein nicht länger haben wollte. Nach Abbruch der Oberschule hatte er ein Jahr lang bei einer Tankstelle gearbeitet und saß jetzt wegen einiger Einbrüche, bei denen er Fernseher und Stereoanlagen gestohlen hatte.

Daves Herz schlug für Rick, und bei den wöchentlichen Gesprächen konnte er ihn schließlich bewegen, seinen Schulabschluß im Gefängnis nachzuholen und auch so viel wie möglich über das Zimmerhandwerk in der Werkstatt des Gefängnisses zu lernen.

Rick verzeichnete Fortschritte, wenn auch schmerzlich langsam. Jedenfalls erschien es Dave langsam. Tatsächlich hatten die neun Monate Rick auf bemerkenswerte Weise verändert. Aber als die Zeit der Entlassung nahte, schien sich Rick zurückzuziehen, voller Sorgen über das Leben, dem er sich nun stellen mußte.

Dave konnte sich vorstellen, daß es Rick mit einem festen Arbeitsplatz und einigen Leuten, an die er sich in den ersten Monaten nach dem Gefängnis wenden konnte, schaffen würde, darum sprach er mit Keith Marks. Keith empfahl Dave, mit seinem Pastor über die Möglichkeit zu sprechen, daß die Calvary-Gemeinde Rick adoptieren würde, um ihm einen Arbeitsplatz, ein Zuhause und einen Kreis von gläubigen Freunden zu geben.

Es gelang dem Pfarrer, dem Kirchenvorstand die Sache zu verkaufen, und auch die meisten Gemeindemitglieder gingen die Sache mit ziemlicher Begeisterung an. Mit ihrer Hilfe kämpfte sich Rick durch die Krise nach der Entlassung und konnte sein Leben stabilisieren.

Am ersten Jahrestag seiner Entlassung stammelte Rick ein kurzes Zeugnis im Abendgottesdienst. Der Älteste, der sich gegen Ricks Aufnahme am meisten gesperrt hatte, bat Dave nach dem Gottesdienst, doch beim nächsten Besuch im Gefängnis mitkommen zu dürfen.

Dave ging auf Wolken, emotional und geistlich. Er wußte nichts von den Ereignissen, die sich anbahnten und seinen Glauben auf eine harte Probe stellen sollten.

Das erste Ereignis meldete sich im kommenden Frühjahr in Form einer öffentlichen Ehrung an, die Dave fast so sehr freute wie Ricks Erfolg. Nach der telefonischen Benachrichtigung vollführte Dave einen Luftsprung und eilte dann zu Kay. Die öffentliche Ankündigung fand in einem Konferenzraum des *Holiday Inn* statt. Kay, ihr Sohn Doug und Christine, die eigens vom College angereist kamen, saßen dabei. Dazu ein Dutzend Presseleute und ein Aufnahmeteam der örtlichen Fernsehanstalt.

Der Gouverneur, ein Republikaner, der sich um eine zweite Amtszeit bewarb, stand auf dem Podium und kündigte an, Dave Chapman würde den Vorsitz im Finanzausschuß seines Wahlkomitees übernehmen. Dave kannte den Gouverneur seit Jahren und hatte auch die Bücher seiner Textilfabrik geprüft.

In seiner Dankrede führte Dave aus, er rechne mit einem Wahlfond von zwei Millionen Dollar, und der Gouverneur solle wiedergewählt werden, weil sein Name für eine vernünftige Wirtschaftspolitik im Capitol des Staates bürge.

Als er später zu Hause die Nachrichten sah, begriff Dave, warum er der Finanzmann und der Gouverneur Gouverneur war. »Ich habe mich derart angestrengt, Verantwortungsbewußtsein auszustrahlen, daß ich wie ein Narr aussah«, brummelte er zu Kay hinüber. Sie neckte ihn, er sei schon so ehrgeizig, daß er den Gouverneur ausstechen wolle. Sie lachten und umarmten sich, und Kay brachte wieder zum Ausdruck, wie stolz sie auf ihn sei. Alles in allem betrachtete sich Dave an jenem Abend als einen sehr glücklichen Mann.

Nachdem der Gouverneur die geringe Opposition bei den Vorwahlen überwunden hatte, konnte der eigentliche Wahlkampf beginnen. Der Kampf mit dem Herausforderer der Demokratischen Partei schien hart zu werden, aber in den Meinungsumfragen lagen sie vorne und verfügten über eine gute Organisation. Das Geld kam herein; Dave leistete gute Arbeit. Dave fragte sich sogar, ob ihm der Gouverneur eine Aufgabe in seiner Regierungsmannschaft übertragen würde. Jedenfalls würde die ganze Geschichte sich für sein Unternehmen als einträglich erweisen.

Auch in der Wahlkampfzeit besuchte Dave weiter das Gefängnis. Aber seit seinem ersten Besuch vor zwei Jahren hatte sich die Lage im Gefängnis verschärft. Der Zuwachs von Häftlingen von jährlich zwölf Prozent brachte die Strafanstalt an den Rand des Zusammenbruchs. Die Sporthalle war in einen Schlafsaal umfunktioniert worden, auch einzelne Korridore hatte man für diesen Zweck abgetrennt. Schließlich mußte sogar die Gefängniskapelle als Schlafraum herhalten.

Ausbildungsprogramme und Workshops erlebten einen richtigen Boom. Nur Männer mit bester Führung durften teilnehmen. Die wirklich Entfremdeten und auch die gewalttätigen Häftlinge saßen den ganzen Tag in ihren Zellen, brüteten vor sich hin und stauten immer mehr Zorn auf.

Wenn Dave durch das Gefängnis schritt, konnte er die Spannung jedes Mal fühlen. Und er erkannte sie in den Augen der Häftlinge. Die Konzentration beim Bibelstudium ließ nach; die Teilnehmer wollten über Haftbedingungen diskutieren. Aber in dem Falle konnten die Gefängnisbehörden die Bibelgruppe aus »politischen Gründen« gänzlich absetzen.

Dave konnte die Männer und ihre Empfindungen gut verstehen und sprach darum eines Tages mit dem Direktor über die Situation. Der Direktor wies höflich darauf hin, daß er keinen Einfluß auf die Überbelegung nehmen könne; die Gerichte verurteilten, er mußte die Leute unterbringen. »Man kann diesen Spannungen nur mit starker Hand begegnen«, meinte er.

Aber trotz starker Hand braute sich etwas zusammen. Jede Woche berichteten die Männer Dave von neuen Protesten. An einem Tag gab es ein Sit-down im Gefängnishof, dann wieder traten zehn Häftlinge in einen Hungerstreik und überreichten eine Liste mit Forderungen.

Als Dave nach einem Bibelabend mit Fitzgerald sprach, steckte der ihm ein Stück Papier zu.

»Was ist das?« fragte Dave.

»Das sind die Forderungen«, antwortete Fitzgerald leise. »Vielleicht können Sie bei einer Zeitung anrufen und die Sache weiterleiten.«

»Nun, darüber muß ich nachdenken«, antwortete Dave. Später entschied er gegen die Medien; sie konnten mehr schaden als helfen. Dave hatte Streiks nie gutgeheißen. Andererseits verstand er die Frustration der Häftlinge. Die einzige Reaktion des Direktors bestand darin, die Sprecher der Protestgruppen einzuschließen; er steckte sie in Einzelzellen, bis sie es gelernt hatten, »sich zu benehmen«. Die Einzelzellen, wo die Häftlinge auf und ab liefen wie Tiere in einem Käfig und nur dreimal wöchentlich zum Duschen herauskamen, konnten den stärksten Willen brechen.

Was können wir tun? Dave sah keinen Ausweg, falls sich nicht die Legislative einschaltete – und das schien unvorstellbar. Gefängnisreformer wurden gewöhnlich nicht wiedergewählt.

An einem Sonntagabend rief Keith Marks bei Dave an und teilte ihm mit, der Direktor habe den Dienstagbibelkreis gestrichen. »Die Proteste, so sagte er, hätten ein gefährliches Stadium erreicht«, berichtete Keith. »Alle Männer in den Einzelzellen sind im Hungerstreik und werfen ihr Essen hinaus auf die Gänge.«

»Und auch Louis haben sie jetzt eingesperrt«, fügte Marks hinzu.

»Was hat Louis getan?« fragte Dave erschrocken.

»Ich weiß nicht – falls er überhaupt etwas getan hat. Jeder, der einmal tief Luft holt, scheint in letzter Zeit in Einzelhaft zu wandern. Der Direktor will die ganze Sache im Keim ersticken. Darum wird es eine Zeitlang auch keine Bibelgruppen geben. Nach Ansicht des Direktors wurden die zu politisch.«

»Kann ich die Männer trotzdem besuchen?« fragte Dave.

»Ja, besuchen geht. Nur keine Zusammenkünfte.«

Je länger Dave an Louis in der Einzelhaft dachte, um so mehr brachte es ihn auf. Die Einzelzelle galt als Maßnahme für gewalttätige, gefährliche Leute. Auch zum Schutz der anderen Häftlinge wurden solche Männer isoliert. Jedenfalls lautete so die ursprüngliche Erklärung. Tatsächlich wurden auf diese Weise aber alle diejenigen bestraft, die den Aufsichtsbeamten irgendwie auffielen. Einige der Beamten, darüber war sich Dave klar, hüteten lieber eine Herde halb betäubter Schafe als sich mit menschlichen Wesen und ihren Emotionen auseinanderzusetzen. *Sie wollen Louis' Lebenswillen brechen,* dachte er. *Seinen Lebenswillen, seinen Geist brechen* – eine schreckliche Vorstellung für ein menschliches Wesen.

Noch am Abend und dann wieder beim Frühstück teilte Dave seiner Frau diese Sorgen mit. Frustration und Ärger türmten sich derartig auf, daß Kay einen Telefonanruf bei Dr. Newman vorschlug.

»Willst du mir noch mehr Probleme zumuten?« fragte er sie.

»Warum sagst du das?«

»Jedesmal, wenn ich mit diesem Burschen rede, fällt ihm etwas ein, womit er mein Leben durcheinander bringt.«

»Dave, du weißt, daß das nicht stimmt«, lächelte Kay. »Er sagt dir niemals, was du zu tun hast.«

»Nein, aber offenbar tue ich am Ende immer das, was er will.«

Trotzdem rief er Dr. Newman an, und sie diskutierten die Lage. Weil der Theologe am folgenden Wochenende ohnehin in der Stadt zu tun hatte, bat er Dave, einen Besuch für ihn im Gefängnis möglich zu machen. Dave war sich ziemlich sicher, daß er als langjähriger, freiwilliger Mitarbeiter, dem man Vertrauen entgegen brachte, Newman mitnehmen konnte. Zudem freute er sich darauf, Newman zu führen und auch einmal sein Lehrer zu sein.

Dave erinnerte sich an den Schock bei seinem ersten Besuch und beobachtete deshalb Newman sorgfältig. Newman hörte aufmerksam zu, sagte jedoch wenig, was auf seine Gedanken und Empfindungen hätte schließen lassen. Er stellte auch nur wenige Fragen.

Als sie durch den Irrgarten von Gängen im Hauptgebäude der Haftanstalt gingen, konnte Dave die wachsende Spannung fühlen. Als sie an den Zellen vorbeikamen, streckten viele ihre Hände durch die Eisengitter, um Dave zu begrüßen. Einige erkundigten sich, ob er schon von Louis' Einzelhaft wisse.

Nach der Besichtigung der Werkstätten, Klassenräume und der Schlafsaal-Kapelle entschloß sich Dave, Louis zu besuchen. »Außerdem möchte ich, daß Sie das Zentrum dieser Spannung kennenlernen«, erläuterte er Newman.

Der Block mit den Einzelzellen stellte ein Gefängnis im Gefängnis dar, mit eigenem, von einer Mauer umgebenen Gefängnishof. Ein Aufsichtsbeamter begleitete sie. Das Eisentor öffnete sich, sie gingen hindurch und blieben stehen. Das Tor hinter ihnen krachte wieder zu, und gleichzeitig öffnete sich eine eiserne Tür vor ihnen, und sie konnten den Zellenblock betreten.

Der Gestank traf sie wie ein Keulenschlag. Massiv, faulig, Gestank nach menschlichen Exkrementen, Urin, abgestandenem Zigarettenrauch und Schweiß. Im Gefängnis roch es immer übel, am schlimmsten jedoch war es im Block mit den Einzelzellen, weil die Häftlinge nicht nach draußen konnten. So schlimm hatte es Dave allerdings noch nie erlebt.

Als sie um eine Ecke kamen, erkannten sie den Grund. Im spärlich beleuchteten Gang bildete der Abfall eine Blockade.

Zu ihrer Linken befand sich eine hohe Mauer mit dick verglasten Fenstern am oberen Rand. Das helle Flutlicht vom Hof fiel so nach innen und schuf ein unwirkliches Muster von Licht und Schatten. Die Mauer rechts bestand aus Stahlträgern und gegossenen Betonzellen. Zwischen diesen Mauern lag eine stinkende, fliegenübersäte Masse. Hier und da konnte man Speisereste erkennen. Exkremente türmten sich auf. Unrat war gegen die Fenster geschleudert worden und haften geblieben. Als sich auf dem Gang etwas bewegte, entdeckte Dave eine Ratte, die von dem Unrat fraß. Der Magen drehte sich ihm um.

»Warum wird dies hier nicht saubergemacht?« fragte er den Aufsichtsbeamten.

»Sie haben es hierhergeworfen«, antwortete dieser, »sie können es auch wieder saubermachen.«

»Aber die können es doch gar nicht saubermachen. Sie lassen die Männer nur ein paar Mal in der Woche zum Duschen raus, nicht wahr?«

Der Aufsichtsbeamte zuckte mit den Schultern. »Der Direktor meint, wenn sie sich wie menschliche Wesen benehmen, werden wir sie auch wie menschliche Wesen behandeln.«

Dave und Newman gingen vorsichtig weiter an den Zellen entlang und versuchten, dem schlimmsten Unrat auszuweichen. Die meisten Männer lagen auf ihren Pritschen, rauchten, starrten an die Decke oder auf einen unsichtbaren Punkt in der Ferne. Als sie Dave und Newman wahrnahmen, erhoben sie sich wie betäubt, kamen zu den Gittern und streckten ihre Hände zum Gruß hinaus. »He, Mann, danke, daß Sie kommen.« »He, was tut ihr denn hier? Wißt ihr nicht, daß dies hier nur für Tiere ist?«

Das Licht auf dem Gefängnisareal war zu hell für einen erholsamen Schlaf in der Nacht, am Tag konnte man beim Halbdunkel in den Zellen nicht einmal lesen. Dave fragte sich, wie jemand so etwas aushalten konnte. Dazu kam der nachgerade unerträgliche Gestank.

Jetzt standen sie vor der Zelle eines jungen Mannes mit langen, glatten, schwarzen Haaren und einer scharf geschnittenen Adlernase. Dave stellte ihn Newman als Ray vor.

»Ray ist Apache«, erklärte Dave, »und stolz darauf, nicht wahr, Ray?«

Ray nickte nur. Sein abwesender Blick schien weit entfernten Gedanken nachzugehen.

»He, Ray, wo ist Ihr Bruder?« fragte Dave. »Ich habe ihn nicht gesehen.«

Ein leiser Schmerz glitt über das Gesicht des Häftlings, und nach einigen Augenblicken der Stille sagte er: »Mann, ich weiß, Sie meinen es gut. Haben die Ihnen nichts über Hubert gesagt?«

»Nein, wirklich nicht.«

»Mann, ich dachte, Sie wären deshalb gekommen. Hubert ist abgetreten. Er hat sich aufgehängt. Direkt hier, dort drüben, in der vierten Zelle.« Ray beugte sich vor und zeigte in die Richtung, aus der sie gekommen waren.

In die Stille der Erschütterung hinein fuhr Ray fort: »Dave, haben Sie nicht gesagt, dieser Mann sei ein Doktor? Könnte der ein paar Schlaftabletten besorgen? Ich kann einfach nicht schlafen. Wenn ich nur schlafen könnte, würde es irgendwie gehen. Aber ich kann nicht einmal die Augen schließen. Ich habe den Wärter um Tabletten gebeten, aber er sagt, ich muß warten, bis nächste Woche der Doktor kommt.«

Dave erklärte, Newman sei kein Mediziner, versprach aber, sich um Schlaftabletten für Ray zu kümmern. Er sagte noch ein paar Worte, von denen er hoffte, sie könnten ermutigend wirken und fragte Ray, ob sie zusammen beten könnten. Er und Newman griffen durch das Gitter und faßten jeder einen von Rays Armen, während Dave kurz betete.

Ray stand mit gesenktem Kopf wie ein Tier, das einen Schlag

auf den Kopf erwartet. Auch nach dem Gebet blieb er so stehen. Dave schüttelte ihn sacht am Arm.

»Wir kommen bald wieder, Ray. Ich werde für Sie beten.«

Schweigend balancierten sie weiter und fanden schließlich Louis. Newman schüttelte seine Hand und trat zurück, damit Dave mit ihm reden konnte. Louis schien ganz der alte zu sein. Sie redeten miteinander, dann wurde Louis ernst: »Dave, wir hören besser auf zu quatschen. Der Professor . . . Sie bringen ihn besser hier raus.«

Dave drehte sich zu Newman um. Sein Gesicht war aschgrau, die Augen blickten ins Leere und sein Kopf hing nach unten. Dave faßte ihn am Arm und hastete den Weg zurück. Louis' schallendes Gelächter folgte ihnen. »He, Dave, schauen Sie mal, daß Sie den Zimmerservice zum Saubermachen herschicken. Die versuchen's ja hier, sind aber kurzsichtig und lassen dabei die Hälfte liegen, Mann!« Sein fröhliches Lachen echote von den hohen Betonwänden zurück.

Newman schaffte es gerade noch nach draußen und stand einige Minuten zusammengekrümmt und tiefatmend in der frischen Luft. »Tut mir leid, Dave«, sagte er und richtete sich wieder auf. »Dieser Gestank –«

Der Aufsichtsbeamte hatte sie auf den Hof begleitet, damit Newman frische Luft bekam. Riesige Mauern umgaben sie, und die lichtstarken Scheinwerfer leuchteten jeden Quadratzentimeter des rissigen Betons aus. Vereinzelte Grashalme, die sich durch diese Risse zwängten, bildeten die einzigen Lebenszeichen. An einem Ende der Betonfläche stand ein Basketballkorb ohne Netz.

»Hier findet also die körperliche Ertüchtigung statt«, meinte Newman und sah sich um.

»Nun, ja, einmal in der Woche dürfen sie hier herauskommen. Natürlich nicht die Männer in den Einzelzellen. Aber die anderen. Doch sie bewegen sich nicht sehr. Es gibt hier über zweitausend Häftlinge – das ergibt ziemlich große Mannschaften.« Dave deutete auf den netzlosen Korb.

»Was tun sie aber dann?«

Dave hob die Schultern. »Die meisten gehen einfach umher. Einige sind fanatische Bodybuilder und toben sich aus, so gut es geht. Hier werden dann auch Drogen geschoben. Lassen Sie mich Ihnen etwas zeigen.« Dave führte Newman in eine Ecke des Areals, wo zwei Gebäude aufeinandertrafen und somit etwas Schatten entstand.

»Hier können sie nicht gesehen werden. Von den Männern weiß ich, daß es in jedem Gefängnis einen solchen Platz gibt – einen blinden Fleck, den man von den Türmen nicht einsehen kann ... Sehen Sie!« Dave kniete sich hin und zeigte auf den Beton. »Blutflecken. Hier finden auch die Schlägereien statt und nicht selten Vergewaltigungen.« Newman kniete neben Dave und starrte auf den Flecken und hörte Dave sagen: »Man kann das Blut nicht vom Beton wegwaschen.«

Newman berührte den Flecken vorsichtig mit einem Finger und zuckte zurück. »Das ist frisches Blut«, rief er. »Schauen Sie!«

Es ließ sich nur ein dunkler Fleck erkennen, denn in dem künstlichen Licht, das in den Schattenbereich hineinreflektierte, gab es keine Farbunterschiede, nur Grautöne und schwarz.

»Vielleicht von einer Vergewaltigung«, preßte Dave hervor. Dann entdeckte er weitere Flecken. Es sah aus wie frisches Blut. Dave beobachtete Newman, der sich erhob und schnell auf die Mauer zuging und sie mit seiner Handfläche berührte, um dann langsam zurückzukehren. Daves ohnehin angespannte Nerven knoteten sich in ahnungsvoller Erwartung noch mehr zusammen.

»Was werden Sie in dieser Sache unternehmen?« fragte Newman schließlich.

»In welcher Sache?« wollte Dave wissen. »Die Vergewaltigung? Ich kann nichts tun. Ich weiß nicht, was geschehen ist oder wem etwas geschehen ist. Und die Aufsichtsbeamten interessiert das nicht. Sie sind der Ansicht, daß die Häftlinge ihre Aggressionen irgendwie loswerden müssen, auch wenn sie sie aneinander abreagieren. Das ist ihnen lieber, als selbst die Zielscheibe zu sein.«

»Nein, davon rede ich nicht«, sagte Newman leise. »Ich meine die ganze Situation hier. Wir würden einen Hund nicht so behandeln, wie diese Männer hier behandelt werden.«

Dave hob die Schultern. »Richtig. Aber was kann ich tun? Ich habe mit dem Direktor gesprochen, aber das bringt nichts.«

»Sie haben ziemlich viel Einfluß in der Wahlkampfmannschaft des Gouverneurs.«

Wieder zuckte Dave mit den Schultern. »Keinen wirklichen Einfluß. Trotzdem habe ich die Sache dem Gouverneur gegenüber erwähnt. Es ist schwer, ihn auch nur zehn Minuten lang zu sprechen, aber dann ist es mir doch gelungen. Nach der Wahl will er die Sache durch ein Komitee untersuchen lassen. Er meint, daß wir vor der Wahl überhaupt nichts tun können.«

»Auf diese Weise geschieht gar nichts«, beharrte Newman.

Zum ersten Mal sah Dave einen Ausdruck von Abscheu auf Newmans Gesicht.

»Nein, es wird wahrscheinlich nichts geschehen. Ich habe ihm schon gesagt, ich würde gerne in dem Komitee mitarbeiten, aber meine Erwartungen hängen nicht sehr hoch. Die Öffentlichkeit ist nicht interessiert. Daraus folgt dann auch das Desinteresse der Politiker. Was haben sie schon davon? Jeder Politiker, der sich für solche unpopulären Dinge stark macht, verringert damit die Chancen für seine Wiederwahl.«

»Und wenn Sie die Sache an die große Glocke hängen?« fragte Newman. »Was ich meine ist dies: Sein eigener Finanzchef? Noch vor der Wahl?«

Dave blieben plötzlich die Worte weg. Vor seinem geistigen Auge erschien wieder die Fernsehsendung, in der der Gouverneur seine Ernennung bekanntgegeben hatte; wie einfallslos, schwerfällig und peinlich aufrecht hatte er dabeigestanden. In der Rolle eines öffentlichen Fürsprechers konnte er sich wirklich nicht sehen.

»Ich tue schon alles, was ich kann, Dr. Newman«, sagte er schließlich und fühlte Panik in sich aufsteigen. »Ich bin kein Politiker. Ich bin Steuerfachmann. Ich kann nicht plötzlich im Fernsehen den Gouverneur bloßstellen. Ich bin Steuerberater!«

»Aber Sie sind auch jemand, der dieses Gefängnis kennt. Sie kennen es besser als sonst irgend jemand. Und Sie wissen, daß hier etwas ganz falsch läuft.«

»Schauen Sie, der Gouverneur würde mich einfach fallen lassen. Das würden auch meine Kunden tun. Niemand will einen Ralph Nader* als Buchprüfer.«

»Dann wollen Sie diese Männer einfach vergessen? Sie wollen Ihre eigene Haut retten und diese Leute dort verfaulen und sterben lassen?« Newmans Stimme konnte nicht länger als ruhig bezeichnet werden.

»Kommen Sie«, unterbrach ihn Dave. »Wir müssen gehen.« Die Mißbilligung des Theologen war zuviel für ihn. »Reden hilft uns nicht weiter. Wir müssen hier weg. Die Aufseher werden schon nervös.«

»Nur noch ein paar Minuten, Dave«, bat Newman. »Ich möchte Ihnen etwas erzählen, und zwar hier unter diesen Lampen, von

* In Amerika und über Amerika hinaus bekannter Verbraucheranwalt, der sich zum öffentlichen Ankläger macht und eine traurige Berühmtheit erlangt hat.

diesen Mauern umgeben, bei diesen Blutflecken. Dann gehen wir, und ich werde nichts mehr sagen.«

Dave zögerte und sah sich nervös um, als Newman mit seiner Geschichte anfing...

Im vierten Jahrhundert lebte in Asien ein Mönch, der die längste Zeit seines Lebens in einem abgelegenen Gebetsorden verbracht und dort den Küchengarten bewirtschaftet hatte. Wenn er sich nicht um seinen Garten kümmerte, ging er seiner Berufung in Studium und Gebet nach.

Dieser Mönch namens Telemachus verspürte eines Tages den Ruf des Herrn, nach Rom zu gehen, der Hauptstadt der Welt, der geschäftigsten, reichsten und größten Stadt überhaupt. Telemachus wußte nicht, warum er dort hingehen sollte, und schon der Gedanke daran ängstigte ihn. Aber als er betete, wurde ihm Gottes Weisung ganz klar.

Wie verwirrt muß der kleine Mönch gewesen sein, als er die lange Reise zu Fuß antrat, über staubige Wege immer weiter nach Westen, alle seine Habseligkeiten auf dem Rücken. Warum sollte er gehen? Er wußte es nicht. Was würde ihn dort erwarten? Er hatte keine Vorstellung. Aber er ging im Gehorsam.

Telemachus kam zur Zeit der großen Spiele in Rom an. Die römischen Herrscher hielten damals die Gettos durch kostenlose Brotverteilung und besondere Unterhaltungsprogramme in Schach, die man Zirkus nannte. Gleichzeitig feierten damals die Römer in großem Stil ihren Sieg über die Goten. Mitten in diesem turbulenten Treiben suchte nun der Mönch nach Hinweisen, warum Gott ihn nach Rom geführt hatte, denn Einzelheiten kannte er nicht, konnte auch keinen Ordensoberen um Rat fragen.

Vielleicht ist es nicht zufällig, dachte er, *daß ich zu dieser Festzeit hier angekommen bin. Vielleicht hat Gott einen besonderen Auftrag für mich.*

So ließ sich Telemachus von der Menge mitnehmen, die ihn bald zum Kolosseum führte, wo die letzten Vorbereitungen für die Gladiatorenkämpfe getroffen wurden. Er konnte die wilden Tiere in ihren Käfigen unter der Arena schreien hören, und das Waffenklirren der Kämpfer gellte in seinen Ohren.

Die Gladiatoren marschierten in die Arena, grüßten den Cäsar und riefen: »Wir, die Todgeweihten, grüßen dich.« Telemachus erschauerte. Nie zuvor hatte er von Gladiatorenkämpfen gehört, aber ihn erfüllte eine Vorahnung schrecklicher Gewalttätigkeit.

Die Menge war erschienen, um den Männern zuzujubeln, die sich nur so zur Unterhaltung gegenseitig ermorden würden. Menschenleben wurden für die Belustigung geopfert. Als der Mönch begriff, was sich abspielen würde, wußte er auch, daß er sich diese furchtbare Grausamkeit nicht einfach still anschauen konnte. Er konnte auch nicht einfach weggehen und die Sache vergessen. Er sprang auf die hohe Rundmauer und schrie: »Im Namen Christi, haltet ein!«

Natürlich nahm der Kampf seinen Anfang. Niemand schenkte der verlorenen Stimme auch nur die leiseste Beachtung. Darum kletterte Telemachus die Steinstufen hinunter und sprang in die sandige Arena. Dort gab er eine komische Figur ab – eine magere Gestalt in Mönchskutte, die zwischen den muskulösen, bewaffneten Kämpfern hin und her rannte. Einer der Gladiatoren stieß ihn mit seinem Schild in den Sand und forderte ihn auf zu verschwinden. Eine rauhe Geste, aber durchaus noch gutmütig. Die Menge brüllte vor Vergnügen.

Aber Telemachus weigerte sich zu gehen. Er sprang zwischen die Kämpfer und rief erneut: »Im Namen Christi, haltet ein!« Die Menge lachte und feuerte ihn an; manche hielten ihn wohl für einen besonderen Programmpunkt.

Dann geriet er einem der Kämpfer ernsthaft in die Quere; der Gladiator konnte gerade noch einem Schlag ausweichen. Im Zorn schrie die Menge nun nach dem Blut des Störenfriedes.

»Durchbohrt ihn«, kreischte sie.

Der Gladiator, den er behindert hatte, hob sein Schwert, das blitzende Metall traf Telemachus und schlitzte seinen Körper auf. Der kleine Mönch röchelte ein letztes Mal: »Im Namen Christi, haltet ein!«

Dann geschah etwas Merkwürdiges. Als die beiden Gladiatoren und die Menge die reglose Gestalt und den plötzlich blutroten Sand anstarrten, breitete sich eine Totenstille in der Arena aus. In der Stille erhob sich jemand auf dem obersten Rang und verließ das Rund. Andere folgten. Überall in der Arena verließen nun die Zuschauer ihre Plätze, bis das riesige Kolosseum völlig leer dalag.

Natürlich waren andere Kräfte am Werk, aber in der unschuldigen Gestalt dort in der Blutlache kristallisierte sich die Opposition, und das war der letzte Gladiatorenwettkampf im Kolosseum in Rom. Niemals wieder töteten sich Männer gegenseitig zur Erheiterung der Massen in dieser Arena.

Dave lehnte sich gegen die Gefängnismauer und starrte auf den rissigen Beton, als Newman seine Geschichte beendete. *Diese Römer töteten Menschen zum Vergnügen,* dachte er. *Wir zerstören sie... für was eigentlich?... Strafe?... Unter dem Deckmantel der Rehabilitierung?... Für unseren Ehrgeiz?... Unsere Angst?... Aus obszöner Gleichgültigkeit?* Er dachte an Ray, eingesperrt in Sichtweite der Schlinge seines Bruders; was wurde durch solches Leiden denn erreicht? Er dachte an Louis, an Fitzgerald, an Rick – sie alle hatten Gesichter, hatten Namen. Es waren Menschen.

Dave sah auf zu den endlosen Reihen von Fenstern. Er beobachtete das Spiel des Scheinwerferlichtes auf ihnen. Sie wirkten wie ein Amphitheater voller Augen – Augen, die den Zirkus hier im Zentrum des Gefängnisses nicht sehen wollten.

»Nun gut«, sagte Dave leise zu Newman. »Ich weiß nicht, wohin mich das führen wird, aber ich werde tun, was Sie wollen.«

Newman schüttelte den Kopf. »Nein, Dave, ich sage Ihnen doch nicht, was Sie zu tun haben. Ich habe die Antwort auch nicht.«

Dave wurde ärgerlich. »Nun machen Sie einen Punkt! Wenn Sie mir nicht gesagt haben, was ich tun soll, was haben Sie dann getan? Sie wollen, daß ich im Fernsehen auftrete, Reden halte, schreie, auf die Mauer springe und rufe: ›Im Namen Christi, haltet ein!‹«

»Nein, Dave. Sie sollen tun, was Gott von Ihnen erwartet. Ich habe Sie bedrängt, weil wir das nicht einfach abschütteln dürfen – aber wie ich Sie kenne, wird Ihnen das ohnehin unmöglich sein.«

Dave Chapman sah sich noch einmal um. Auf dem Beton unter seinen Füßen standen keine Antworten, nur die Blutflecken klagten an. Der Himmel hinter den Flutlichtern lag schwarz wie eine Höhle. Er würde auch dieses Mal keine Stimmen hören. Die innere Herausforderung, die sich bei Newmans Worten abzeichnete, erschreckte ihn. Das lief gegen jede Faser seiner vorsichtigen, konservativen Steuerberaterexistenz. Es drohte alles zu zerstören, was er in seiner Firma und der Position bei dem Gouverneur aufgebaut hatte. Aber Newman sah das richtig. Er konnte es nicht abschütteln. Er hatte bereits einen zu weiten Weg zurückgelegt.

Er mußte hier raus, die Bibel lesen und beten, um Weisung zu finden. Seltsamerweise dachte er in diesem Augenblick an den Psalm, den David aus jahrelanger Erfahrung geschrieben hatte: »Ich habe ein langes Leben hinter mir; nie sah ich einen, der Gott die Treue hielt, von ihm verlassen, und nie seine Kinder auf der Suche nach Brot.« Das löste die Erinnerung an Ereignisse aus, die ihn an diesen Punkt geführt hatten: an den Sommerabend im Wintergarten, wo er Newman kennengelernt hatte; die Entlassung seines Mitarbeiters Pelouze; die Wiedergutmachung an seinen Mitarbeitern; sein wachsendes Engagement für Rick und die anderen Männer hier . . . Und schließlich erinnerte er sich an das erste Gebot, dem er in den Psalmen begegnet war, von dem er immer noch nicht mit Gewißheit sagen konnte, daß er es befolgte:

> Verteidigt die Armen und Waisenkinder,
> sorgt für das Recht der Wehrlosen und Unterdrückten!
> Befreit die Entrechteten und Schwachen,
> reißt sie aus den Klauen ihrer Unterdrücker!

Newman hatte sich abgewandt und ging auf das Tor zu. Dave Chapman sah ihm nach und ging dann auch fort.

Was soll ich nur tun? seufzte er tief auf.

Er wußte es nicht.

Anmerkungen, Literaturhinweise

Die alttestamentlichen Bibelstellen wurden in der Regel nach der 1964 genehmigten Fassung des revidierten Luthertextes, die neutestamentlichen nach dem revidierten Luthertext von 1984 zitiert.

Wie es begann

1 Shirley MacLaine, Interview in der *Washington Post,* 1977.
2 *Daily Word* Oktober 1982, S. 19.
3 Matthäus 22,37–38; Markus 12,28–31; Lukas 10,25–28.

Kapitel 3: Glaube und Gehorsam

1 Alexander Solschenizyn, *Archipel Gulag II*, Harper and Row, New York, S. 613–15, deutsch im Scherz-Verlag Bern und München.
2 Ibid., S. 613.
3 Siehe Hebräer 11, besonders Vers 39. Dieses Kapitel wird oft das Kapitel der Glaubenshelden genannt.
4 Matthäus 8, Lukas 7.
5 Hiob 13,15 (nach der neuen internationalen Version der ›Thompson Studienbibel‹ in Vorbereitung im Hänssler-Verlag, 7303 Neuhausen.)
6 Apostelgeschichte 1,6.
7 Apostelgeschichte 1,7.
8 Matthäus 22,36.
9 Johannes 14,15.
10 1. Johannes 5,4.

Kapitel 4: Nimm und lies

1 Die kursiv gedruckten Zeilen sind Augustins *Bekenntnissen* nach einer Übersetzung von John K. Ryan entnommen und leicht bearbeitet, New York, Doubleday, 1960.

Kapitel 5: Ein Buch wie jedes andere?

1 *Luke and the Iron Man,* American Bible Society, Dezember 1976.
2 Aus einem Interview mit Gonzalo Ba'ez Carrago, *Christianity Today,* 5. März 1982.
3 Richard C. Halverson, *The Timelessness of Jesus Christ,* Ventura, Kalif. Regal Books, S. 46–47.

4 Lukas 4,18–19.
5 Johannes 5,39.
6 Matthäus 4; Lukas 4; Lukas 24,25–27; 5. Mose 8,3; 6,16; 6,13; Johannes 17,17.
7 Matthäus 28,18.
8 1. Johannes 1,3; Lukas 1,1–4.
9 1. Korinther 15,17.

Kapitel 6: Watergate und die Auferstehung

1 John Dean, *Blind Ambition,* New York, Simon and Schuster, 1976, S. 233.
2 Apostelgeschichte 1,3.
3 1. Korinther 15.
4 Blaise Pascal, *Pensées,* übersetzt von A. J. Krailsheimer, New York, Penguin Classics, 1966, S. 125.
5 Matthäus 5,18; Johannes 17,17.

Kapitel 7: Gott glauben

1 2. Timotheus 3,16; 4,2-3.
2 John Walvoord, *Inspiration and Interpretation,* Grand Rapids, Eerdmans, 1957, S. 18.
3 *Letter to Jerome,* zitiert bei James Boice, *Does Inerrancy Matter,* ICBF Foundation Series.
4 Martin Luther, *Tischgespräche,* zitiert in obigem Werk.
5 Ibid.
6 *Divino Afflante Spiritu,* 30. Sept. 1943, aus *The Papal Encyclicals* 1939-1958, McGrath Publishing Co., 1981.
7 Zu den dogmatischen Beschlüssen des Tridentinischen Konzils vom 16. Jahrhundert gehört auch der »himmlische Ursprung« der Heiligen Schrift, vom »Heiligen Geist diktiert«. Im Jahre 1950 bekräftigte Pius XII. mit einer Enzyklika *(Humani Generis),* unter Bezugnahme auf ältere Enzykliken *(Providentissiumus Deus,* 1893; *Spiritus Paraclitus,* 1920 und *Divino Afflante Spiritu,* 1943), daß es keinen wie auch immer gearteten Fehler in der Heiligen Schrift gebe.
8 *Emerging Trends,* Princeton Religious Research Center, Dezember 1982, S. 4; 10.
9 2. Timotheus 3,16.
10 Johannes 17,17.
11 1. Mose 3,2–3.
12 Lukas 4,4.
13 Lukas 4,8; (5. Mose 6,13).
14 Lukas 4,9–12.

Kapitel 9: Was wurde aus der Sünde?

1 Richard Trench, Erzbischof von Dublin.
2 3. Mose 26,40–41.
3 Psalm 51.
4 Siehe Hesekiel 18,19–22; 30–32 und die gesamte prophetische Literatur von Jesaja bis Maleachi.
5 Matthäus 3,2.
6 Markus 1,14.
7 Lukas 24,47.
8 1. Korinther 11,28.
9 Apostelgeschichte 26,20.
10 J. Edwin Orr, *The First Word of the Gospel,* unveröffentlichter Essay, 1980.
11 Dietrich Bonhoeffer, *Cost of Discipleship,* New York, Macmillan, 1963, S. 45–46. (Deutscher Titel: Nachfolge, erschienen im Kaiser Verlag München)
12 2. Samuel 11–12,13.
13 David Myers, *The Inflated Self,* New York, Seabury Press, 1980.
14 Ramsey Clark, *Crime in America,* New York, Simon and Schuster, 1970.
15 Jimmy Carter, Interview mit dem »National Black Network«, *Weekly Compilation of Presidential Documents,* Juli 1977.
16 Nationale Konferenz für Christen und Juden, New York, 23. März 1982.
17 Jeremia 17,9.

Kapitel 10: Das Problem liegt in uns

1 Augustin, *Bekenntnisse,* ins Amerikanische übersetzt von John K. Ryan, New York, Doubleday, 1960, S. 69–72.
2 Alexander Solschenizyn, *Archipel Gulag,* 1918-1956, New York, Harper and Row, 1975, S. 612.
3 Ibid.
4 Römer 3,23; 3,10.
5 Matthäus 15,18-20, Markus 7,20–23.
6 *Bekenntnisse*, S. 144.
7 Ibid.
8 J. Glen Gray, *The Warriors: Reflections on Men in Battle,* New York, Harper and Row, 1973.
9 Theodore Plantinga, *Learning to Live with Evil,* Grand Rapids, Eerdmans, 1982, besonders Kapitel 11.
10 Apostelgeschichte 11,18.

Kapitel 12: Wir waren dabei

1 Lukas 23,41.
2 1. Könige 16,31 (nach der neuen, internationalen Version der ›Thompson Studienbibel‹ in Vorbereitung im Hänssler-Verlag, 7303 Neuhausen).
3 Johannes 16,8.
4 Römer 7,24.
5 Römer 7,7–8.
6 Römer 8,1–3.

Kapitel 13: Seid heilig, denn ich bin heilig

1 Phyllis Theroux, *Amazing Grace,* Washington Post Magazine, 18. Oktober 1981, S. 38.
2 Jakobus 1,27.
3 Kathryn Spink, *The Miracle of Love,* New York, Harper and Row, 1981, S. 66.
4 Ibid., S. 157.
5 Lukas 18,9–14.
6 Jerry Bridges, *Pursuit of Holiness,* Colorado Springs, NAV Press, 1982, S. 72.
7 2. Mose 20–23.
8 2. Mose 24,7.
9 2. Mose 29,44–45.
10 3. Mose 11,44. Das griechische Wort *hagios* bedeutet einzigartig, abgesondert, anders, über dem Gewöhnlichen liegend.
11 Johannes 1,14.
12 Offenbarung 21,3.
13 William Wilberforce, *Real Christianity,* herausgegeben von James H. Houston, Portland, Multnomah, 1982, S. 87. Siehe auch Kap. 15, Fußnote 1.

Kapitel 14: Heiligung im täglichen Leben

1 Epheser 4,24–32; Kolosser 3,12–13; Epheser 5,1–21; 1. Thessalonicher 4,3–7; Galater 6,2; 1. Korinther 6,9–10.12; 8,9–13; 10,31.
2 Galater 6,9.7.
3 John Brown, *Expositing Discourses on 1 Peter,* 1848, Wiederauflage: Edinburgh, Banner of Truth Trust, 1, S. 106.
4 Johannes 14,26; 17,17; Römer 8,9–11; 1. Korinther 2,12–13; 6,11; 1. Thessalonicher 4,7–8.
5 Malcolm Muggeridge, *Something Beautiful for God,* New York, Harper and Row, 1971, S. 66.
6 Römer 6,2; 11–12.

7 Bridges, *Pursuit of Holiness.*
8 Ibid., S. 84.
9 Johannes 14,21.

Kapitel 15: Und seine Gerechtigkeit

1 Wilberforce schrieb später ein treffendes Buch zu diesem Thema und forderte damit die Kirche heraus. Es wurde erstmals Anfang des 19. Jahrhunderts unter dem Titel *A Practical View of the Prevailing Religious Systems of Professed Christians, in the Higher and Middle Classes in This Country, Contracted with Real Christianity* veröffentlicht. Es ist heute in einer Bearbeitung von James Houston (siehe Kap. 13, Fußnote 13) erhältlich und wird sehr empfohlen.
2 2. Mose 19,6.
3 5. Mose 16,20.
4 2. Samuel 8,15.
5 1. Könige 3,9.
6 Jesaja weissagt von dem einen, der schließlich »auf Erden das Recht« aufrichten sollte, dem Messias, dem vollkommenen Beispiel für Heiligkeit und Gerechtigkeit. Siehe Jesaja 42,3–7.
7 Jeremia 22,13; 16.
8 Amos 2,7–8.
9 Amos 8,5–6.
10 Amos 5,15.
11 Amos 5,24.
12 *Freedom and Faith,* herausgegeben von Lynn Buzzard, Westminster, Ill., Crossway Books, 1982, S. 161.
13 Matthäus 5,17.
14 Lukas 4,18–19, siehe auch Jesaja 61,1–2.
15 Lukas 4,20–21.
16 Matthäus 25,42–43.
17 Matthäus 5,13–16.
18 Matthäus 6,33.
19 *Freedom and Faith,* S. 73.

Kapitel 17: Der radikale Christ

1 Garth Lean, *Strangely Warmed,* Wheaton, Tyndale, 1979, S. 62.
2 Howard Snyder, *The Radical Wesley,* Downers Groave, Ill., Inter-Varsity-Press, 1980, S. 86-87.
3 *The Letters of the Rev. John Wesley,* herausgegeben von John Telford, London, The Epworth Press, 19–31.
4 Römer 13,1–2; 1. Petrus 2,13–14.
5 Francis Schaeffer, *Christian Manifesto,* Westchester, Ill., Crossway Books, 1981, S. 91.

6 John Knox, Werke in 6 Bänden, Edinburgh, Woodrow Society.
7 Hebräer 11,23; Daniel 3; Apostelgeschichte 4,18–20.
8 Offenbarung 11,15 (sinngemäß).
9 Schaeffer, *Manifesto,* S. 121.
10 Jon Johnston, *Will Evangelicalism Survive its own Popularity?* Grand Rapids, Zondervan, 1980.
11 Schaeffer, *Manifesto,* S. 28.
12 Malcolm Muggeridge, *The End of Christendom,* Grand Rapids, Eerdmans, 1980, S. 23.

Kapitel 18: Das heilige Volk

1 Markus 1,15.
2 Jim Wallis, *Call to Conversion,* New York, Harper and Row, 1981.
3 Ibid.
4 1. Petrus 2,9.
5 2. Mose 19,6.
6 Inspiriert durch das neutestamentliche Beispiel der Urgemeinde.
7 Paul Yonggi Cho mit Harold Hostetter, *Successful Home Cell Groups,* Plainfield, N. J., Logos International, 1981, S. 16.
8 Halverson, *Timelessness of Jesus Christ,* S. 104.
9 1. Korinther 12,26.
10 In Philipper 3,10 schreibt Paulus von seinem Wunsch, die »Gemeinschaft seiner Leiden« zu erfahren. Als er den Brief schrieb, hatte er tatsächlich Anteil an den Leiden Christi.

Kapitel 20: Die Kirche und die vordersten Kampflinien

1 Deutsche Übersetzung: ›O Gnade Gottes, wunderbar‹ Jesu Name 3, Nr. 790, erschienen im Hänssler-Verlag.
2 Jacques Ellul, *The Political Illusion,* aus dem Französischen von Konrad Keller, New York, Vintage Books, 1972.

Kapitel 21: Dies ist mein Leib

1 Dieses Kapitel stützt sich auf dokumentierte Erlebnisse von amerikanischen Kriegsgefangenen in Vietnam und auf Interviews mit James Ray und Norman MacDaniel. Einige Namen wurden geändert, die Ereignisse haben sich tatsächlich zugetragen.

Mißbrauch der Macht
Watergate-Skandal offenbart Wertekrise

Watergate – wie es noch keiner sah

von
Charles W. Colson

Der Watergate-Skandal, Synonym für den Mißbrauch der Macht, wie er unter US-Präsident Nixon geschah und weltweit Wellen schlug. Auch der Präsidenten-Berater Colson wurde in den Sog der prominenten Politiker hineingezogen, die deswegen ihren Sessel in der Administration räumen mußten.
In schonungsloser Ehrlichkeit berichtet er, wie er mit der Gerichtsverhandlung und der darauffolgenden Inhaftierung zurechtkam. Er beschreibt, wie er in der Krise seiner moralischen Wertvorstellungen einen neuen Maßstab gewann, den er konsequent umsetzte.

Leseprobe aus »Watergate – wie es noch keiner sah« von Charles W. Colson

---

Kapitel 19

Der Hammer fällt

Am 21. Juni kamen Patty und ich kurz nach 9 Uhr im Gerichtssaal Nr. 6 an. Die Luft knisterte vor Spannung. Vor lauter Gratulanten, Freunden und Büroangestellten unserer Anwaltsfirma hatte die Presse fast gar keinen Platz mehr. Es waren nur wenige Anwälte da, denn heute gab es keinen juristischen Kampf. David Shapiro sollte lediglich ein letztes Plädoyer für mich halten. Einige Vertreter der Anklage würden schweigend zuhören. Dann würde der Richter seine Entscheidung verkünden.

Es war vereinbart worden, daß Harold, Al, Doug und Graham in dem Teil des Raumes sitzen konnten, der normalerweise für Anwälte reserviert ist. Um 9.15 Uhr waren sie alle eingetroffen und saßen mit ernsten Gesichtern auf der langen Bank.

Ich versuchte meine Freunde fröhlich zu begrüßen. Einige Sekretärinnen, die für mich im Weißen Haus gearbeitet hatten, waren da, und ebenso viele von Pattys Freunden. In ihren Gesichtern war Sorge oder Trauer zu lesen. Ich sprach mit Dick Howard und seiner Frau Marcia, deren dunkle Augen mutmachend funkelten. Dick brachte ein schwaches Lächeln zustande.

Marion Goldin, Mike Wallaces Produzentin, saß hinten bei den Zuschauern. Ich fragte mich nach dem Grund, denn sie hatte nichts mit den Nachrichtensendungen zu tun. War sie sich vielleicht der Rolle bewußt, die ihre Show in dieser ganzen Sache gespielt hatte?

Zwei unserer besten Freunde, Tom und Kay Easely aus Boston, wären gerne dabei gewesen, aber ich hatte sie gebeten, nicht zu kommen, damit Kay im Krankenhaus verhindern konnte, daß mein Vater die Nachricht im Fernsehen hörte. Ich würde sie anrufen, sie konnte es ihm dann schonend mitteilen.

Patty nahm mit Wendell in der ersten Reihe Platz, wo einige Sitze für die Familie reserviert waren. *Wie die erste Reihe bei einem Begräbnis,* mußte ich denken. Mein ältester Sohn hatte in diesen Wochen eine Reife erlangt, die weit über das hinausging, was man sonst von einem Zwanzigjährigen erwarten darf. Dave Shapiro saß am Verteidigungstisch, blätterte in einem dicken, schwarzen

Notizbuch und ging zum letztenmal seine Argumente durch. Dave glaubte so fest daran, daß seine letzten Worte ihren Eindruck auf Gesell nicht verfehlen würden, daß er den Richter bereits gebeten hatte, sein Urteil nicht unmittelbar nach dem Plädoyer zu verkünden, sondern sich noch einmal zurückzuziehen, um ein letztesmal die Entscheidung zu überdenken.

Nach dem Aufruf schritt Richter Gesell majestätisch zum Podium und raffte seinen schwarzen Talar zusammen, als er sich auf seinem Richterstuhl niederließ. Es wurde gemunkelt, daß sehr viel von Gesells Laune am Tage des Urteilsspruchs abhängen würde, daß er unberechenbar sei und noch beim Betreten des Gerichtssaales seine Meinung ändern konnte. Wenn das zutraf, dann stand der Tag unter einem schlechten Zeichen. Der Richter blickte finster drein, als er seinen Platz einnahm, sah sich zornig im Gerichtssaal um und verkündigte schroff, welche Anträge zu behandeln seien. Dann rief er barsch: »Okay, Mr. Shapiro, würden Sie und Mr. Colson bitte nach vorne kommen?«

Ich machte meine Aussage und begründete meinen Antrag als »richtig vor dem Gesetz und richtig vor dem Gewissen«. Ich zeigte noch einmal die Umstände auf, die mit der Veröffentlichung der Pentagon-Papiere verbunden waren, warum Henry Kissinger, Präsident Nixon und ich Ellsbergs Verhalten als »Verrat« angesehen hatten, und zeichnete Schritt für Schritt in chronologischer Reihenfolge meine Handlungen nach. Dann kam ich zu der Tat selbst.

»Bei mehreren Gelegenheiten drängte mich der Präsident, nachteilige Informationen über Daniel Ellsberg weiterzuleiten«, gestand ich. Das war nicht neu, denn ich hatte das bereits an anderer Stelle ausgesagt. Von den Reportern kam ein Raunen. Ich konnte nicht ahnen, wie diese Aussage auf *Capitol Hill* einschlagen und zu neuen Forderungen nach der Amtsenthebung des Präsidenten führen würde. Wenn ich dieses Verbrechens schuldig war, so argumentierten seine Gegner, dann war es Nixon auch.

Ich schloß meine Aussage mit den Worten ab: »Ich bedaure, was ich getan habe, und werde mich ein Leben lang bemühen, ein besserer Mensch zu sein.«

Gesell nickte mechanisch, begann zu lächeln, wurde aber wieder ernst und wandte sich Shapiro zu: »Wie ich höre, haben Sie um das Wort gebeten. Bitte.«*

Anmerkung: Alle Zitate sind dem Gerichtsprotokoll entnommen.

Ich ging zu dem Tisch der Verteidiger zurück und setze mich. Shapiro begann mit leiser Stimme. Ich sah meine Brüder an – ihre Köpfe waren gebeugt, zum Gebet, hoffte ich.

»Ich sage, daß Charles Colson zu Unrecht angeklagt wurde«, rief Dave, und seine Stimme wurde laut vor Entrüstung. Er argumentierte, eine Gefängnisstrafe würde nur wegen der öffentlichen Erwartungen in diesem Fall ausgesprochen werden. »Täuschung – Irreführung, Herr Richter – die schändlichste Art von Propaganda, die den Namen dieses Mannes mit jeder nur vorstellbaren Untat und jedem schmutzigen Trick in Verbindung gebracht hat – und zum größten Teil handelt es sich dabei um Verleumdungsgeschichten, die von der Regierung zielstrebig lanciert wurden.« Shapiro hatte eine lange Liste von Lügengeschichten vorbereitet, die über mich verbreitet worden waren. Er hoffte, den Richter davon zu überzeugen, daß die öffentlicher Forderung nach einer Strafe künstlich »gemacht« worden war.

Aber Richter Gesell wollte nichts davon hören. »Sie befinden sich auf einem Holzweg, Mr. Shapiro«, unterbrach er. »Mich kümmern die öffentlichen Erwartungen überhaupt nicht. Das hat nichts mit meinem Urteil zu tun.« Mein Magen drehte sich fast um. Gesell hatte seine Entscheidung längst getroffen, und Shapiros Argumente *ärgerten ihn* sichtlich.

Erschreckt von dieser richterlichen Zurechtweisung, klammerte Dave sich mit beiden Händen an sein Pult; seine Augen offenbarten ungläubiges Staunen.

Gesell unterdrückte seine Ungeduld, aber nicht seinen Ärger. »Sie können fortfahren«, sagte er, »aber Sie müssen begreifen, daß Sie hier auf dem Holzweg sind . . . Sie vertreten diesen Mann, und Sie können sagen, was Sie wollen, und ich werde Ihnen zuhören, aber Sie sollten dies wirklich begreifen.«

Shapiro nahm einen neuen Anlauf, aber seine Stimme hatte alle Leidenschaft verloren. Der letzte Schimmer von Hoffnung, daß es vielleicht doch keine Gefängnisstrafe für mich geben würde, war zerronnen. Die einzige Frage war – wie schlimm würde es werden? Sechs Monate? Neun Monate? Länger? Zehn Monate war die Höchststrafe, die Gesell bislang verhängt hatte, und dabei hatte es sich um einen Watergate-Angeklagten gehandelt, der des doppelten Meineids überführt worden war. Und gewöhnlich sind Strafen, die nach einem Gerichtsverfahren verhängt werden, härter als bei einem Geständnis.

Aber ich hatte dem Präsidenten näher gestanden als alle bisher Angeklagten. Und Gesell hatte seinen Unmut gegenüber dem

Präsidenten bereits vorher Ausdruck verliehen. Er hatte ihn sogar der Strafvereitelung bezichtigt, weil dieser die Akten des Weißen Hauses dem Bericht nicht zugänglich machen wollte. Er war es auch gewesen, der über die Klage der Nixon-Regierung, die sich gegen die Veröffentlichung der Pentagon-Papiere in der *Washington Post* wendete, zu Gericht saß. Gesell entschied damals gegen uns und zugunsten der *Post.* Trotzdem war er als fairer Richter bekannt. *Was sich in der Vergangenheit ereignet hatte,* überlegte ich mir, *würde ihn heute nicht beeinflussen.* Shapiro fuhr fort – nunmehr rein mechanisch –, die falschen Anklagen aufzuzählen, die gegen mich Tag um Tag in den Schlagzeilen erhoben worden waren; er nannte auch die gut dokumentierte Tatsache, daß die CIA unwahre Geschichten über mich in Umlauf gebracht hatte. Seine Schlußworte, die voller Leidenschaft hätten sein sollen, klangen jetzt genauso frostig, wie es die Atmosphäre war, die sich im Gerichtssaal ausgebreitet hatte: »Wenn Sie, Herr Richter, mit mir darin übereinstimmen, daß die höchste Pflicht dieses Gerichts – in der Tat, die höchste Pflicht jedes Gerichts – darin besteht, sich zwischen den Angeklagten und die aufgebrachte Menge zu stellen, dann machen Sie das bitte deutlich!«

Als er mir in der vergangenen Woche dieses Argument vortrug, hatte Shapiro den letzten Satz so dramatisch zugespitzt, daß er unwillkürlich die Vorstellung einer stampfenden Menge, von Blasmusik in der Ferne und einem Richter, der sich vom Podium herabbeugte, um ihm die Hand zu schütteln, heraufbeschwor. Aber jetzt herrschte eisige Stille im Saal. Der Richter bat Shapiro und mich wieder zu sich. Wir warteten jetzt nur noch auf den gefürchteten Augenblick, wo der Hammer fallen mußte.

Richter Gesell zog sich vor dem Urteilsspruch nicht mehr zurück, mit der Begründung, daß ein anderer Fall warte. Seine Stimme war ohne Gefühl, als er nüchtern und kalt erklärte, daß »das absichtliche Fehlverhalten des Angeklagten den Verlauf eines schwebenden Verfahrens beeinflußt« habe. Ich schauderte – dessen war ich nie angeklagt worden; die Anklage hatte lediglich festgestellt, daß ich den Versuch unternommen hätte, gab aber zu, daß ich mein Ziel nicht erreicht hatte.

»Moral ist eine größere Kraft als die Zweckmäßigkeit«, fuhr Gesell fort und blickte auf die vor ihm liegenden Notizen. »Das Gericht erkennt durchaus an« – sein Ton wurde etwas sanfter bei diesen Worten –, »daß Mr. Colsons Image in der Öffentlichkeit etwas verzerrt worden ist . . . ein gründlicher Überblick über Mr. Colsons Leben... zeigt Beispiele von nützlichem öffentlichem

Dienst. Oft empfand er Mitleid für andere, die in Schwierigkeiten steckten, Qualitäten, die dem Angeklagten ganz zu Recht die Zuneigung seiner Familie, seiner engen Freunde und von Klienten, denen er geholfen hat, zukommen ließ.«

Shapiro drückte verstohlen meine Hand. Er wußte auch, was nun folgen würde. Diese freundlichen Worte sollten den kommenden Schlag etwas dämpfen. Ich holte tief Luft, um meiner selbst Herr zu bleiben. *Ich darf meine Gefühle nicht zeigen,* sagte ich mir, als ich hinter mir ein leises Schluchzen vernahm. Der Richter erklärte, daß er seine Entscheidung unter Berücksichtigung aller anderen Fälle von Strafvereitelung in diesem Jahr gefällt hatte.

Gesell hob den Hammer: »Das Gericht erkennt auf eine Strafe von ein bis drei Jahren Gefängnis und eine Geldbuße von fünftausend Dollar.« Holz schlug auf Holz. Ein halbunterdrückter Schrei war hinten im Saal zu hören, eine schrille Stimme rief: »Oh, nein!« Dann herrschte wieder absolute Stille.

Ehemaliger Gefangener gründet Hilfsorganisation
Erfolgreiche Reha-Arbeit von Colson's »Prison Fellowship«

Urteil: Lebenslänglich

von
Charles W. Colson

Früher – als Berater des US-Präsidenten – bediente er die Schalthebel der Macht. Heute – als Leiter der »Prison Fellowship« – kümmert er sich um Machtlose, um Gefängnis-Insassen. Wie kam es dazu?
Aufgrund seiner Beteiligung am Watergate-Skandal verurteilt, kam Colson selbst ins Gefängnis und lernte die teilweise katastrophalen Verhältnisse aus eigener Anschauung kennen. Nach seiner Entlassung begründete er zusammen mit Senator Hughes die »Prison Fellowship«, eine Gefangenen-Hilfsorganisation, die inzwischen weltweit arbeitet und erstaunliche Rehabilitationsergebnisse vorweisen kann.

Der gute Hirte litt. Warum sollten wir Lämmer sein, die verwöhnt und beschützt werden? Die Praxis des positiven Denkens – heute besser als Möglichkeits-Denken bekannt – und sogar durchbetete Nächte können nicht auf Dauer die steigenden Fluten zurückhalten. Auch sollten wir nicht erwarten, daß Gott uns, wenn das Wasser steigt, mit einem himmlischen Hubschrauber aus den Fluten reißt. Biblizisten sollten Schwierigkeiten erwarten, ohne dadurch erschüttert zu werden.

Vernon Grounds

Kapitel 17

Probleme stärken uns

Trotz Rückschlägen wie Lee Corbin und dem Fulton County-Gefängnis in Atlanta wuchs unsere Gefangenenmission so rasch, daß wir kaum den Anforderungen nachkommen konnten. Eine fünfte Klasse von Häftlingen lief im November 1976 ohne Zwischenfälle ab. Mit wenigen Ausnahmen waren die Absolventen dieser Seminare zu treuen Jüngern in den Haftanstalten geworden. Viele Teilnehmer an früheren Seminaren waren in der Zwischenzeit frei und halfen uns bei unserer Arbeit, manche organisierten ihre eigene Mission.

Als die Arbeitsanforderungen wuchsen, wurde Fred mehr im Büro gebraucht, und Mike Cromartie begleitete mich auf meinen Reisen. Ich fragte mich, wie manche Leute wohl auf meinen bärtigen Begleiter reagieren würden. Ich stichelte ihn gelegentlich wegen seines Bartes, bis er mir eines Tages die Bilder von drei Männern mit Volbart vorlegte: von sich selbst, D. L. Moody und Charles Spurgeon. Danach neckte ich ihn nicht mehr. Auf unseren gemeinsamen Reisen gab es in den verschiedensten Situationen immer wieder Schwierigkeiten.

Eines Abends saßen Mike und ich in der hintersten Reihe einer Boeing 727 auf dem Weg zurück nach Chicago. Das Flugzeug war nur halb besetzt. Mike saß am Gang und hatte seine Bücher und Unterlagen auf dem Sitz zwischen uns gelegt. Ich war in einen Artikel vertieft.

»Verzeihen Sie, darf ich mich zu Ihnen setzen?« Ein süßes Stimmchen unterbrach meine Konzentration. Eine lächelnde Frau, in ein enges, rotes Kleid mit waghalsigem Dekolleté gezwängt, lehnte sich an Mike vorbei und zeigte auf den Sitz zwischen uns. Mike errötete, als er sich plötzlich durch ihren Busen bedrängt sah.

»Wir arbeiten, gnädige Frau!« protestierte er.

Sie ignorierte ihn. »Mr. Colson, Sie können sich nicht an mich erinnern, aber ich habe Sie in einem Fernsehstudio in San Franzisko getroffen, als Sie in der ›Katherine-Crosby-Show‹ auftraten.«

»Ich freue mich, Sie wiederzusehen«, murmelte ich. Dann zeigte auch ich auf die Bücher und Papiere, die Mike auf dem mittleren Sitz ausgebreitet hatte, und erklärte ihr, daß wir wirklich zu arbeiten hätten.

»Eigentlich möchte ich nur ein Bild, um es meiner Mutter und meinem Vater zu schicken, wenn Sie nichts dagegen haben. Sie bewundern Sie.« Sie lächelte schüchtern und angelte nach ihrem Fotoapparat.

»Natürlich«, erwiderte ich und dachte, sie wolle einfach ein Bild von mir machen.

»Nun, junger Mann«, sie sah Mike an, »wenn Sie mal einen Augenblick aufstehen, dann werde ich die Stewardeß bitten, ein Bild von mir und Mr. Colson zu machen.« Sie klapperte mit den Augendeckeln.

Eine Warnglocke schlug in mir an. Im Geiste sah ich Bilder von mir und dieser jungen Schönen überall in den Zeitungen erscheinen. Mike blieb stur sitzen.

»Dazu brauchen wir nicht die Stewardeß«, stammelte ich.

»Mike kann das Bild machen. Äh ... wir wollen nur diese Sache noch schnell fertig machen, es dauert etwa 10 Minuten.«

Es funktionierte.

»Oh, vielen Dank. Meine Eltern werden sich so freuen.« Sie lächelte verführerisch und verschwand. Zumindest hatten wir etwas Zeit gewonnen.

»Ihre Eltern! Daß ich nicht lache!« Mike war unnachgiebig. »Warum hast du nicht einfach nein gesagt?«

»Nein, Mike, denk dir etwas Besseres aus. Vielleicht ist sie aufrichtig.«

»Aber wir können sie kein Bild machen lassen. Es könnte sich um Erpressung handeln. Es gibt Zeitungen, die würden nur zu gerne ein Bild von dir mit einem tiefdekolletierten Flittchen bringen.«

»Nachdenken, Mike«, bat ich. Meine Gedanken überschlugen sich, und die Minuten vergingen.

»Ich hab's! Du nimmst das Bild auf, Mike, sorgst aber dafür, daß es unscharf wird.«

»Das geht nicht, es handelt sich um eine automatische Kamera.«

»Dann halte einfach daneben oder auf unsere Füße.«

»Wunderbar!« Mike strahlte, als er den Gang nach vorne marschierte, um das Mädchen zu holen. Dann waren sie auch schon da, und sie nahm in dem Sitz neben mir Platz. Alle Zweifel über ihre Absichten waren verschwunden, als sie sich sofort an mich schmiegte, ihre Beine übereinanderschlug und den Rock vorsichtig nach oben zog. Nervös beobachtete ich Mike, der die Kamera in zitternden Händen hielt. *Laß ihn wirklich daneben treffen,* betete ich still. Dann blitzte es in der halbdunklen Kabine.

»Noch einmal, bitte«, befahl sie und kam noch näher.

Wieder betete ich. Die Kamera zitterte in Mikes Händen. *Blitz* – dann war es vorbei.

Mike verbeugte sich höflich und gab ihr die Kamera zurück. Sie bot an, uns Abzüge zu schicken, aber ich versicherte ihr, sie brauche sich keine Mühe zu machen. Als sie gegangen war, fing Mike an zu grinsen.

»Ein schönes Bild von dem leeren Platz neben ihr. Ich bin nicht einmal in deine Nähe gekommen«, flüsterte er stolz.

Eine andere unangenehme Situation in San Franzisko konnte Mike mir aber nicht ersparen. Er schleuste mich durch eine dichtgedrängte Menge vor dem Ballsaal des Fairmont-Hotels, wo ich gerade bei einem Frühstückstreffen der *Young President's Organisation* gesprochen hatte. Die YPO läßt keine Medien-Vertreter bei ihren Veranstaltungen zu, darum war ich auch nicht erstaunt, daß draußen ein Reporter auf mich wartete.

»Kann ich Ihnen ein paar Fragen stellen, bitte?« Der junge Mann mit dem wilden Haarschopf und brennenden dunklen Augen, eine Kamera über der Schulter, sah aus, als käme er direkt aus dem Hippie-Viertel Haight-Ashbury in San Franzisko. Aber dann dachte ich, daß alle Leute in Kalifornien, sogar Zeitungsmänner, sich sehr leger kleideten. Er hatte einen Koffer dabei – Kameraausrüstung, nahm ich an. Wir gingen zu einer ruhigen Ecke in der Lobby.

»Mr. Colson, Anita Bryant behauptet, daß es in dieser Stadt mehr Homosexuelle pro Quadratmeter gibt als sonst irgendwo im Land. Was sagen Sie dazu?«

»Ich weiß nicht, ich habe sie nicht gezählt«, antwortete ich.

Der junge Mann schrieb auf einen Block. Er sah mir nicht in die Augen. »Es gibt Leute, die halten diese Stadt für die sündigste in ganz Amerika. Was sagen Sie dazu?«

»Mir gefällt diese Stadt, sie ist sehr schön. Außerdem bin ich hierhergekommen, um einen Vortrag zu halten, nicht um die Stadt zu richten.«

Dann kamen die üblichen Fragen über Watergate, Nixon und einige, die Carters Christenglauben in Abrede stellen wollten. Er war sichtlich verärgert, als ich Carter als aufrichtigen Christen verteidigte. Noch immer hatte er mich nicht angesehen.

Bald zog Mike mich am Ärmel. Ein wenig tat mir dieser ärgerliche junge Mann leid. Vielleicht schlug er sich mit irgendeinem Schuldgefühl herum und konnte mir deshalb nicht in die Augen sehen. »Alles Gute«, sagte ich und schüttelte ihm im Weggehen die Hand.

Mike und ich drängten uns durch die vielen Menschen zum Fahrstuhl vor.

Vom anderen Ende kam ein Ruf: »Mr. Colson, noch eine Frage.«

Mike hielt schon die Fahrstuhltür offen, und der Reporter drängte sich durch die Menge. Sein Gesicht war entstellt, und er hielt irgend etwas in seiner rechten Hand – ich konnte nicht erkennen, was es war – und holte aus.

Mein erster Gedanke war: *Er hat ein Messer!* Instinktiv hob ich einen Arm und duckte mich, eine Judoreaktion, die ich bei der Marine gelernt hatte.

Aber es war zu spät. Ich wurde mit voller Wucht im Gesicht getroffen. Alles wurde dunkel, und ich hörte den schrillen Schrei einer Frau, der alles Getrampel und Rufen übertönte. »Oh, der arme Mr. Colson! Helft ihm! Er ist getroffen worden!«

Jetzt bin ich also erschossen worden, an diesen Gedanken erinnere ich mich. Ich fühlte keinerlei Schmerzen. Irgendwelche Leute hielten mich an den Armen fest, wofür ich dankbar war. Als ich meine Brille abnahm, konnte ich plötzlich wieder sehen. Dabei stellte ich auch fest, daß es sich nicht um Blut, sondern um Schokoladencreme handelte, die mein Gesicht bedeckte!

Mike war in der Zwischenzeit durch die Lobby gesprintet und hatte den Angreifer in dem Augenblick erwischt, als er durch die Glastür nach draußen fliehen wollte. Als ich die Schokolade aus meinen Augen gewischt hatte, sah ich, daß Mike, der mit regennassen Kleidern höchstens 60 kg wiegt, den jungen Mann erbarmungslos festhielt. Mit wütendem Gebrumm zerrte er seinen Fang Schritt um Schritt durch die Lobby zurück.

Es war schon ein komischer Anblick, und fast hätte ich laut gelacht. Aber dann lief ich auf Mike zu und rief: »Laß ihn gehen! Laß ihn laufen!«

Mike sah enttäuscht aus, wie ein Jagdhund, der eine Ente aufgestöbert hat, die dann doch niemand haben will.

»Schlagt mich nicht«, flehte der junge Mann, der sich immer noch in Mikes Griff wand.

»Wir schlagen Sie nicht. Mike, laß ihn gehen.«

»Jesus hat mir gesagt, daß ich Sie angreifen soll«, stammelte der Reporter, offensichtlich den Tränen nahe.

»Laß ihn gehen«, beharrte ich.

Mike löste seinen Griff, und der junge Mann rannte fort. Ich ging zurück in mein Zimmer, um mich zu säubern.